智慧健康养老
服务与管理

张岩松 等著

U0360028

清华大学出版社
北京

内 容 简 介

本书在对我国人口老龄化的界定、产生、趋势、特点、影响等基本问题进行探讨的基础上,对老年人、养老服务、养老管理等基本问题进行了剖析,同时对智慧健康养老的相关概念、发展历程、服务领域、功能定位、服务类型、研究状况以及相关理论进行了重点探讨,还介绍了物联网、互联网＋、定位技术、云计算、大数据、区块链、人工智能、机器人、可穿戴设备等新兴技术及其在智慧健康养老服务与管理中的广泛应用。在对智慧健康养老产业的基本概念、特征、变化趋势以及我国智慧健康养老产业发展存在的问题进行剖析的基础上,提出了切实可行的智慧健康养老产业发展路径。

本书可为全国老龄工作委员会、民政部门、城市和乡村政府部门、各类养老服务机构关心我国养老事业发展的人士提供借鉴和参考,同时还可用作智慧健康养老管理相关专业的教材,以及智慧健康养老服务与管理人员的培训用书。

本书封面贴有清华大学出版社防伪标签,无标签者不得销售。

版权所有,侵权必究。举报: 010-62782989,beiqinquan@tup.tsinghua.edu.cn

图书在版编目(CIP)数据

智慧健康养老服务与管理/张岩松著. —北京:清华大学出版社,2023.7(2024.7重印)
ISBN 978-7-302-63543-7

Ⅰ.①智… Ⅱ.①张… Ⅲ.①养老－社会服务－研究－中国 Ⅳ.①D669.6

中国国家版本馆 CIP 数据核字(2023)第 087483 号

责任编辑:张龙卿
封面设计:曾雅菲　徐巧英
责任校对:李　梅
责任印制:宋　林

出版发行:清华大学出版社
　　　　网　　　址:https://www.tup.com.cn,https://www.wqxuetang.com
　　　　地　　　址:北京清华大学学研大厦 A 座　　　　邮　　编:100084
　　　　社 总 机:010-83470000　　　　　　　　　　　　邮　　购:010-62786544
　　　　投稿与读者服务:010-62776969,c-service@tup.tsinghua.edu.cn
　　　　质量反馈:010-62772015,zhiliang@tup.tsinghua.edu.cn
　　　　课件下载:https://www.tup.com.cn,010-83470410
印 装 者:三河市龙大印装有限公司
经　　销:全国新华书店
开　　本:185mm×260mm　　　　印　　张:14.25　　　　字　　数:324 千字
版　　次:2023 年 7 月第 1 版　　　　　　　　　　　　印　　次:2024 年 7 月第 3 次印刷
定　　价:49.00 元

产品编号:095581-01

前　言

人口老龄化是我国无法回避的重大民生问题。2020 年的第七次全国人口普查数据显示,我国 60 岁以上人口达 2.64 亿人,占总人口比例为 18.70%,这一数据表明我国人口老龄化进程已明显加快。为应对人口老龄化与老年人失能化加剧的趋势,更好地实现健康老龄化、积极老龄化和成功老龄化,加强智慧健康养老服务与管理,大力发展智慧健康养老产业成为新思路、新举措和新方向。近年来,国家高度重视智慧健康养老产业发展,2019 年年初,国务院出台《关于推进养老服务发展的意见》(国办发〔2019〕5 号),提出持续推动智慧健康养老产业发展,拓展信息技术在养老领域的应用,促进人工智能、物联网、云计算、大数据等新一代信息技术和智能硬件等产品在养老服务领域深度应用。2021 年 10 月,工业和信息化部、民政部、国家卫生健康委员会联合印发《智慧健康养老产业发展行动计划(2021—2025 年)》,文中提出到 2025 年智慧健康养老产业科技支撑能力将显著增强,产品及服务供给能力明显提升,试点示范建设成效日益凸显,产业生态不断优化完善,老年“数字鸿沟”逐步缩小,人民群众在健康及养老方面的幸福感、获得感、安全感稳步提升。2022 年成为我国智慧健康养老快速推进的一年,多地陆续出台深化智慧养老发展的政策法规,如上海、江西、贵州等地均将智慧健康养老建设目标纳入《养老服务条例》,上海还出台了团体标准《智慧健康养老标准体系建设指南》;多地积极探索智慧养老信息平台的实践,如无锡建成各类智慧养老服务机构超过 200 家,率先在全省建设市、区、街道(镇)、社区(村)四级互联、标准统一的全市智慧养老平台,成为省内唯一城市入选国家智能社会治理实验特色基地(养老);多地还积极推动了智慧养老院建设。这些举措助力居家、社区、机构养老智能化、便捷化发展,提升了智慧健康养老的服务质量和水平。

迈入新征程,党的二十大报告从“增进民生福祉,提高人民生活品质”的视角擘画了养老事业和养老产业的发展方向,即“实施积极应对人口老龄化国家战略,发展养老事业和养老产业,优化孤寡老人服务,推动实现全体老年人享有基本养老服务”,并强调指出“实施积极应对人口老龄化国家战略”。党的二十大报告关于中国式现代化道路的论述令人耳目一新,指出智慧健康养老产业发展是实现中国式现代化发展最重要的内容之一。推动养老服务领域现代化,加强智慧健康养老服务与管理,实现智慧健康养老产业高质量发展,成为贯彻、落实《国家积极应对人口老龄化中长期规划》《中共中央、国务院关于加强新时代老龄工作的意见》《“十四五”健康老龄化规划》等战略部署,稳步推进我国养老服务体系建设,实现养老服务领域发展与中国特色社会主义现代化发展全过程相融合的关键。

鉴于以上方面,我们精心完成了《智慧健康养老服务与管理》一书。本书是辽宁省教育厅 2020 年度科学研究经费项目“辽宁省发展智慧健康养老问题研究”(项目编号为

JYT202004)、大连市社科院(研究中心)2021年度课题"产业融合视域下大连养老产业发展研究"(课题编号为2021dlsky133)、大连市社科院(研究中心)2022年度课题"深度老龄化背景下大连市康养产业发展对策研究"(课题编号为2022dlsky153)、大连职业技术学院(大连开放大学)2022年度"大连市智慧健康养老产业发展路径研究"(课题编号为ZK2022YB01)的重要成果,也是大连职业技术学院(大连开放大学)2019年度校级科研创新团队和2019年度校级学术带头人项目的重要成果。

本书第一章对我国人口老龄化的界定、产生、趋势、特点、影响及其应对等基本问题进行了分析和探讨。第二章分析了老年人的定义、类型、价值以及老年人的生理特点、心理特点和社会特点。第三章一方面探讨了养老服务的发展历程、内涵,并对养老服务进行了要素分析、需求分析和模式分析;另一方面探讨了老年人的权益保障、养老机构的管理体系以及社区养老管理等养老管理领域所面临的基本问题。第四章是智慧健康养老总论,对智慧健康养老的相关概念、发展历程、服务领域、社会功能定位、服务类型、研究状况进行了深入探讨。第五章在介绍物联网、互联网＋、定位技术、云计算、大数据、区块链、人工智能、机器人、可穿戴设备等新兴技术的基础上,重点探讨了其在智慧健康养老服务与管理中的应用。第六章剖析了智慧健康养老产业的基本问题,分析了我国智慧健康养老产业发展中存在的问题,并提出切实可行的智慧健康养老产业的发展路径。

本书是集体智慧的结晶,由张岩松、侯晓霞、刘志敏、穆秀英、李健、韩金著,具体分工如下:第一章和第二章由张岩松、刘志敏、侯晓霞编写;第三章由侯晓霞、刘志敏编写;第四章和第五章由穆秀英、张岩松编写;第六章由李健、韩金、张岩松编写。全书由穆秀英、刘志敏统稿。

本书编写时参考了大量文献,在此向各位作者表示衷心感谢。

由于作者学识、时间、精力所限,书中不足之处在所难免,恳请大家给予指正。

作　者

2023年1月

目　录

第一章　我国的人口老龄化问题

积极应对人口老龄化是国家的一项长期战略任务。

——《中华人民共和国老年人权益保障法》

21世纪是人口老龄化的时代,目前世界上所有发达国家都已进入老龄化社会,许多发展中国家正在或者即将进入老龄化社会。我国从1999年开始也进入了老龄化社会,是较早进入老龄化社会的发展中国家之一。正确看待我国的人口老龄化问题,清醒认识人口老龄化带来的机遇和挑战,是积极应对人口老龄化的关键。

第一节　我国人口老龄化分析

一、人口老龄化的界定

一个人可以变老,一个国家的人口也可以变老,但是这两者在概念上有着本质的区别。一个人从新生儿到婴幼儿、青少年、中年、老年时期直至死亡是一个生命过程,是一个不可逆转的单向过程。若一个国家的老年人口增长速度快于青少年人口,就会使人口结构从较年轻的状态变化到较年老的状态,形成人口老龄化;若青少年人口的增长速度快于老年人口,便会形成人口年轻化。因此,人口的结构变化是双向的,它是没有"生命过程"的。总之,人的老化是人的生理和心理的老化,人口的老化是人口结构的变化。[①]

人口老龄化是指一个国家或地区老年人口增长的趋势,按国际通行的标准界定,当一个国家或地区65岁及以上人口占总人口比例达到7%或者60岁及以上人口占总人口的比例为10%,就表示该国家或地区进入了老龄化社会。

人口老龄化引发的"银发浪潮"呼啸而至,老龄化问题引起举世关注。1999年为"国际老年人年",其主题被确定为建设"不分年龄人人共享的社会"。当年联合国大会通过决议,强调开展国际老年人年的"国家后续行动"的重要性——因为不同国家和不同地区的人口老龄化阶段不同,需要确定具体的对策,以实现建立"不分年龄人人共享的社会"的美好目标。2002年,联合国在西班牙的马德里召开了第二次世界老龄问题大会,通过了《2002年国际老龄问题行动计划》和《联合国第二届世界老龄大会政治宣言》。该宣言强调,要"应对21世纪人口老龄化的挑战,促进不分年龄而人人共享的社会的发展"。该宣言同时郑重宣布:"我们在这个行动计划中,责成包括国家和国际的各级机构采取行动,并对以下三个方面给予优先:老年人与发展;老年人的健康与福利;保证有切实可行的支持环境。"联合国

---

① 方鹏骞,陈茂盛.人口老龄化的内涵界定及世界人口老龄化趋势[J].国外医学社会医学分册,2001(6):61-63.

在世纪之交采取的一系列行动表明,老龄化问题已经成为一个世界性的普遍问题。时任联合国秘书长的安南在第二次世界老龄问题大会开幕式上的讲话中特别指出:"世界正经历着一个史无前例的人口转变,从现在到 2050 年,老年人口总数将从大约 6 亿增加到 20 亿左右。今后不到 50 年,全世界将会第一次出现 60 岁及以上老年人口超过 15 岁以下少年儿童人口。更为重要的是,在老年人口的增长中,发展中国家的速度最快。这是一个非常重要的迹象。根据相关专家预测,50 年后发展中国家的老年人口数量将是现在的 4 倍。"①

"银发浪潮"席卷全球,中国当然也不例外。20 世纪末,中国 65 岁及以上人口占总人口的比例接近 7%,60 岁及以上人口占总人口的比例超过 10%,正式跨进了老龄化国家的门槛。② 改革开放以来的 40 多年,我国不仅创造了经济社会发展的奇迹,而且仅用三四十年的时间就实现了许多发达国家用一个世纪甚至更长时间才完成的人口再生产类型的转型,步入低生育率水平国家的行列,也创造了世界人口发展史上的奇迹。与此同时,我国也提前迎来了人口老龄化时代。1999 年,我国 60 岁以上老年人口达到 1.32 亿,占总人口的比例超过 10%,标志着我国正式进入老龄化社会。

2021 年 5 月 11 日,第七次人口普查结果公布。普查结果显示,我国 60 岁及以上人口为 26402 万人,占总人口的 18.70%(其中,65 岁及以上人口为 19064 万人,占总人口的 13.50%)。与 2010 年相比,60 岁及以上人口的比例上升 5.44 个百分点,65 岁及以上人口的比例上升 4.63 个百分点。③ 数据表明,我国人口老龄化程度进一步加深,未来一段时间仍将面临不断增加的老龄人口带来的压力。60 岁及以上人口 18.70% 的比例意味着我国已经十分接近中度老龄化社会。

二、老龄化问题产生的原因

老龄化进程深受社会发展过程中各方面客观因素的影响,不同国家、地区老龄化的形成原因也不尽相同。

(一)预期寿命延长

据国家统计局公布的 2000 年第五次全国人口普查资料显示,中国人口平均预期寿命已提高为 71.40 岁;2010 年第六次全国人口普查数据显示我国人口平均寿命为 74.83 岁;2015 年中国的人均寿命增至 76.30 岁;2018 年人均寿命达到 77.00 岁。其中值得一提的是,上海市人口的平均预期寿命颇长,早在 2001 年时就达到了 79.66 岁,达到了发达国家水平。

2020 年 10 月 28 日,国务院新闻办公室举行"十三五"卫生健康事业改革发展情况发布会公布的数据显示:从 2015 年到 2019 年底,中国居民人均预期寿命从 76.30 岁提高到 77.30 岁,也就是说 4 年提高了 1 岁。2022 年 1 月 10 日,国家发展改革委等部门印发的《"十四五"公共服务规划》显示,2025 年我国人均预期寿命达 78.30 岁。

① 熊必俊. 人口老龄化与可持续发展[M]. 北京:中国大百科全书出版社,2003:10-11.
② 黄黎若莲,张使飞,唐钧. 中国人口老龄化进程与老年服务需求[J].学习与实践,2006(12):103-113.
③ 徐一鸣. 第七次全国人口普查数据发布 人口老龄化为"银发经济"带来新机遇[EB/OL].[2021-05-11].https://www.baidu.com/s?id=1699479140599251454&wfr=spider&for=pc.

（二）死亡率下降

随着人们生活水平的提高和公共医疗卫生水平的不断提升，人类的寿命逐渐延长。20 世纪上半叶，科学和医疗技术不断取得新进展，人们战胜了一些传染病，如影响婴幼儿寿命的腹泻、伤寒、麻疹等。在 20 世纪后半叶，死亡率的下降主要是由于人类战胜了一些威胁中老年人寿命的长期疾病，如冠心病、心肌梗死、糖尿病，以及除肺结核之外的呼吸系统疾病。

（三）生育率下降

随着社会文明进程的加快，妇女受教育水平日益提升，越来越多的女性选择少生或不生孩子。在一定时期内，幼年人口逐渐减少，新一代人口增长的速度远低于上一代人口自然死亡的速度，未来人口总量可能会大幅变少，甚至造成人口不足。

人们把一个国家或地区在育龄期间的每位妇女的平均生育子女数称为总和生育率，也称总生育率。中国已经处于低生育阶段，全面二孩政策的实施不会改变中国人口老龄化的趋势。

2021 年 5 月 31 日，中共中央政治局召开会议审议《关于优化生育政策促进人口长期均衡发展的决定》并指出：为进一步优化生育政策，实施一对夫妻可以生育三个子女政策及配套支持措施。三孩政策是中国积极应对人口老龄化而实行的一种计划生育政策。三孩生育政策将有助于优化我国人口结构，缓解人口老龄化，提高年轻人口在总人口中的比例，从长远看有助于增加劳动供给，从而促进经济社会可持续发展。但是当前我国生育率仍处于下降水平，这必然使得老龄化水平呈上升趋势，加上人口预期寿命的延长，更加快了社会老龄化进程。

据国家统计局发布的 2022 年国民经济和社会发展统计公报披露，2022 年出生率为6.7‰，自然增长率为 −0.6‰。

（四）计划生育的影响

与其他国家不同的是，我国人口老龄化进程还受到计划生育这一特殊因素的影响。如果没有计划生育政策，我国人口的出生率和死亡率大概也会和世界人口发展趋势保持一致，但是这一过程持续的时间可能会更加漫长，由此导致人口老龄化的发展进程也会更加缓慢。纵观我国经济社会发展态势便可发现，我国人口老龄化进程加快的主要原因在于两方面：一方面是政府实施的计划生育政策加速了生育率的降低，另一方面是经济社会发展带来的家庭生育决策的改变。例如，20 世纪 80 年代初开始实施的计划生育，通过政府多年的大力宣传和不断倡导，并辅之以相应的经济手段和一定的行政手段，计划生育政策取得了良好的效果。粗略估计，受该政策影响，我国新生儿减少了 4 亿人左右。[①]

三、我国老龄化的发展趋势

总体来看，按照中国人口老龄化发展趋势，2001—2100 年的 100 年间可被划分为快速

---

① 姚蕾. 老年人服务与管理[M]. 北京：清华大学出版社，2018：48-49.

老龄化、加速老龄化、重度老龄化三个阶段。

（1）快速老龄化阶段（2001—2020年）：这一阶段中国平均每年增加596万老龄人口，年均增长速度达到3.28%，人口老龄化进程明显加快。

（2）加速老龄化阶段（2021—2050年）：第二次生育高峰时期，我国开始进入老龄化阶段，老年人口数量开始加速增长。同时，由于总人口逐渐实现零增长并开始负增长，人口老龄化将进一步加速。

（3）重度老龄化阶段（2051—2100年）：这一阶段老年人口规模将稳定在3亿~4亿，老龄化水平基本稳定在31%左右，进入一个高度老龄化的平台期。[1]

四、我国人口老龄化的特点

根据全国老龄工作委员会的预测，在未来60年，我国人口老龄化发展趋势将呈现以下几个特点。

（一）增长迅速

据联合国预测，1990—2020年世界老龄人口平均年增速度仅为2.5%，而同期我国老龄人口的递增速度为3.3%；世界老龄人口占总人口的比例从1995年的6.6%上升至2020年的9.3%，同期我国由6.1%上升至11.5%。无论从增长速度还是从比例来看，我国老龄化速度都超过了世界平均水平。虽然西方发达国家都经历了人口老龄化的过程，从某种角度说，人口老龄化是人类社会发展的自然规律和必然趋势。但从全球来看，发达国家老龄化进程长达几十年甚至一个多世纪，如法国用了115年，瑞士用了85年，英国用了80年，美国用了60年，而我国只用了不到20年（1981—1999年）就进入老龄化社会。

（二）规模庞大

1. 绝对数量大

就绝对规模来讲，21世纪70年代以前，我国将始终是世界上老年人口最多的国家，此后印度的老年人口将超过我国。同期，在三分区（少儿人口、劳动年龄人口和老年人口）的人口结构中，老年人口的增长速度最快。1991年我国60岁以上老年人口跨过1亿大关，2014年超过2亿，2026年将超过3亿，2037年将超过4亿。这几个阶段老龄人口每增加1亿所需要的时间分别为23年、12年和11年。据预测，2050年全世界老年人口将达到20亿，其中中国老年人口将达到4.8亿，几乎占全球老年人口的四分之一[2]，比所有发达国家老年人口总和多3700万人。[3] 这种老年人口规模的发展态势在世界上任何人口大国中都是前所未有的。

2. 高龄老年人数量多

随着平均寿命的延长，老年人口增长迅速，老年人口的年龄结构会出现顶部堆积，人口老龄结构顶端老化，人口高龄化更加突出。人口学认为，60~69岁为低龄老年人口，

① 李健，石晓燕. 养老机构经营与管理[M]. 南京：南京大学出版社，2016：1-2.
② 张欣悦. 我国人口老龄化的现状特点和发展趋势及其对策研究[J]. 中国管理信息化，2020(3)：195-199.
③ 李本公. 中国人口老龄化发展趋势百年预测[M]. 北京：华龄出版社，2006：36.

70～79 岁为中龄老年人口,80 岁以上为高龄老年人口。2021 年 5 月 11 日,第七次全国人口普查公报出炉,老龄化问题成为焦点问题。根据第七次人口普查公报数据:我国 60 岁及以上人口超过 2.6 亿人,比例达到 18.70%。其中 65 岁及以上人口超过 1.9 亿人,比例达到 13.50%;80 岁以上人口达 3580 万人,比例达到 2.54%。据预测,8 年之后的第八次人口普查,60 岁(即 1970 年之前出生)的人口总量将达到 3.76 亿人,60 岁以上的老年人口数量将超过全美人口数量。在 18 之后,1970 年之前出生的人口,也就是在 2030 年健在的那 3.76 亿老年人,到 2050 年的第十次人口普查时将年满 80 岁,依然健在的人数将超过 1 亿人。高龄人口丧偶和患病的概率高,高龄老年人生活自理能力差,因此他们不仅需要经济上的供养,而且需要生活上的照料。一般来讲,刚刚进入老龄阶段的人口在相当长的时期内并不会显著增加医疗、照料等方面的需求。老龄人口中的高龄人口因属于高失能人群,生活上的依赖性强,他们是老年人口中真正需要家庭和社会照料的对象。在整个 21 世纪,我国面临的高龄人口压力将是世界上最大的,80 岁以上高龄老年人规模将长期保持世界第一。

3. 空巢独居老年人规模庞大

现阶段,中国老年人口中有近一半是空巢老年人,总量已经突破一亿。其中,单独一人居住的独居老年人占老年人口总数的 10%,与配偶同住的老年人则占到老年人口总数的 41.9%。随着人口迁移流动的频繁化以及分户居住现象的普遍化,一方面,家庭规模日益小型化,家庭传统的养老照料功能明显削弱;另一方面,家庭居住的离散化,子女为了谋生和获得更好的发展而多与父母分开两地居住,导致中国事实上的空巢老年人和独居老年人规模非常庞大。随着我国现代化进程的持续,中国的空巢老年人和独居老年人规模还将继续攀升,这将给整个社会带来沉重的养老负担。

4. 失能化严重

所谓失能,是指一个人在日常生活中主要活动或生活能力的丧失或受限。据统计,2020 年我国 60 岁以上失能老人已超过 4200 万,占 60 岁以上老年人口的比例约为 16.6%。换句话说,我国每 6 位老年人中就有 1 位生活无法自理。此外,还有大量的半失能老年人。随着我国高龄老年人口数量持续快速增长,失能、半失能老年人的数量也会进一步增加。

（三）发展不均衡

1. 城乡不均衡

从现在已经进入老龄化的多数国家看,城镇老龄化的程度高于农村。从中国的情况看,农村人口老龄化的规模和速度均大于城市。究其原因:一方面,中国是一个农业大国,农村人口长期以来多于城市人口。近年来由于城市的劳动力吸纳逐渐饱和,以及城市生活压力逐渐增大,从农村迁入城市的劳动力人口有所降低,农村人口老龄化速度有所减慢。根据第七次人口普查公报数据显示:居住在城镇的人口约为 90199 万人,占总人口的 63.89%;居住在乡村的人口约为 50979 万人,占总人口的 36.11%。与 2010 年相比,城镇人口增加约为 23642 万人,乡村人口减少约为 16436 万人,城镇人口比例上升 14.21 个百分点。特殊国情决定了中国农村老龄化的绝对数还处于较高水平。另一方面,伴随着国家工业化、农村城镇化,大量农村青壮年人口流向城市,导致农村人口老龄化的速度高于城市。

2. 地区间差异

我国人口众多,各地区的经济社会发展水平差异较大。与此同时,人口老龄化发展形势也表现出明显的区域不平衡性。从地区分布来看,东部和中部地区的人口老龄化形势相对严峻,老年人口分布不均,老龄化呈现转移趋势。西部地区的人口压力相对较小。从时间走势来看,东部地区人口老龄化正逐渐向中部和西部地区转移。人口老龄化发展的不平衡趋势,将在一定程度上影响国家的区域政策,影响地区经济布局,影响企业生产经营决策等。[①]

3. 性别间差异

据联合国数据统计,我国 1950—2050 年 60 岁及以上人口中的女性比例将年均保持在51%以上,即老年妇女在总体规模上多于老年男性;80 岁及以上高龄人口的女性比例则保持在 58%以上的水平。2010 年开始我国老年人口的女性比例总体呈缓慢下降的态势,但预计在之后的几十年间会呈缓慢回升的走势,到 2050 年预计会小幅回升到 52.8%左右;高龄人口中女性的比例将基本维持在 59%左右。[②]

（四）未富先老

我国未富先老问题突出。纵观世界上先期进入老龄化社会的发达国家,基本呈现出的是"先富后老"的状态。根据国际货币基金组织的数据,日本在 65 岁及以上老年人口比例达到 7%和 14%时,人均 GDP 分别为 1967 美元和 3855 美元。而中国在 2000 年进入老龄化社会时,人均国民生产总值仅为 850 美元,是世界平均水平的 1/6。据国家统计局数据显示,虽然 2018 年年底中国人均 GDP 已经达到 9732 美元,按照世界银行标准,已属中等偏上收入国家,可 65 岁以上人口比重已达 11.94%,中国老龄化人口比例偏高。另外,我国老龄人口财产性收入较少,仅占 0.3%,而且老年人就业率较低,许多还需靠子女供养。加之因社会养老还处于广覆盖、低水平的阶段,养老金支付水平仍然偏低,因此老年人的消费水平也不高。在社会经济基础相对薄弱的条件下快速发生老龄化问题,这无疑增加了中国解决老龄化问题的难度。[③]

第二节　人口老龄化的影响

老龄化是社会发展的产物,是人类社会文明进步的象征。当今所有发达国家几乎都是老龄化的国家,国际和国内相关的事实证明:人口老龄化可以给社会经济协调发展带来积极的影响,如"人口红利"。但是,从深层次看,人口老龄化的加快终将会成为制约经济发展和产业结构调整的重要因素。鉴于我国人口老龄化的发展速度较快以及老年人口规模巨大的特点,我国的人口老龄化必将给社会经济发展的各个方面带来深远的影响。

---

① 曾光霞. 中国人口老龄化新特点及影响[J]. 重庆大学学报(社会科学版),2014(2):136-139.
② 姚蕾. 老年人服务与管理[M]. 北京:清华大学出版社,2018:50-51.
③ 张雪娥. 中国人口老龄化问题的特点及对策思考[J]. 改革与发展,2013(11):19-20.

一、有效劳动力不足

改革开放 40 多年来,我国的发展道路是利用拥有庞大劳动力等资源优势快速发展工业与外贸,在一定程度而言,这一策略是成功的,而这个成功离不开庞大的年轻劳动力资源,并且 20 世纪 90 年代以来人口出生率的快速下降使社会总赡养比很低,我国得以集中财力、物力与人力投入到经济发展之中。然而,随着快速的老龄化及赡养比的迅速提高,经济投资必然下降,劳动力的短缺也会使成本有很大提高,中国将逐步丧失人口方面的优势。

人口老龄化的发展会导致劳动年龄人口的比例相对下降。劳动年龄人口的相对缩减就意味着有效就业人口的减少。在一定的生产资料和技术条件下,劳动力资源不足可能导致部分生产资料和技术设备更新的停滞,会影响社会生产活动的正常运转,从而导致社会劳动生产率下降及社会生产经济总量的降低,于是进而影响生产力和经济的发展。

近年来,随着劳动适龄人口比例的下降,即劳动力老化,我国将不得不面对劳动力短缺的困境。劳动力老化对总体生产率提高和经济增长的抑制作用较大,因为劳动者的身体素质是劳动生产率高低的决定因素之一。人口老龄化是导致劳动生产率和经济增长速度下降的一个因素,而这种消极作用主要体现在其对劳动力资源的影响上。

需要强调的是,中国政府需要找到短期吸引外来移民、长期提高人口出生率的方法,以克服人口老龄化趋势带来的不利影响。否则,中国人口结构方面的劣势将会逐渐凸显。

二、社会负担加重

人口老龄化增加了社会费用的支出和管理成本,对经济发展产生较大的压力。以辽宁省为例,由于辽宁省是最先进入计划经济体制和最后一个退出计划经济体制的省份,加之改革开放后,受深层次体制因素和结构性矛盾的影响,辽宁省的国民生产总值已从原来的前几位退至第 15 位(2019 年),经济发展乏力。同时,老龄化的提前到来,增加了医疗费用及养老金的支出。为了满足老年人的精神文化需求,兴建了大量的老年活动中心、健身场所等,增加了管理成本。因此,负担日益沉重,经济压力剧增,老龄事业的发展落后于对老龄事业的需求。[①]

社会老龄化还会逐步加重年轻人的养老负担。我国从 20 世纪 80 年代初开始实行的计划生育政策,使家庭人口数量得到逐步控制。随着独生子女的父母逐步进入老年阶段,"80 后"不仅面临着工作、住房的压力,也在为父母的养老问题而发愁。尤其是在"421"的家庭结构模式中,"80 后"面临的赡养父母的压力远远大于"70 后"和"60 后"。"80 后"夫妇要照顾四位老年人,不论从精力、财力、人力还是心理上,都面临着巨大的压力。受生育选择和女性生育年龄的约束,未来中国家庭将呈现独生子女家庭和二孩、三孩家庭并存并重的局面[②],少子女老龄化面临的家庭养老照料风险将在较长时期内存在。由此可见,人口老龄化的快速发展将加重中年人尤其是独生子女的养老负担。

① 赵东霞,赵维良. 人口老龄化对辽宁经济社会发展的影响研究[J]. 大连大学学报,2012(4):108-111.
② 风笑天,王晓焘. 从独生子女家庭走向后独生子女家庭——"全面二孩"政策与中国家庭模式的变化[J]. 中国青年社会科学,2016(2):47-53.

人口老龄化还会给医疗体系带来压力。全社会医疗开支猛增,这是人口老龄化带来的必然结果。老龄化与高龄化也会带来总体的国民死亡率增长,例如,2019 年我国人口死亡率为 7.14‰,而在 1981 年,死亡率为 6.36‰,这是我国进入老龄化社会的真实反映。这将带来双重压力:其一,医疗资源与开支会更多地流向危重老年病患,压缩其他方面的医疗开支;其二,对老年病患的照护工作需要大量的养老护理员,这将使本已显得短缺的劳动力资源更加紧张。

人口老龄化还会使养老金缺口呈现出加速扩大的趋势。所谓养老金缺口,是指当年的养老金缴费收入不足以弥补养老金支出而形成的赤字。以养老金缺口为代表的养老保障问题事关国家发展全局,也是影响民生保障和社会稳定和谐的基础性问题。自 2002 年以来,随着老年人口比重和老年抚养比例的持续上升,我国养老金收支状况从 2011 年开始日益窘迫,养老金缺口与老年人口比、老年抚养比同步上升,缺口快速扩大(此处养老金缺口的计算中未包含财政补贴)[①]。目前中国养老金缺口的弥补主要依靠国家财政补贴,而日趋扩大的缺口已使国家财政难堪重负。可见,当前中国养老保险制度面临着严峻的挑战,随着人口老龄化的不断加深,潜在的养老金支付危机正在积聚。养老金面临入不敷出的窘境,不得不考虑延迟退休,其实质是将社会养老的责任部分转移给企业承担,这又加重了企业的负担。

三、社会问题凸显

人口老龄化还使一系列社会问题凸显,这要求我们必须集中全社会的力量面对和解决。

(一)"空巢"家庭、"留守"老年人问题

从传统意义上看,为照顾老年人日常生活主力的女性作已大规模地进入劳动市场,女性为老年人提供的照顾越来越少。激烈的社会竞争使不少子女要么忙于打拼事业,无暇顾及老年人的生活;要么待业在家,成为"啃老族"。城市子女工作的流动性和农村劳动力外出谋生造成了大量的"空巢老年人""留守老年人"现象。

同样由于计划生育政策,老龄化伴随着少子化,不可避免地使空巢家庭成为老年人家庭的主要形式。养老模式也必然继续发生变化,老年人对儿女的依赖将越来越少,而社会养老的普遍化需要大量的人力和物力。

有关资料显示,2017 年末辽宁省"空巢老年人"共有 390.72 万,占全省老年人口的40.75%,很多农民工将年幼的孩子交由老年人照顾,在得不到子女供养与照护的状况下还要为其照看孩子,晚年生活缺乏保障。此外,我国一些农村老年人的养老保险、医疗保险的保障水平还比较低,在丧失劳动能力后无基本生活来源,只能靠儿女赡养,而由于社会变革给新旧两代人在伦理道德、价值观念等方面造成的代际隔阂,"重小轻老"现象严重。有调查显示,有些子女对父母感情淡薄,不甚关心。

(二)"双独夫妻"问题

由于计划生育政策的长期执行,我国出现了规模庞大的"421"或"422"型家庭结构,在

---

① 张琳琳,王喆,刘庆富. 人口老龄化背景下中国养老金缺口分析及其对策[J]. 复旦学报(社会科学版):2023 (1):138-149.

这种结构之下,作为核心的"双独夫妻",其家庭养老抚幼的责任非常大,这不仅是经济上的压力,更有精神与心理上的压力,尤其当老年人患病时,这种压力尤为突出。他们怎样才能成为不被压垮的一代呢? 计划生育政策虽已调整,但因生育意愿持续低迷,这类家庭的数量也会增加。

(三)机构养老问题重重

1. 社会养老机构数量不足,养老供需矛盾仍然突出

以经济发达的上海市为例,目前上海市养老机构数量及床位数供给不足。整体来看,上海市 65 岁及以上老年人人均保基本养老机构及床位数为 0.00011 家/人、0.0194 个/人。分区域来看,虽然目前浦东新区的养老机构及床位数最多,但其 65 岁以上人均养老机构及床位数分别为 0.00011 家/人、0.01774 个/人。65 岁以上老年人人均养老机构数最多的是长宁区(0.00031 家/人),人均床位数最多的是嘉定区(0.04262 个/人),黄浦区无论是人均养老机构数还是人均床位数均为全市最低(人均养老机构数为 0.00004 家/人,人均床位数为 0.00579 个/人)。[①]

2. 养老机构护理人员数量严重不足

老年人入住养老机构的主要动机之一是:在养老机构可以享受专业化的照护服务,但目前我国护理人员既存在"量"的不足,也存在"质"的缺陷。以上海市为例,目前,按照国际公认的 3 名非自理老年人需配备 1 名护理人员的标准计算,上海市养老护理人员缺口十分明显。同时,上海市现有护理人员的专业水平整体偏低,国家职业资格等级证书持证率不足 30%,机构养老护理人员持证上岗率也不够高。许多养老机构的护理人员是没有经过专业培训的中老年女性,护理过程中发生的争执和矛盾较多,这对处于发展期的机构养老事业有着不利的影响。

3. 支付能力与服务价格之间存在矛盾

在市场经济条件下,养老事业按商品经济运营,形成产业化发展,这就造成老年人的收入水平低,很难支付得起高昂的养老机构的服务价格,使本来就无法满足需要的养老机构存在闲置和空位状况。有的养老机构为了不亏本经营,只能维持设施简陋、医疗卫生条件较差、服务项目内容单一、服务专业化水平低的现状,这又无法满足老年人多层次的生活需求,从而形成恶性循环。此外,由于缺乏竞争,政府对民办养老机构的支持力度和优惠政策不够,有些地区资源主要集中在公办养老机构中,并形成一定程度的垄断。

4. 地区发展不平衡,城乡差异大

农村的机构养老服务发展明显落后于其他地区,在养老机构的资金投入、人员素质、管理水平和服务质量方面都严重滞后,农村老年人所享有的养老资源远远低于城市老年人。

四、产业结构调整

随着我国人口结构的转变,人口老龄化的加剧将使得未成年人口的消费品需求逐渐下

① 刁鹏飞,臧跃,李小永. 机构养老的现状、问题及对策——以上海市为例[J]. 城市发展研究,2019(8):98-103.

降,而适应老年人口需求的各种消费品以及服务将会不断增加,并由此对我国现有的产业结构提出了挑战。

我国已进入老年型国家,老年人口大量增加,因此要对我国现有的产业结构做出调整,以满足老年人口对物质、精神文化特殊的需要。市场机制将引导社会资源向开发老年人生活用品、保健产品、医疗设备以及老年大学、老年旅游等产业转移。社会对第三产业的需求将会明显增大。人口老龄化带动第三产业大发展,从而有助于调整国民经济增加值的产业结构,并且有力促进了劳动力的产业转移,实质上是促进农业剩余劳动力向第三产业转移,实现了劳动力就业的产业结构调整。[①]

对于多数发达国家而言,老龄化类似于一种富贵病,伴随着经济发展与社会进步,是必然的趋势;但对我国而言,老龄化发展得太快,以至于我们未富先老,出现了经济发展与社会养老争夺资源的情况,而中国社会对此还没有做好充分准备。应对中国人口老龄化的冲击,不仅是政府的职责,更离不开社会与公民的共同努力。

第三节　对人口老龄化的应对

积极应对人口老龄化,一方面要理解与之相关的理念,努力实现健康老龄化、积极老龄化、成功老龄化;另一方面要采取行动应对人口老龄化,制定相应政策,采取有效措施,积极行动起来以缓解老龄化带来的各方面压力。

一、应对人口老龄化的理念

人口老龄化进程不可逆转。习近平总书记在有关应对人口老龄化的重要批示中指出,有效应对人口老龄化,事关国家发展全局,事关亿万百姓福祉。为此,我们一定要掌握正确理念,从健康老龄化、积极老龄化、成功老龄化这些理念出发,做到及时应对、科学应对、综合应对人口老龄化。

(一)健康老龄化(Healthy Aging)

1. 健康老龄化的提出

1987 年 5 月,以延长寿命和增加生活满意度为目标的"健康老龄化"概念在世界卫生大会上第一次被提出,把"健康老龄化"的决定因素作为老龄研究项目的主要研究课题[②]。1990 年,世界卫生组织在哥本哈根世界老龄大会上把"健康老龄化"作为应对人口老龄化的一项发展战略提出,其主旨是从老年人的健康状况和医疗保健出发,强调提高老年人的生命质量,缩短其带病生存期并延长健康余命,使其保持较好的身体机能状态直到生命结束。1993 年第 15 届国际老年学会布达佩斯大会把"科学要为健康的老龄化服务"作为会议的主题。我国著名人口学家、时任中国老年学会会长的邬沧萍教授带领中国老年学学

---

① 单松. 人口老龄化对我国经济发展的影响及对策[J]. 商业时代,2013(5):9-10.

② 宋全成,崔瑞宁. 人口高速老龄化的理论应对——从健康老龄化到积极老龄化[J]. 山东社会科学,2013(4):36-41.

会代表团参会,并在 1993 年在北京举行的"健康老龄化"学术研讨会和在 2007 年举行的"中国老年健康论坛暨抗衰老药物研讨会"上,诠释了健康老龄化的理论。他认为健康老龄化包含如下内容:"第一,健康老龄化是国家针对人口老龄化提出的战略对策,它的目标是整体提高老年群体的生命长度和生活质量。第二,健康老龄化提出了'健康预期寿命'的概念,不仅关注平均预期寿命,而且更加关注生命的质量。第三,健康老龄化旨在使绝大多数老年人都正常衰老,以求在世时身体健康,功能正常,生活能自理。第四,健康老龄化把预防保健、治疗康复结合起来,把卫生保健如饮食营养、体育锻炼、心理保健、环境保护、公共卫生、个人卫生、健康的行为方式等,都作为实现健康老龄化的一个组成部分,通过多学科、多方式来解决。第五,健康老龄化是全民族、全社会共同的愿望,更是大家共同的责任。"

2. 健康老龄化的含义

"健康老龄化"的核心理念包括生理健康、心理健康和适应社会良好,正如世界卫生组织在 1946 年章程中的关于健康的经典定义"健康是身体、心理和社会功能的完美状态"。因此,健康老龄化是指老年人群的健康长寿,群体达到身体、心理和社会功能的完美状态。健康老龄化是在社会老龄化的情况下,通过全社会的共同努力,改善老龄群体的生活和生命质量,实现健康老龄化社会,使老年人健康幸福地度过晚年。[①] 就老年人个体而言,健康老龄化是指老年人在晚年保持躯体、心理和社会功能的健康状态,将疾病和生活不能自理的时间推迟到生命的最后阶段。[②]

健康老龄化具体包括如下三个方面的内容:一是让老年人自身维持良好的生理、心理和社会适应功能,拥有较高的生活质量;二是让老年群体中健康、幸福、长寿的老年人口占大多数,且比例不断增加;三是进入老年化的社会能够克服人口老龄化所产生的不利影响,保持社会持续、健康和稳定的发展,为生活于其中的所有人的健康、富足、幸福的生活提供物质基础和保证。[③]

3. 影响健康老龄化的因素

从个体健康因素来看,老年人的健康状况与个体遗传因素有关,个体的遗传因素又与其所处的自然和社会环境紧密相连,如个人特征、性别、族裔或社会经济地位等。这些因素从很早便开始影响老龄化过程,在儿童时期,甚至胎儿阶段的生活环境与其个人特点结合在一起,会长远地影响其日后变老的方式。从人类所处环境来看,环境是另一个影响人类衰老和长寿的基本因素。环境因素包括家庭、邻里和社区等大量自然和社会因素,如气候、营养、生活方式、代际关系等。针对以上影响因素,老年人个体要在生命全程中着力保持健康行为,从日常生活做起,平衡营养膳食,保证良好营养摄取,定时进行身体锻炼,合理安排力量训练,保持肌肉质量等,都有助于降低非传染性疾病的风险,并提高身心能力。同时老年人也要注意保护认知功能,有效延缓对护理的依赖,扭转虚弱状况,保持心理健康,预防老年认知障碍。全社会应创建对老年人友好的支持性环境,使老年人在能力减弱的情况下继续从事社会交往和其他重要活动,如安全无障碍的公共建筑、交通工具和易于行走的无障碍环境都是对老年人友好的支持性环境的例证。即使老年人能力有限,但如果能够得到

---

① 姚蕾. 老年人服务与管理概论[M]. 北京:清华大学出版社,2018:59.
②③ 佟新. 人口社会学[M]. 北京:北京大学出版社,2006:165.

药物及辅助器材(如拐杖、轮椅、助力车等),或者居住在易使用的交通设施附近,或对其居住环境进行老年宜居的适老化改造,使他们仍然能够按照自身想法生活和行动,这是健康老龄化的重要内容。[①] 安居才能乐业,宜居才可享老,实现从养老到享老的变化,提高老年人生命质量,使老年人健康、尊严、幸福、美好地享受老年生活,是健康老龄化的客观要求。

4. 健康老龄化的实现路径

随着全世界人口寿命的延长,减轻老年人慢性病负担,改善健康状态,提高老年人的生活质量,成为社会的研究热点,也是健康老龄化实现与否的重要指标。传统健康老龄化理念只是简单地关注老年人的个体健康状况的维持,而发展的健康老龄化理念则需要发展以老年人为中心的综合性的"医疗、照护与环境"养老服务体系,为老年人提供生命历程中所需的各项健康支持。当前我国正处于人口快速老龄化阶段,许多促进健康老龄化的政策也在积极地研究、制定和推进当中,可以从以下几个方面积极转变人口老龄化与健康的观念,实现健康老龄化。[②]

一是从国家、社区到个体层面,都对健康老龄化有高度的认识和重视,形成健康老龄化的理念,通过制定符合我国国情的健康老龄化政策,展开一系列有关健康老龄化的策略和行动,不断提高老年人的健康水平。

二是构建以老龄人群为中心的卫生保健体系,实现医养结合,将医疗资源跟养老资源相结合,优化社会资源的利用,确保老年人得到有效服务。

三是建立老年人长期照护体系,为老年人提供持续服务和健康保障。

四是消除对老年人的年龄歧视,尊重老年人的自主权,建设关爱老年人的环境,维护老年人权益。

五是统一量化评估指标和分析方法,建立老年人健康评估监测系统,建立健全服务质量监督体系,从根本上促进健康老龄化建设。

六是开展一系列与健康老龄化相关的具体研究,实施覆盖多国家、多学科的研究,加强对健康老龄化进程的了解和施行改善方案。

如何让大多数老年人健康快乐地安度晚年,已经成为许多国家积极探索的重要课题之一。越来越多的证据表明,延缓人类老龄化过程不是没有可能,健康长寿对人类益处颇多,努力实现全社会的健康长寿是全人类共同的美好愿望。[③]

(二)积极老龄化(Active Aging)

1. 积极老龄化的提出

人口老龄化是人类社会最重大的成就之一,同时又是一个最严峻的挑战。进入 21 世纪以后,全球老龄化给所有国家带来更多的社会经济需求,与此同时,老年人群体又是一个宝贵却又往往被忽视的资源。世界卫生组织认为如果政府、国际组织和民间社团制定"积极老龄化"的政策和计划,促进老年人的健康、参与和保障,国家就能够应对老龄化的挑战。

---

① 姚蕾. 老年人服务与管理概论[M]. 北京:清华大学出版社,2018:61.

② 陈坤,李士雪. 健康老龄化的理念演变与实现路径[J]. 理论学刊,2017(3):87-92.

③ 姚蕾. 老年人服务与管理概论[M]. 北京:清华大学出版社,2018:63.

在1999年国际老年人年,世界卫生组织在健康老龄化的理念基础上,提出了积极老龄化的口号。2002年4月联合国在西班牙马德里召开的第二届世界老龄大会,为应对世纪人口老龄化问题而提出了积极老龄化的思想和发展战略,这不但给国际社会老龄工作提供了指导,而且也指明了适合我国国情的老龄工作的发展方向。如何倡导"积极老龄化",让老年人积极、健康、幸福地生活,既是经济社会全面稳定发展的要求,也是构建社会主义和谐社会的重要内容。①

2. 积极老龄化的含义

"积极老龄化"是在"健康老龄化"基础上做出的进一步延伸和发展。所谓"积极老龄化",是指人到老年时,为了提高生活质量,使健康、参与和保障的机会尽可能发挥最大效应的过程。"它容许人们在一生中能够发挥自己在物质、社会和精神方面的潜力,按照自己的需要、愿望和能力参与社会,在需要帮助时,能够获得充分的保护、安全和照料。'积极'强调的是继续参与社会、经济、文化和公共事务,而不仅仅是体育活动的能力或参加劳动队伍。在工作中退休下来的老年人和那些患病或有残疾的人,能够仍然是他们亲属、亲友、社区和国家的积极贡献者。""积极老龄化的目的在于使所有进入老年的人,包括那些虚弱、残疾和需要照顾的人,都能提高健康的预期寿命和生活质量。"②由此可见,积极老龄化改变了人们以往的传统观点——尽管老年人曾为社会进步做出了巨大的贡献,但进入老年后,他们就成为社会的负担,而是强调,老年人是被忽视的宝贵的社会资源,他们健康地参与社会、经济、文化与公共事务,将依然是社会财富的创造者和社会发展的积极贡献者。③

3. 影响积极老龄化的因素

积极老龄化的实现不是某个群体、某个部门努力就能实现的,而是需要多方共同努力才能切实加以推进的。影响积极老龄化的因素可以从宏观和微观两个层面进行分析。从宏观层面来讲,主要包括经济水平、政治制度、社会支持。首先,经济水平是积极老龄化的决定因素。经济发展了,"老有所养""老有所医"的老年保障问题才具有解决的基础条件;经济发展了,社会资源才会充足,老年人才会具有发挥余热的机会和条件。其次,政治制度是基本保障。有了经济的发展,还需要建立一套有效的制度作为保障,将社会资源公平分配,满足老年人的物质、精神需求,实现"老有所乐"。最后,社会支持是支撑。随着我国经济水平的提高,老年人在基本生活得到保障后对精神层面的需求不断提升。积极老龄化认为老年人有不被歧视的权利,有积极参与社会的能力,而这一点需要得到社会的认同和支持。④ 从微观层面来看,个体差异和家庭状况是影响积极老龄化的两个重要因素。研究表明,文化程度、性格特征、居住状况、身体功能均会影响到积极老龄化。⑤ 另外,良好的代际关系和最大化的家庭支持是积极老龄化进程中必不可少的有利影响因素。

① 专题研究小组. 积极老龄化,从战略到行动[J]. 科技智囊,2011(10)：8-22.
② 世界卫生组织. 积极老龄化政策框架[M]. 北京：华龄出版社,2003：10.
③ 宋全成,崔瑞宁. 人口高速老龄化的理论应对——从健康老龄化到积极老龄化[J].山东社会科学,2013(4)：36-41.
④ 宋卫芳. 积极老龄化面临的问题及其实施途径[J]. 人民论坛,2016(4)：132-134.
⑤ 贾红力,等. 衡阳市社区老年人积极老龄化现状及其影响因素的研究[J].护理学杂志,2015(1)：85-88.

4. 积极老龄化的实现路径

积极老龄化的"政策框架要求在'健康、参与和保障'三个基本方面采取行动"。[①] 从我国人口老龄化的实际出发,可以从以下几个方面促进积极老龄化的实现。一是树立正确观念,客观认识老年人对社会的贡献,正确认识老龄化对经济发展的作用,积极弘扬敬老、爱老的孝道文化,塑造老年人的积极形象。二是促进老年人的身心健康,构建积极老龄化的基础。从老年个体和家庭层面来看,应注重老年人的身体健康和心理健康,有效延长老年人自立自主的阶段,把高龄、失能、失智和需要长期护理的阶段压缩到最短;从社会或者国家层面来讲,通过针对社区、养老机构服务人员以及志愿者进行有效的培训,使其能辅助和推动老年人进行日常锻炼,提高老年人的健康水平。三是构建开放型社会,在老年人有参与需求的社会领域中提供平台和机会,国家、社会、家庭有效联动拓宽和深化老年人社会参与的水平。政府应建立具体的老年社会参与政策,通过有效的政策为老年人提供公平的就业机会,为老年人才提供畅通的社会参与渠道。社会应引导有丰富工作经验、技术专长、专业特长的老年人从事能够创造更大社会价值的工作,并在政策上给以倾斜。家庭应充分尊重老年人为家庭所付出的劳动,老年人的家务劳动能够让年轻人从烦琐的家庭事务中解脱出来,使年轻人将更多的时间和精力投入到工作中,客观上也是在间接地参与社会劳动,他们的劳动价值应该得到充分肯定。四是强化老年教育,让老年人通过持续不断地学习,使其思维更加活跃,生活更加独立,身体更加健康,从而减轻社会负担,提高积极老龄化的品质。五是建立切实可行的老年保障体制。国家在加大对老年人的保障力度的同时,还应采取有效措施加快改变我国现存的养老和医疗保障中"农村低城镇高"的倒置现象,提高对农村及城镇中低收入家庭的保障水平。在社会提倡给予老年人平等参与社会的前提下,还应依据客观条件制定有针对性的满足老年人需求的参与保障制度,比如对于农村及城市低收入家庭的老年人给予身体健康的参与条件保障,引导参与娱乐性活动的老年人参与社会利益最大化的社会工作或再就业,这才是积极老龄化中"参与"和"保障"的重要体现。[②]

积极老龄化是一种理念上的自觉。老年人是社会的主体,应以积极的生命态度投入生活,更加注重身心健康、人格尊严,以及自我养老和自我实现。人人都是老龄社会的主体,都应当以积极的生活态度面对老龄,既要有"老吾老以及人之老"的博爱情怀,也要有"未雨绸缪"的预先准备,为自己的老年生活做好物质和精神的储备。[③]

(三)成功老龄化(Successful Aging)

随着人口预期寿命的延长及全球老龄化进程的加剧,如何促进老年人实现成功老龄化成为国内外学界及政策制定者所共同关注的重要议题。关注老年个体和群体的需要,并且实现和满足其需求,达成老年人期望的成功老龄化已经成为许多国家和国际组织应对老龄化的重要理念之一。

1. 成功老龄化的提出

卡尔·荣格(Carl Jung)在20世纪20—30年代对老龄化的研究被看作是现代老年学

---

① 世界卫生组织.积极老龄化政策框架[M].北京:华龄出版社,2003:10.

② 宋卫芳.积极老龄化面临的问题及其实施途径[J].人民论坛,2016(4):132-134.

③ 姚蕾.老年人服务与管理概论[M].北京:清华大学出版社,2018:66.

领域最为重要的开拓性思考,作者将人生后期视为一个心理逐渐内化的过程,这一观点得到了之后许多老年学理论家的回应。柏妮丝·诺嘉顿(Bernice Neugarten)也认为人生后期会带来日益增加的内生性。最早在老年学领域里提到"成功老龄化"(successful aging)这一概念的是哈维格斯特(Havighurst),他认为为了实现老年学提供合理建议的科学性,必须有成功老龄化的理论,该理论应该描述最大化满意度和幸福感所需要的条件。在哈维格斯特看来,成功老龄化研究应该是老年学学科的中心议题。最早对成功老龄化进行大规模、系统和多学科研究的是麦克阿瑟基金会(MacArthur Foundation)。麦克阿瑟基金会对老龄化的关注始于1984年,杰克·罗威(Jack Rowe)和罗伯特·卡恩(Robert Kahn)联合了不同学科领域的16位学者,试图去阐释和厘清促进"积极性"老龄化的相关因素。之后的诸多研究在基础生物医学、临床医学、行为和社会科学、健康服务传递和生物医学伦理五个关键的领域展开。[①] 在1987年,杰克·罗威和罗伯特·卡恩把成功老龄化界定为:在外在心理和社会因素对人的老化过程的积极影响下使老年人各方面的功能很少下降,使他们保持良好的身心平衡,激发他们生命的活力,并在社会参与中逐步实现自我。这些认识转变了以往老龄化研究中对老年疾病或老年功能缺损的关注,或者过多强调老年人疾病缠身、内心孤独、依赖性强等消极的一面,而把关注点放到强调老龄化的可塑性和积极性的一面。在随后的发展中,对于社会因素作用的强调在老龄化研究中不断加强。[②]

2. 影响成功老龄化的因素

影响成功老龄化的因素包括社会因素和个人因素两大方面。社会因素体现为社会参与和社会支持。社会参与是指个人在与社会进行互动交流时,以社会劳动或活动的方式来实现自我价值。根据2007年在南京市3个社区进行的一次调查显示,参与社会活动的老年人的心理健康状况水平较高,老年人的心理健康水平与社会参与之间表现为正向相关。[③]积极社会参与对于老年个体的认知状态具有保护性的意义。社会参与水平、参与次数、所承担的角色这三个因素都和成功老龄化之间存在正相关关系,并且可以正向预测成功老龄化。高水平的社会参与能够促进老年个体达到成功老龄化。社会支持是个体在与外界进行互动的过程中,能够被他人关心、接纳,得到他人帮助的一种互动关系,对于成功老龄化的实现有着重要的影响。社会支持可降低老年人抑郁出现的概率。在面对疾病时,有效的社会支持可以帮助老年人战胜疾病并保持心理上的健康。通常,与社会联系较多的老年人能够获得更多情感支持,社会支持可能是通过增强老年人的幸福感以及改善认知功能促进了成功老龄化。可以认为老年个体所受到的社会支持程度会影响其成功老龄化。个人因素体现为健康行为和心理韧性。健康行为是人们所进行的疾病预防的活动以达到保护、促进以及维持自身健康的目的。参与身体锻炼、坚持业余爱好以及拥有优质睡眠的老年人较少出现抑郁症状,心理健康水平较高。老年人若能坚持两项以上的健康行为,可使成功老龄化的概率增高。健康行为具有积累性的作用,老年个体拥有的健康行为数量越多,就越有可能实现成功老龄化。老年人心理韧性特指老年人在面对困难时,应用保护因素抵抗危

① 熊波. 老龄化如何成功——国外成功老龄化研究的取向与评述[J]. 国外社会科学,2018(2):68-76.
② 张旭升,林卡. "成功老龄化"理念及其政策含义[J]. 社会科学战线,2015(8):185-190.
③ 刘颂. 老年社会参与对心理健康影响探析[J]. 南京人口管理干部学院学报,2007(10):38-40.

险因素,达到社会适应和身心健康的能力。高水平的心理韧性对老年人生理功能衰退具有补偿作用,心理韧性水平较高的老年人认为自己更易达到成功老龄化;另外,低收入的老年人可通过调节心理韧性来抵抗健康危险因素。因此,可以认为心理韧性的提高能够帮助老年人实现成功老龄化。

3. 成功老龄化的实现路径

努力延缓衰老和减少老年病的发生,增加老年人创造社会价值的有效时间,提高老年人的生活质量和功能生命质量是成功老龄化的必然要求。"成功老龄化"对于当前人口老龄化形势日趋严峻的中国具有重要的借鉴意义。它虽然是一个个人层面的概念,但不可避免地会受到社会结构性因素的影响。成功老龄化的实现路径集中体现在以下两个层面。

(1) 从政府层面,需要制定有针对性的政策和干预措施。具体包括以下几个方面。

① 构建终身教育体系。"成功老龄化"一个很重要的方面就是身体、心理和社会参与等各方面都能够维持在较高水平,这需要在整个社会层面给老年群体提供更多的学习机会,以保持其自身的积极性不因为退休而弱化,时刻紧跟时代步伐。

② 反年龄歧视。随着老年人口比例的迅速上升和规模的扩大,老年群体在社会发展中所起的作用日益增大,独立性和自主性都在不断增强,一个平等的社会应该更注重发挥每一个人的能力,而不能因为年龄的增长人为制造社会排斥。

③ 提供更多的志愿服务机会和渠道。"成功老龄化"的一个重要理念就是鼓励老年人进行更多的社会参与,一方面有利于老年人更好地融入社会而不至于与社会脱节,实现自我价值,获得自我认同感;另一方面也可以在一定程度上减缓老年人因年龄增长而带来的身体和心理功能的弱化。

④ 提高老年人口健康素质。各级政府可以通过采取推动家庭医生、家庭病床和医疗护理等上门基本医疗服务;鼓励开设老年病科和安宁舒缓疗护病区;提高社区服务能力,建立健全老年人健康管理档案和数据库;鼓励社区医疗护理和居家养老机构的有机整合;做好预防保健工作;积极研究老年疑难病等干预措施,提高老年人口健康素质,促进成功老龄化的实现。

⑤ 加强养老服务的机制探讨和内涵建设,在养老服务的机制、模式、内涵上进行深入探索与实践,改变传统的养老理念,丰富养老服务的内容,开拓出新型养老的服务模式;为此还要加强养老服务人员培养的数量和质量,要以政府为主导,企业、社会共参与运作的方式,支持和鼓励养老服务人员的培养,可以设置统一的培训机构,系统规范地讲解相关知识;可以拓展学习的课题,如护理知识、心理咨询、法律保障等一系列课程的培训;可以通过专业的考核机构,规定养老服务人员必须考取上岗合格证才可上岗,服务使养老服务行业更规范、更亲民。[①]

(2) 在个人层面,为实现"成功老龄化"而付出努力,应该贯穿一个人的整个生命历程,而非仅仅依赖于老年阶段的努力。对于当前的中国而言,这一理念尤其重要。

① 在身体功能层面,积极进行健康储备行为。培养健康的生活方式并积极进行健康投资,积极进行疾病预防和治疗,充分知晓和利用各种医疗和照料资源。

---

① 周佳,张勘. 上海实现"成功老龄化社会"的探索与实践[J]. 上海医药,2015(1):54-57.

② 在心理认知层面,努力改变对老年阶段的传统认知。随着中国人口平均预期寿命的延长,个体进入老年阶段之后存活的时间比以前更长,这一阶段占整个生命周期的比重和意义都越来越大,意味着每个人都应该改变过去的传统观念,即进入老年阶段就是人生进入了"失败阶段",与此相反,老年阶段更应该是每一个人人生新的起点和新的发展阶段。

③ 在社会参与层面,维持社会支持网络规模,提升社会支持网络质量。进入老年阶段之后最显著的变化是个人逐渐退出劳动力市场并逐步回归家庭,但这一变化并不意味着老年人必然的与社会脱离,相反老年人可以通过开辟新的社会参与渠道,在社区志愿活动和家庭照料等方面发挥自身新的价值,实现新的成功。①

二、应对人口老龄化的行动

人口老龄化已成为中国社会的常态。② 它是现代社会发展的自然过程,也是人口再生产模式从"传统型"向"现代型"转变的必然结果,可以被看作社会现代化的重要标志之一。中国自 1999 年进入传统意义上的老龄社会,迄今已有 20 多年,作为一种不可逆转的人口态势,老龄化的影响已渗透到中国社会的方方面面,其发展进程与中国特色社会主义进入新时代相同步,并将始终伴随"两个一百年"奋斗目标的实现过程。在此背景下,应对中国人口老龄化的治理模式无疑要基于整体性的中国思考,在更新观念和创新制度的基础上跳出传统理论与框架的桎梏,以形成新时代的中国方案。③

(一) 以人民为中心,把握应对人口老龄化的重大政治意义

从以人民为中心的发展思想出发,深刻把握新时代应对人口老龄化的重大政治意义。党和政府高度重视人口老龄化和老龄事业发展,在 20 世纪 80 年代初期就开始积极探索适合我国国情的养老模式。党的十八大以来,中央提出一系列应对人口老龄化、促进老龄事业发展的新理念。习近平总书记在党的十九大报告中明确指出:"积极应对人口老龄化,构建养老、孝老、敬老政策体系和社会环境,推进医养结合,加快老龄事业和产业发展。"李克强总理在 2019 年政府工作报告中提出"让老年人拥有幸福的晚年,后来人就有可期的未来"。积极应对人口老龄化就是让老年人共享改革发展成果,这事关亿万老年人福祉,事关每个家庭,事关社会和谐稳定,事关巩固党执政的群众基础。因此,要从政治高度理解探寻积极应对人口老龄化策略的重大意义。④

(二) 构建和完善经济社会制度,更好地应对老龄化社会

面对已经到来的老龄化社会,我们既不必过分担忧,也不能等闲视之。要在充分清醒地认识我国人口发展的状况与未来趋势的基础上,转变通过人口政策调整适应老龄化社会的思维方式,以新的视野、新的策略应对老龄化的挑战,着眼于通过调节经济社会制度来适应老龄化社会。

① 熊波. 老龄化如何成功——国外成功老龄化研究的取向与评述[J]. 国外社会科学,2018(2):68-76.
② 彭希哲,胡湛. 公共政策视角下的中国人口老龄化[J]. 中国社会科学,2011(3):121-138,222-223.
③ 胡湛,彭希哲. 应对中国人口老龄化的治理选择[J]. 中国社会科学,2018(12):134-156.
④ 鲍常勇. 中国人口老龄化问题与应对策略——以河南省为例[J]. 中州学刊,2020(4):82-87.

1. 完善退休年龄制度,提高退休年龄

随着社会的发展和人类寿命的延长,率先建立退休制度的发达国家人口退休年龄在不断提高。对我国而言,提高退休年龄同样是大势所趋。从教育水平看,中国平均受教育年限不断提高,年轻人口进入劳动力市场的时间在不断推迟。从寿命看,我国人口平均预期寿命已经超过 75 岁。从人口素质看,我国老年人的身体健康状况和科学文化素质在不断改善。同时,随着我国经济的发展,重体力劳动大幅减少,即使是老年人,也能够承担部分种类的工作,甚至在部分工作岗位上老年人还具有经验优势。从养老金体系看,我国即将面临一个迅速而巨大的老龄化高潮,而养老金体系还不完善,养老金支付体系将面临巨大的压力。适当提高退休年龄,一方面可以增加中国未来的劳动力数量,另一方面也可以缓解我国养老金支付体系的压力,为我国养老金制度由现收现付制向基金积累制转变赢得时间。因此,应当及早确定方针,分步骤逐渐延迟退休,动态完善退休年龄制度。这是符合历史发展潮流的大势所趋,也是应对老龄化挑战的应有之义,更是实现积极老龄化的重要举措。①

2. 完善养老保险制度,提高老年人收入水平

要构建以国家法定社会保障为主体,企事业、社区和家庭养老等并存的综合性、多层次性的养老保险制度,提高老年人口的保障水平,尤其是农村居民养老保险水平,从而增加老年人收入,消除其在消费方面的后顾之忧。拓宽养老保险资金筹措渠道和水平,多方面统筹社会养老保险资金,提升应对人口老龄化的能力。推动基本养老保险尽快实现跨空间统筹,增强养老制度的适应性和灵活性,充分发挥养老保险互助共济作用,促进养老保障体制一体化进程。②

3. 建立健全老年医疗保障体系,做到老有所医

应从单一的社会医疗保险转变为构建以社会医疗保险为主体、地方附加医疗保险为辅助、多种医疗保障方式为补充、医疗社会救助为托底的多层次的老年医疗保障体系。合理配置公共卫生服务和医疗服务资源,积极发展社区卫生服务,逐步形成功能合理、方便群众的卫生服务网络,保证老年人得到就近、及时、便捷、质优的医疗卫生服务。③

4. 建立长期护理保险制度,切实增强对失能老年人的服务保障

与老龄化程度不断加深相伴相随的是高龄化程度的日益加深和老年人口规模的不断扩大,对生活照料和养老护理的需求将会不断增加。与此同时,家庭规模缩小、家庭养老功能减弱却是难以逆转的事实,仅仅依靠家庭成员的照料,将难以满足老年人的需求,因长期照顾失能老年人所产生的经济负担将大大超过家庭和现有养老金体系的承受能力。因此,建立长期护理保险制度,切实增强对失能老年人的服务保障变得越来越迫切。

长期护理保险制度是应对老年人口长期照料需求快速增长的有效举措。个人在年轻阶段为老年照护风险进行资金储备,有利于在老年照护阶段减轻甚至不依赖家庭成员的照

---

① 翟振武,刘雯莉.人口老龄化:现状、趋势与应对[J].河南教育学院学报(哲学社会科学版),2019(11):15-22.

② 鲍常勇.中国人口老龄化问题与应对策略——以河南省为例[J].中州学刊,2020(4):82-87.

③ 汤梦君.中国生育政策的选择:基于东亚、东南亚地区的经验[J].人口研究,2013(6):77-90.

护费用和服务支持。在"十三五"之后,我国的老龄化速度将会大大加快,老年人口规模迅速增长,老年人口长期照料需求也将快速增加。为此要积极探索建立长期护理保险制度,重点面向高龄老年人、失能和部分失能老年人,对经评估达到一定护理需求等级的长期失能人员,为其基本生活照料和基本医疗护理提供服务或资金保障。要鼓励商业保险公司开发商业护理保险,以满足多样化、多层次的长期护理需求。[①]

应当在总结我国 15 个城市试点长期照护保险制度,以及借鉴国外先进经验的基础上,立足经济发展阶段,建立符合国情的、全国统一的长期护理保险制度,在我国高龄化程度迅速加深之前形成较为完善的应对体系。[②]

(三)营造老年宜居环境,建设老年友好型社会

建立符合老龄社会特点及适应老年人需求的公共政策体系,营造老年宜居环境,努力建设老年友好型社会,是应对人口老龄化的重要的经济社会制度选择。建设老年友好型社会要从以下两方面着手。

1. 改善老年人的生活环境

在生活环境方面,当前,整个社会环境仍然没有充分考虑到老年人的生理、心理需求。户外缺乏供老年人健身、娱乐的场所和无障碍设施,户内则缺乏适应老年人需求的扶栏、把手、坡道等相关设计,不仅无法满足老年人生活、娱乐的需要,还可能对其生命安全造成威胁。因此应当充分考虑到老年人的需求,加强老年宜居环境建设,针对所有的居民住宅、公共建筑和公共设施,做好无障碍和适老化建设或改造。这对提高老年人的生活自理能力和生活质量具有重要意义。

2. 消除对老年人的偏见

在文化方面,全社会对老年人仍然存在严重的偏见。长期以来,老年人往往被视为收入低下、疾病缠身、观念落后、需要依赖他人和社会的群体。但是随着社会的发展和进步,老年群体也在不断呈现出新的特点,步入老年并不一定意味着落后、愚昧和衰弱。因此,一方面,应当加强宣传教育工作,大力宣传"健康老龄化""积极老龄化""成功老龄化"的理念,营造尊老、敬老、孝老的文化氛围,消除人们对"老"的歧视和恐惧,鼓励老年人走出家门,融入社会,继续发挥自己的价值,以积极的心态面对老年生活;另一方面,随着预期寿命的延长,应当对老年标准进行充分的讨论。当前静态、固化的老年定义使老龄社会的真实影响无法得到有效估计,一些带有误导性的认知往往会让老龄化的应对之策、变革之举有失偏颇[③],应当在充分考虑生理年龄、身体功能、认知能力、心理健康等多方面因素的情况下,更加科学、全面地定义老年。这将有助于转变全社会关于老年的观念,消除对老年人的歧视,促进老年人积极参与社会形式的变化和政策的变革。

(四)把握老年人新特点,推广智慧养老

随着经济社会的发展,时代发生了巨大的变化,老年人群体也在世代更迭中呈现出了

---

① 鲍常勇. 中国人口老龄化问题与应对策略——以河南省为例[J]. 中州学刊,2020(4):82-87.

② 贺丹,刘厚莲. 中国人口老龄化发展态势、影响及应对策略[J]. 中共中央党校学报,2019(8):84-90.

③ 汤梦君. 中国生育政策的选择:基于东亚、东南亚地区的经验[J]. 人口研究,2013(6):77-90.

崭新的特点。在中国,老年人口规模大增长的时代同时也是老年教育水平大提升的时代;人口结构老龄化的过程,同时也是老年人口知识化与现代化的过程。未来 15 年,于 20 世纪五六十年代出生的人口队列会逐渐成为老年人群体中的主力军。他们身处在和平的年代,得益于医疗卫生水平的发展和基础教育的大力推进,身体素质与受教育程度有所提高;得益于国家经济建设的飞速发展,他们积累了大量的财富与资本,具有了较为雄厚的经济实力。20 世纪七八十年代出生的人口经历了国家经济的腾飞、义务教育的普及、高等教育的发展、人口的大规模流动、科技的迅猛发展以及全球化的浪潮,当这批人进入老年期时,中国的老年人群体将会呈现出与当前截然不同的新面貌。他们有着更高的文化素养、更广阔的见识、更为开放包容的价值观、更好的身心健康状况、更强的经济实力和更为多元的消费需求,完全有能力学习新知识、接纳新事物、掌握新技术。也就是说,在不远的将来,老年人将不再是传统意义上羸弱、无助的群体,反而是掌握更多财富与资本的消费群体。[1] 他们具有更强的接触和掌握新鲜事物的意愿和能力,这使依托于现代科技的"互联网＋养老服务""智慧养老"等养老服务新模式不仅成为可能,更成为适应新时代老年人特点的必要之举。

1. 积极探索"互联网＋养老服务"新型管理服务模式

积极探索"互联网＋养老服务"新型管理服务模式,通过跨业务应用融合、数据共享形成协同效应。加快建立信息共享平台,构建居家社区养老服务网络平台,利用互联网、物联网、人工智能等信息技术,整合社区各类服务资源,为老年人提供多样化养老服务。[2] 加强各类健康养老机构之间的交互合作,探索建立互联互通、标准规范的智慧养老服务系统,实现养老数据信息的开放共享。

2. 加强对老年人使用智能设备和移动互联网的教育与培训

通过加强对老年人使用智能设备和移动互联网的教育与培训,努力消除老年人与年轻人之间的"数字鸿沟",使现在的老年人能够共享科技发展的成果。充分把握老年人群体的新趋势和新特征,大力发展智慧养老的技术、设备和设施。例如,专门设计、开发符合老年人生理特征和心理需求的智能设备和社交平台,丰富老年人的消费方式和沟通方式;大力发展远程医疗,帮助老年人便捷及时地获取诊治服务;建立互联网医疗大数据库,为老年人的长期健康管理提供便利。同时,应当关注老年人群体的多元化需求,为老年人提供智能化和个性化的定制服务。

3. 持续推动智慧健康养老产业发展

政府应鼓励相关的互联网技术公司投身"智慧养老"领域,尽早推出能够满足老年人需求、方便老年人使用的相关产品。要促进人工智能、物联网、云计算、大数据等新一代信息技术和智能硬件等产品在养老服务领域的深度应用,建设一批"智慧型养老院"。加快智慧养老产业链培育,研发可穿戴健康监测设备、家庭智能机器人、智能健康管理设备等老年产品,提高健康养老服务质量。积极推动智慧养老服务在法律规范、服务标准、产业监督、评

① 乐昕,彭希哲. 老年消费新认识及其公共政策思考[J]. 复旦学报:社会科学版,2016(2):126-134.

② 鲍常勇. 中国人口老龄化问题与应对策略——以河南省为例[J]. 中州学刊,2020(4):82-87.

估机制等方面的标准化建设。[①]

（五）加强专业人才队伍建设，提升养老服务人才的职业吸引力

鼓励高等院校和职业院校增设智慧健康养老服务与管理、社会工作、医疗保健、护理康复、营养配餐、心理咨询等涉老专业学科点，培养专业人才。完善法规政策和保险机制，切实维护养老护理员的职业权益。营造良好的社会舆论氛围，培育尊重养老护理员的职业环境。完善养老护理员培训制度，加强岗前培训及定期培训，提升养老护理员的专业技能和职业素养。建立职业标准化的工作体系，加强行业标准化管理。构建科学的养老服务管理体系，提升养老服务职业管理水平。完善人才激励政策，探索建立养老护理员特殊岗位津贴等制度，在国家层面设立"养老护理员节"，评选"最美养老护理员"，开展养老护理员关爱活动，建立养老服务褒扬机制，让养老护理员的劳动和社会价值在全社会得到尊重。

 拓展阅读

世界和中国人口老龄化发展态势

中国人口与发展研究中心研究员刘厚莲基于联合国人口司数据和中国人口普查资料，重点分析世界和中国的人口老龄化发展态势，准确认识从现在到21世纪中叶中国人口老龄化所处的国际方位。其研究主要发现如下。

第一，21世纪以来，全世界开始步入人口老龄化社会，中国的人口老龄化步伐明显快于发达国家，更快于全世界总体水平。发达国家由于完成人口转变较早，老龄化程度普遍较深。目前，中国还未步入严重人口老龄化国家行列，高龄化程度还比较轻，抚养负担也不重，老龄化程度还明显不及西方发达国家。但是，我国的老龄化速度明显快于美国、德国等国家，少子化程度高于全世界总体水平，与美国、英国、法国等发达国家接近。中国的快速人口老龄化充分反映了过去一段时间中国的人口转变之快及生育水平下降之快，这些进而导致了中国人口年龄结构的快速老化。

第二，2020—2035年，全世界人口老龄化进程继续推进。2035年，全世界60岁及以上老年人口将增至15.9亿人，比重为17.8%，还未进入中度老龄化社会。发达国家将进入重度老龄化社会，到时，面临明显的高龄化、少子化趋势，抚养负担较重。这一阶段，日本、韩国的老龄化、少子化趋势最为明显。中国到2035年前也将进入重度老龄化社会，老龄化程度与美国接近，但还未进入老龄化严重的国家行列；届时，中国的少子化将加快发展，明显超过全世界总体水平，甚至将赶超欧美发达国家。多数发达国家、部分发展中国家的抚养负担仍然较重，中国的抚养负担相对较轻。这一阶段，中国的人口年龄结构仍具有比较优势。

第三，到2050年，全世界60岁及以上老年人口达到20.8亿人，比重达到21.4%，步入中度老龄化社会。届时，发达国家的老龄化、高龄化走在世界前列，中国的老龄化、少子化将赶上发达国家步伐。韩国、日本、西班牙、希腊、意大利、葡萄牙将成为老龄化严重的6个国家，中国的老龄化程度将超过美英等发达国家，也将超过印度、俄罗斯等人口大国。中国

---

① 潘哲琪. 积极应对人口老龄化挑战[J]. 浙江经济, 2019(23): 62.

的高龄化程度明显加深,远高于全世界总体水平,但远低于日本、韩国,也低于德国、意大利、西班牙、希腊等发达国家;中国的少子化已进入较低水平,低于美国、英国、法国,也低于印度、俄罗斯。

总体而言,在未来的30年,全世界的人口老龄化进程将持续推进,并将进入中度老龄化社会。欧美发达国家步入重度老龄社会,高龄化、少子化趋势明显,抚养负担持续加重。较多的发展中国家由于人口转变尚未完成,老龄化进程相对较慢,但在2050年前,这些国家均将进入老龄化社会。到21世纪中叶,韩国将成为全世界老龄化最严重的国家,与之相伴随的是其快速发展且日益严重的高龄化、少子化趋势。中国在前15年,老龄化、少子化将加速发展,超越全世界总体水平,但还不及欧美国家、日韩等发达国家,抚养负担相对较轻;但在未来30年中的后15年,中国的老龄化、高龄化、少子化程度基本接近发达国家,甚至将赶超美英等部分发达国家,也将超过印度、俄罗斯等人口大国。总体来看,在建设社会主义现代化国家新征程中,中国人口老龄化快速发展且形势严峻,老龄化程度将与发达国家相当。这些将成为中国实现经济社会高质量发展、参与大国竞争的重要人口基础。

(资料来源:刘厚莲.世界和中国人口老龄化发展态势[J].老龄科学研究,2021(12):1-16.)

 思考与讨论

1. 请谈谈你对我国人口老龄化问题的认识。
2. 人口老龄化会带来哪些影响?
3. 如何减轻人口老龄化对中国社会的冲击?
4. 应对人口老龄化应树立哪些理念?
5. 鉴于世界和中国人口老龄化的态势,我们应如何积极应对人口老龄化?

第二章　认识老年人

子游问孝,子曰:今之孝者,是谓能养,至于犬马,皆能有养,不敬,何以别乎?

——孔子《论语·为政》

老年是人生命历程中的一个阶段。在本章中,我们从老年人的界定、类型、特点和需求等方面全方位地认识老年人,只有正确全面地认识老年人,才能更好地应对人口老龄化,推进养老服务,提高老年人的幸福感、获得感。

第一节　老年人的界定

每一个人从出生到死亡都会经历从婴孩到童年、青年、中年和老年这几个人生阶段。我们把进入老年期的人称为老年人,即达到或超过老年年龄的人。老年人的基本特征是生理上的衰老。受生物学规律的支配,随着时间的推移,每一个人的生理结构和功能必然老化,这一过程具有不可逆性。年龄并非仅仅是指人口学上的日历年龄(岁数),而是指根据不同的测量标准来划分出具有不同内涵的年龄。一般而言,一个人的年龄可以分为日历年龄、生理年龄、心理年龄和社会年龄,如表 2-1 所示。

表 2-1　年龄定义和测量标准

分类	定　　义	测 量 标 准
日历年龄	个体自出生到现在按年月计算而确定的年龄,又称"出生年龄""年代年龄""实足年龄""自然年龄"	随着时间的推移而增长,一年增一岁。每个人日历年龄增长的速度相同,方便计算
生理年龄	以正常个体生理学上和解剖学上的发育状况为标准确定的年龄,也称"生物学年龄"	根据个体目前的健康状况(如细胞、组织、器官、生理功能等)以及反映其健康状况的生理指标来测量确定,代表人的生命活力,一个人衰老的速度越快,其生理年龄就越大
心理年龄	人的整体心理特征所表露的年龄特征,是按照记忆、理解、反应、对新鲜事物的敏感程度等测算的年龄	根据心理测验而取得不同年龄群体的心理标准水平,然后与某人的心理测验结果对照,从而得出其心理年龄
社会年龄	作为社会化的人为社会发展所做贡献的期限	表明一个人在社会上从事某一职业、某一部门工作或社会事业等的时间长度,因个人所从事的工作或在社会上的时间长短和经历不同,又有不同的名称,如工龄、教龄、军龄、学龄或选举年龄、结婚年龄、退休年龄等

对于大多数人来说，以上四种年龄发展基本同步。但是由于每个人所处的客观环境千差万别，以及个人的体质等因素的影响，日历年龄并不能完全代表一个人的生理功能、心理状况以及社会活动能力等方面的内容。一般来说，生理年龄会随着日历年龄的递增而增长，也就是说，机体的结构和功能会随着年龄的增长而发生老化。但是，生理年龄并不完全等于日历年龄。由于先天遗传因素和后天环境、疾病、营养、运动等因素的影响，机体的生理功能与组织结构的老化速度是不同的，甚至会出现很大的个体差异。例如，日历年龄同为60岁的人，有的身板硬朗、精神抖擞，显得非常年轻；有的却步履蹒跚、百病缠身，看上去很苍老。心理年龄和日历年龄、生理年龄也并不完全同步。例如，有些人日历年龄不大，但心理上却"未老先衰""老气横秋"，整日意志消沉，感叹生命苦短；而有些人日历年龄虽大，却仍然思维敏捷、动作稳健、情绪乐观，可谓"老当益壮""人老心不老"。很明显，后者的心理年龄要低于前者。社会年龄通常与日历年龄挂钩，但是又与生理年龄和心理年龄息息相关。学术界目前存在两种看法：一种观点认为，一个人工作到退休，其社会年龄即宣告结束；另一种观点认为，老年人即使在退休后，生理和心理依然健康，仍然可以为社会继续做出贡献，因而其社会年龄不能算结束。日历年龄受之父母，不可改变，但生理年龄、心理年龄和社会年龄却可以通过身心锻炼、个人努力加以改变，延缓衰老，弥补其不足。因此，判断一个人是否衰老，不能单纯看其日历年龄，还要看生理年龄，尤其是心理年龄，因为人的心理状态对生活有很强的反作用力。

由于对于大多数个体而言，日历年龄、生理年龄、心理年龄和社会年龄，尤其是日历年龄和生理年龄发展基本同步，且四种年龄中日历年龄最具操作性，可以进行统计和对比，因此，国内外通常以生物学规律为基础，采用日历年龄来界定老年人。目前国际通用的是把日历年龄60岁或65岁作为老年期的标准起点年龄。就中国而言，60岁是社会普遍认可的老年人的起点年龄。《中华人民共和国老年人权益保障法》（以下简称《老年人权益保障法》）就明确表示老年人是指60周岁以上的公民。不难预见，随着经济社会的发展、人类健康状况的改善，人口平均预期寿命普遍延长，同样日历年龄的老年人较之于现在会活得更健康、更长久，老年人的起点年龄应该会有所提高（老年人的起点年龄不会无限地提高，因为要受制于人类寿命）。[①]

第二节 老年人的类型

根据不同的标准，可以对老年人进行如下类型划分。

一、根据老年人的日历年龄分类

现阶段，我国通常按日历年龄将老年人分为低龄老年人（60～69岁）、中龄老年人（70～79岁）、高龄老年人（80岁及以上）。

《中国人口和就业统计年鉴》的统计数据显示，从2000—2018年，低龄老年人口、中龄

老年人口和高龄老年人口占总人口的比重分别从 6.16％、3.34％、0.96％左右上升到 10.73％、5.03％、2.08％左右。其中高龄老年人口的平均增速最快。随着三次生育高峰的出生人口相继进入高龄期,未来老年人口年龄结构中"高龄化"现象将逐渐凸显。

二、根据老年人的生活自理能力分类

生活自理能力(activities of daily living,ADL)是以国际通行的包括"吃饭、穿衣、上下床、上厕所、室内走动和洗澡"六项指标的日常生活活动能力量表测量计算得出的。在这六项指标中,一到两项"做不了"的,定义为"轻度失能";三到四项"做不了"的,定义为"中度失能";五到六项"做不了"的,定义为"重度失能"。根据老年人的生活自理能力状况,可以将老年人分为自理老年人、半自理(部分失能)老年人和完全不能自理(完全失能)老年人。老年人随着自理能力的降低,其需要他人照料的程度将上升。

(1) 自理老年人。即日常生活行为完全自理,不需要他人照料的老年人。

(2) 半自理(部分失能)老年人。即丧失部分生活自理能力、部分生活需要人照料的老年人。

(3) 完全不能自理(完全失能)老年人。即完全丧失生活自理能力、必须完全依靠他人照料的老年人。

我国自 1999 年进入老龄化社会以来,人口老龄化、高龄化、失能化问题日益突出。2018 年末,我国 60 岁及以上人口达 24949 万人,占全国人口 17.9％。其中失能老年人(包括完全失能和部分失能老年人)约 4100 万人,约占老年人口的 16.4％。2020 年我国失能老年人的数量增长到 4375 万人,2050 年将高达 9140 万人。因此,大力发展养老服务业,对失能老年人进行社会支持,解决失能老年人照护问题,将是一项长期而重要的工作。

三、根据老年人的居住地点分类

根据老年人的居住地点,可以将老年人分为机构老年人和居家老年人。

(1) 机构老年人。即全日制居住在敬老院、托老所、养老院、老年公寓、福利院等各种养老机构以及社区养老服务设施中的老年人。

(2) 居家老年人。即居住在自己、子女或其他亲属朋友家中的老年人。目前我国绝大多数的老年人为居家老年人。

四、根据老年人的居住方式分类

根据居家老年人的居住方式,可以将居家老年人细分为独居老年人、只与配偶同住的老年人、与子女同住的老年人、三代同住的老年人、隔代同住的老年人、与其他人同住的老年人。

(1) 独居老年人,即一个人单独生活的老年人。

(2) 只与配偶同住的老年人,即仅与配偶一起生活的老年人。

(3) 与子女同住的老年人,即与子女同住,以及与其高龄父母同住的老年人。

(4) 三代同住的老年人,即与子女、(外)孙子女同住,以及与其父母、子女三代同住的老年人。

（5）隔代同住的老年人，即与（外）孙子女同住的老年人。

（6）与其他人同住的老年人，即与除了以上情况之外的其他亲属、朋友或照料者同住的老年人。

其中独居老年人和只与配偶同住的老年人也被统称为"空巢老年人"。前国家卫计委发布的《中国家庭发展报告（2015年）》显示：空巢老年人占老年人总数的一半，其中10.0%为独居状态，仅41.9%与配偶同住。随着空巢老年人数量的增加，如何将空巢老年人妥善安置已成为一个紧迫的社会问题。

五、根据老年人的消费类型分类

根据老年人的消费类型，可以将老年人分为温饱型老年人、小康型老年人、发展型老年人和享受型老年人。[①]

（1）温饱型老年人。这类老年人消费谨慎，以满足生存需求为目的。

（2）小康型老年人。这类老年人的消费观具有补偿性，注重自身生活质量的改善。

（3）发展型老年人。这类老年人容易受到市场、厂商的消费引导，成为老年消费市场的新生力量。

（4）享受型老年人。这类老年人经济条件优越，追求健康、舒适的生活。

其中，发展型老年人拥有良好的经济基础，其消费欲望易于被激发与实现，是今后老年消费市场的主力军。

此外，老年人的分类标准还有很多，比如按户籍性质可以分为城市老年人、农村老年人；按居住地与户口所在地关系可以分为本地老年人、异地老年人等。

第三节　老年人的价值

所谓老年人的价值是指处于人生暮年的老年人本身所具有的价值，或者说是老年人所具有的特殊的作用和意义。[②] 对老年人价值的科学界定，是解决人口老龄化问题，保障老年人合法权益的认识论基础，更是制定和施行老龄政策及推动老龄事业发展的重要前提。

对于人口老龄化这一急需政府和社会面对和解决的重大社会问题，有些人缺乏明确的认识，更缺乏科学的态度。大多数人将人口老龄化趋势看作一种负担。老年人被视为负担和包袱，"对人口老龄化社会影响的认识似有悲观化的趋向"。而由此引发的对老年人合法权益的侵犯、对老年人参与社会的歧视时有发生。这种非理性的认识和悲观化的趋向，其根源在于对老年人价值的漠视和误解。因而可以说，只有具备了科学而全面的老年人价值观，对老年人形成高度的价值认同，才能使人们正确而理性地看待老年人的社会地位，进而尊重他们的合法权益，并努力采取措施满足老年人物质和文化生活上的需求。或者说，只有（老年人自己和社会）形成了科学的老年人价值观，才能对人口老龄化有理性的认识和态

① 陈茗,刘素青. 老年人消费类型分析——二、三线城市个案研究[J]. 老龄科学研究,2015(1)：11-18.
② 曾小五,朱尧耿. 老年人的价值及其价值实现[J]. 人口研究,2008(2)：87-90.

度,进而促进社会的可持续发展。解决社会的老龄化问题,应该以树立正确的老年人价值观为切入点。[①] 老年人的价值主要体现在以下几个方面。

一、历史价值

从历史角度来看,老年人具有历史价值。老年人的历史价值主要体现在他们一生为社会所做的贡献上。老年人是过去的年轻人。他们创造了丰富的物质财富和精神财富,辛勤哺育下一代,为社会的发展提供了新的劳动力;同时也通过维护家庭的和睦为社会的稳定做出贡献,使社会能持续发展。老年群体作为家庭的尊长和社会的资深公民,他们曾在劳动年龄阶段完成了国家、社会和家庭赋予的生产和抚育的责任。尽管人到老年,由于劳动能力衰退而使大多数老年人退出了劳动力队伍,不再直接参加生产,但是他们在劳动阶段所创造的物质和精神财富仍然在社会进步和经济发展中继续发挥作用。所以,老年群体的贡献已经体现在历史发展之中,今天的社会是老一代人历史贡献的结晶和延续。如果老年人在年老时得不到相应的回报,满足不了自己的需求,可能也会影响到中青年的生活态度,进而影响到整个社会的协调发展。

二、经济价值

从经济学角度看,老年群体的人力资源经济价值仍然是存在的,甚至是十分巨大的。随着老年群体健康水平的提高、寿命的延长以及积极心态的形成,越来越多的老年人不甘心赋闲在家,而是继续为改革开放和国家建设贡献一己之力。现在,一部分老年人在退休之后选择继续工作并参与社会劳动,例如再就业或者为社会公益事业服务。老年人的再就业能直接增加劳动力的供给,有效缓解现在及未来可能出现的劳动力短缺问题。当部分老年人继续活跃在生产建设第一线时,还有很多老年人退居在家,在家庭中扮演着照顾者的角色。老年人的家务劳动(如照顾孩子,看家,做饭,料理家务等)也是一种可贵的社会经济价值。因为,老年人从事家务劳动可以为家庭其他成员的社会劳动创造必要的条件,使之能够全身心地投入工作。例如,老年人照顾(外)孙子女等可以直接减轻成年子女的家务负担,使女子能够全力去做好工作。虽然家务劳动不具有直接的社会经济价值,不能用价格来衡量,也不被纳入国内生产总值的核算中,但是可以看作一种间接的社会经济价值,因为它是社会经济发展不可缺少的。如果用经济价值来衡量,老年家务劳动者应得到比较可观的报酬。虽然有人认为可以用雇用保姆的价格来衡量家务劳动的报酬,但是保姆的作用并不能完全替代家人的贡献,不能替代老年人对家务管理及对家人精神、心理各方面的照顾,保姆也不能完全替代老年人对家庭安全的价值。[②]

经济价值不仅体现在物质劳动中,也体现在脑力劳动中。有专业技术特长的老教师、老医生、老工程师等老年人从事科学文化活动,如著书立说、教书育人、提供科技咨询等,也同样可以产生经济效益。但是由于这种效益在经济上不容易衡量,所以往往被忽视。老年人智力劳动的社会经济效益应该得到社会的承认,因为这种效益具有更深远的影响,且影

---

① 胡建成,钟平. 对老年人价值的思考[J]. 浙江社会科学,2001(3):110-112.
② 姚蕾. 老年人服务与管理[M]. 北京:清华大学出版社,2018:8.

响范围更广。[1]

此外,老年人的相互照料活动也具有一定的社会经济价值。老年人之间的相互照顾是比较普遍的现象。因此,提供照料的老年群体也具有很重要的价值,或者说是一种间接的社会价值。根据我国的一项调查资料,女性老年人照料配偶的比重,在城市为 74%,在农村为 64%,超过子女给予的照料。[2] 老年人照顾家人的价值还体现在对其高龄父母的照顾上。高龄化是全世界的普遍趋势,在老年人口中,80 岁以上高龄老年人所占的比重将会越来越大。相当一部分高龄老年人是由其子女照顾的,而其子女自身很多也是老年人。

三、精神价值

精神价值是老年人的主要价值。当前,中国正处于社会转型过程当中,整个社会愈来愈强调各生产要素在经济中所起的作用,但这并不是说老年人的社会价值首先体现为经济价值。老年人由于生理方面的变化,其具备的直接经济价值已呈下降趋势,但精神价值依然存在,甚至有所提高。这主要体现在以下四个方面。[3]

(一)老年人为社会经济发展提供智力支持和道德维护力量

老年人在为社会做贡献的过程中,身上凝结着由"历史"而产生的知识、经验和技能,这对社会发展和下一代的成长具有重要的指导或影响作用,即老年人以自己的知识和经验直接贡献于社会。老年人所具有的精神道德力量也不可小觑,而这一点往往被人们所忽视。道德是维护社会和人际关系的行为规范和准则,对人类社会的存在和发展是必不可少的,也是人类区别于动物界的重要文化范畴。老年人群体经历了生活的考验和磨炼,绝大多数人在道德规范方面更臻于成熟,更多地表现出谦和、忍让。例如,在我国基层社会工作中,很多离退休的老年人担任了维护社会秩序和调节工作,农村老年人作为德高望重的长者在社会和家庭具有较高的地位,在调节民事纠纷、开展邻里互助、维护家庭和睦等方面发挥积极作用。另外,老年人所表现出来的对国家的忠诚、对人民的责任、自我牺牲的精神、坚忍不拔的毅力、必胜的信念以及超越生命的勇气,都是建设现代化国家的必要条件。

(二)老年人具有文化传递的价值

老年人除了将自己的文化优势直接贡献于社会,更重要的在于他们起着文化传递的作用,即把人类优秀的文化成果传给下一代人,这一点可以说是老年人精神价值的突出部分;同时,老年人由于经历了人生的大部分阶段,对社会和生活的发展有了较深刻的体验,大多懂得什么是人类文化中有价值的东西。他们在日常生活中耳濡目染并言传身教,以多种方式将文化与经验传递给下一代。当然,代与代之间的文化交替在不同时代表现也有所不同,但是任何社会都离不开这种作用。在传统社会,上一代人对后辈人的文化以及引导是一种直观的过程,大多是口传身授,以感性的方式,在家庭或面向社会群体中采取经验性的教化方式,这样可以很直观地看出来上一代人的文化传递作用。而现代社会的文化传播方式是多种多样的,这样看去,仿佛上一代人对文化传播的作用消失或减小了,其实不然,代

[1][3] 杨淑芹. 论老年人的价值、需求及老年人的社会参与[D]. 大连:辽宁师范大学,2003.

[2] 曾小五,朱尧耿. 老年人的价值及其价值实现[J]. 人口研究,2008(2):87-90.

与代之间的文化传承作用依然存在,只不过方式有所不同。

(三)老年人具有示范社会的价值

老年人以其一生的经历示范世人应该如何生活,其成功可以启发后人,其失败可以警示后人。老年人的经历不仅使后人知道哪些应该做,哪些不应该做,而且知道如何做,怎样做。老年人的命运是后人未来命运的缩影。老年人的优秀言行与品德就像一面镜子,后人可以以此观照、完善自身。所以,老年人的示范作用不仅仅是对后人的教育,也是保持社会传承和推动社会发展的重要条件。

(四)老年人是家庭的联络中心和子女的心理支持

多项调查显示,父母健在时,兄弟姐妹的交往频率要大大高于父母双亡时兄弟姐妹的交往频率,前者较后者见面和聚会的次数以及频率都多出一倍以上。常言道,家是人生最后的避风港,这话非常正确。当子女在工作或生活中遇到困难时,最先想到的就是父母,因为父母的帮助和开导是无私的、真挚的、富于情感的。随着社会经济的发展,人们生活节奏的加快,人们面对的生活压力越来越大,父母的心理支持作用也将日益显现。

第四节　老年人的特点

熟悉和了解老年人在生理上、心理上和社会上等方面的特点,对于做好养老服务工作有着重要的意义。

一、老年人的生理特点

老年人的典型特点就是"老",即老化、衰老的意思。人的衰老一般是始自性成熟后,即大约从 20 岁开始,到 60 岁以后便会表现出比较明显的衰老特征。可以说,衰老是生命随着时间流逝而表现出来的自然现象。

老年人整体水平的衰老变化,首先体现在外观形态上,通过外表一目了然。具体表现为以下几个方面:一是头发。随着人体的衰老,老年人毛囊中的色素细胞逐渐停止产生黑色素,头发开始变白;随着年龄的增加,白发的数量也越来越多。很多老年人还会出现脱发甚至秃顶的情况。二是皮肤。随着年龄的增长,人体的皮肤开始萎缩、变软、变薄,光泽减退,弹性降低,易干燥起皱,甚至出现老年性的色素斑等。皮肤之所以会发生这些变化,主要是因为老年人体内的细胞水分减少,细胞萎缩,体积变小,新陈代谢速率减慢。三是身高。人到老年时,脊柱椎间盘萎缩并变薄,脊柱渐渐变短并且有弯曲,使老年人的身高渐渐降低。伴随这一变化,老年人会出现弯腰驼背等体征。四是体重。老年人体重的变化因人而异,有些老年人随年龄增长体重逐渐减轻,变得消瘦,这是因为老年人的细胞内的液体含量逐渐减少;但也有老年人体重逐渐增加,这是因为脂肪代谢功能减退导致脂肪沉积增加。除上述表现外,老年人也会出现牙齿松动脱落、言语缓慢、耳聋眼花、手哆嗦等显著特点。关于这些衰老的变化,个体差异较大,与个人的健康状况、生活方式、营养条件、精神状态和意外事件等因素都有密切关系。

老年人衰老具有以下五个特点：一是普遍性。人在大致相同的时间段内都会出现衰老的现象。二是渐进性。人的衰老不是突然发生的，而是持续渐进的演变过程。三是内在性。衰老是人固有的特性，受环境的影响，但不是环境造成的。四是不可逆性。已经表现出来的衰老变化，是不会消失和恢复的。五是危害性。不断的衰老，使组织器官功能逐渐下降，直到消失，机体越来越容易感染疾病，最终死亡。①

虽然老年人由于个体差异，身体机能衰退的情况并非完全相同，但总的来说，生理功能随年龄增长而发生的变化是有规律可循的，各个组织、器官系统将会出现一系列慢性的衰老变化，并呈现出各自的特点。

（一）运动系统的衰老表现

人在中年以后，骨质中的有机成分和蛋白质会逐渐减少，骨质疏松现象随即出现。骨质疏松的常见症状有腰背、四肢疼痛和身高降低。骨质疏松最常见和最严重的并发症是骨折。即使是在不大的外力作用下，也可悄然发生腰椎压迫性骨折、桡骨远端骨折、股骨近端和肢骨上端骨折。发病率为 27.5%～32.6%，许多患者因此致残，50%的患者需全天候生活护理，20%的患者需长年照顾。此外，还有 15%左右的患者会因各种并发症而死亡。存活者也会因残疾致使生活质量降低，给家庭和社会带来沉重的负担。骨骼的衰老还会造成胸廓畸形，使老年人肺活量和换气量明显降低，出现胸闷、气短、呼吸困难等症状。

在衰老过程中，骨骼肌会发生显著的退行性变化，骨骼肌逐渐萎缩，肌纤维的体积和数量减少，弹性下降，收缩力减弱。伴随着肌肉体积的减小，肌肉力量也下降，不但造成老年人手握力降低，背部肌无力，致使老年人的动作灵活性、协调性及动作速度都会下降，很容易发生腰肌扭伤。

随着年龄增长，关节的稳定性和活动性逐渐变差。衰老常伴有胶原纤维降解，关节软骨厚度减小及钙化、弹性丧失，滑膜面纤维化、关节面退化。骨关节的变性会使关节僵硬，活动范围受限制。关节发生衰老性退化后，诱发骨关节病，以膝关节、髋关节、脊柱、手指关节最多见，其主要症状是有不同程度的疼痛，疼痛的特点是：活动开始时明显，活动后减轻，负重和活动过多时又会加重。

（二）神经系统的衰老表现

随着年龄的增长，老年人神经系统的生理机能会发生许多变化，包括感受器退化，中枢处理信息的能力降低，平衡能力和神经系统的工作能力下降，表现为视力、听力下降，记忆力减退，对刺激反应迟钝，容易疲劳，恢复速度减慢等。中枢处理信息能力下降的主要原因是大量神经细胞萎缩和死亡。老年人脊髓运动神经元数目减少 37%，神经冲动的传导速度减慢 10%，因而使神经肌肉活动能力受影响，表现单纯反应时和复杂反应时变慢，运动时延长。65 岁的老年人反应时比 20 岁年轻人延长了 50%。老年人由于脑干和小脑中细胞数量减少，中枢肾上腺素系统发生退行性变化，神经系统内的去甲肾上腺素水平逐渐降低，小脑皮质 β 肾上腺素能受体密度降低，加上外周本体感受器机能下降，限制了精确地控制身体运动的能力，导致平衡能力和运动协调性减退，容易跌倒。由于脑动脉硬化和椎动

---

① 李宝库.爱心护理员护士手册[M].北京：北京大学医学出版社，2014：37-38.

脉血流受阻,老年人中有 15%～24% 的人会出现体位性低血压。

（三）内分泌系统的衰老表现

老年人的衰老使脑垂体实质细胞减少,结缔组织增生,对甲状腺、肾上腺、性腺的负反馈受体敏感性降低。衰老使甲状腺功能减退,甲状腺素合成分泌减少,导致机体的整体基础代谢率下降,使老年人常出现便秘、倦怠、怕冷、心跳缓慢、皮肤干燥等症状,还会使血液中胆固醇含量增高,加重动脉硬化。衰老还促使甲状旁腺素分泌减少,引起血钙降低,影响骨的代谢,使老年人容易发生骨质疏松症。

胸腺衰老使老年人的免疫功能降低,容易患自身免疫性疾病,如甲状腺功能亢进、糖尿病、重症肌无力、慢性溃疡性结肠炎、恶性贫血伴慢性萎缩性胃炎、肺出血、肾炎综合征、天启疮、胆汁性肝硬化、多发性脑脊髓硬化症、系统性红斑狼疮、口眼干燥综合征、类风湿关节炎、强直性脊柱炎、硬皮病等。

随着年龄的增长,肾上腺皮质激素的分泌逐渐减少,使老年人对有害刺激的应激能力减弱,对细菌毒素的耐受能力下降,当发生外伤或感染时,机体的抗炎、抗毒、抗休克的能力均降低。

随着年龄的增长,胰岛 β 细胞功能降低,胰岛素分泌减少,造成老年人葡萄糖耐量降低,血糖水平增高,易发生糖尿病,还能引起脂肪代谢紊乱,出现血脂升高、动脉硬化,从而增加心血管系统发生严重病变的概率。

（四）循环系统衰老的表现

衰老使老年人的心肌顺应性降低,心输出量储备能力下降,心脏代偿功能减弱,耐受负荷的能力降低,突然过重的心脏负荷,很容易引起心力衰竭。心肌和心脏瓣膜出现退行性改变,使心肌自律性和传导性降低,容易发生心律失常,如房性期前收缩、室性期前收缩、心房纤颤等。65 岁老年人的心排血量仅为青年人的 60%～70%。由于心搏出量减少,易导致全身各组织器官血液供应不足,如发生脑缺血,出现眩晕、嗜睡、无力等症状。

衰老使老年人的血管硬化。冠状动脉硬化使冠状动脉管腔变窄,易发生冠心病。大动脉管壁硬化,弹性减退,使老年人收缩压增高,若同时伴有小动脉硬化,舒张压也会增高。无论收缩压增高还是舒张压增高都是高血压病的表现。脑动脉硬化随年龄增长而加重,资料显示,65 岁以上老年人中,约有 50% 发生脑缺血病灶。血管的衰老还表现为静脉血管壁弹性减退,使血液回流缓慢,导致老年人容易发生静脉瘀血,表现为皮下瘀血、褥疮、下肢水肿、血栓等。由于老年人颈动脉窦、主动脉弓压力感受器敏感性降低,血压易受体位改变的影响,从卧位突然转变为直立位时,可发生直立性低血压,出现站立不稳,视力模糊,头晕目眩,软弱无力,大小便失禁,严重时发生晕厥等。

（五）呼吸系统衰老的表现

伴随着衰老,呼吸系统的结构和机能会产生不良的变化。这些变化表现为肺泡壁变薄、肺泡增大、肺毛细血管数目减少、肺组织的弹性下降、呼吸肌无力等,从而导致肺泡扩散的有效面积减小,肺残气量增加和肺活量下降。

静态和动态的肺功能指标随着年龄的增长而衰退。肺活量、最大通气量、时间肺活量等机能指标呈现进行性下降。有资料表明,老年男女的一秒钟用力呼气量分别以每年大约32毫升和25毫升的速度下降。老年男性的一秒时间肺活量从正常的82%下降到75%左右,女性则从86%下降至略低于80%。虽然随着衰老的发生,人体呼吸系统机能下降,但65岁的健康老年人仍具有相当程度的肺通气储备。

(六)消化系统的衰老表现

口腔的衰老表现为老年人牙齿松动甚至脱落,骨骼的结构和咀嚼肌退化,导致咀嚼功能减弱,食物不易嚼烂,出现吞咽困难。舌上味蕾减少、萎缩,造成味觉减退,出现食之无味。唾液腺萎缩,分泌唾液的能力下降,造成口干。很多老年人因此在食物的选择上受到限制,只能进软食、精食,结果造成相应的营养素缺乏。

食管和胃的衰老表现为消化道平滑肌萎缩,导致胃的运动和紧张性减弱,使老年人食管和胃输送食物的功能均下降。食物在胃内停留时间延长,易发酵产生气体,进而导致腹胀。胃的黏液细胞分泌减少,使胃的屏障保护能力下降,胃黏膜很容易受到胃酸和胃蛋白酶的侵蚀,导致胃黏膜发生溃烂、溃疡、出血。胃的腺细胞分泌减少,使胃的蛋白消化作用和胃酸的灭菌作用均降低,易发生胃肠炎症。

其中,小肠的衰老表现为:肠上皮细胞减少,肠壁粘膜萎缩,各种消化酶分泌减少,因此老年人易发生消化不良。小肠平滑肌变薄,肠蠕动减退,肠道血管硬化,肠壁血流量下降,老年人易发生吸收功能不良。吸收功能不良主要表现在小肠对木糖、钙、铁、维生素B1、维生素B12、维生素A、胡萝卜素、叶酸以及脂肪的吸收减少。因为小肠对脂肪的吸收减少,所以老年人进食油腻食品易发生腹泻。

大肠的衰老表现为:蠕动逐渐减弱,对扩张的感觉不敏感,对内容物的压力感觉降低,导致食物残渣在肠道内停留时间延长,老年人常出现排便无力或便秘。

衰老使肝脏发生增龄性缩小,肝脏的血流量也减少,60岁时的肝内血流量比20岁时减少40%~50%。血流量的减少使肝吸收营养、代谢和清除毒素的能力也相应减退。和青年人相比,老年人的代谢和解毒功能平均要下降40%以上,所以老年人的饮食和服药要严格控制,过量会发生代谢紊乱或中毒。

衰老使胆囊的收缩功能减弱,胆汁在胆囊内过度浓缩,使胆固醇沉积,易引起胆石症和胆囊炎。

衰老使老年人的胰腺细胞萎缩,胰岛细胞变性,如果胰岛素分泌减少,影响血液中葡萄糖的分解利用,易发生糖尿病。

(七)泌尿系统的衰老表现

衰老使肾小动脉硬化,肾血流量减少,肾单位减少,肾萎缩,导致肾小球滤过率以及肾小管和集合管的重吸收降低,使老年人容易发生脱水和电解质紊乱,以致影响心脏功能,导致心力衰竭。并且肾对尿的浓缩能力也减退,所以老年人易出现多尿、夜尿增多等症状。

衰老使膀胱肌萎缩、变薄,尿道纤维组织增生、变硬,括约肌萎缩,膀胱容量减小及神经调控功能改变,老年人的膀胱常发生不自主收缩,出现尿急、尿频、尿失禁等现象。

衰老使尿道肌肉萎缩、变硬,出现排尿无力,尿流变细。

衰老使老年男性前列腺肥大,还会出现排尿淋漓不断,或者排尿困难,甚至尿潴留等症状。而尿潴留是泌尿道感染的重要因素。

衰老使女性老年人因为尿道短而括约肌收缩不良,容易发生尿失禁和尿路感染。

（八）生殖系统的衰老表现

男性在50岁以后,睾丸逐渐发生退行性变,使精子生成减少,活力降低,性功能逐渐减退。60岁时,睾丸明显缩小,70岁时已经缩小到12岁的水平,性功能明显减弱或完全停止,并伴有不同程度的前列腺肥大或增生。男性在55~65岁进入"更年期",会发生头晕、耳鸣、眼花、失眠、焦虑、易激动、记忆力减退、心悸、出汗、血压波动、肥胖、关节肌肉疼痛等表现,但是,症状没有同期女性明显。

女性一般在40岁后内分泌功能发生变化,由于性腺功能减退,卵巢排卵不规律,月经不调,直至排卵停止、闭经,失去生育能力。从壮年期到老年期有一个过渡期称为绝经期（即更年期）。女性的绝经期在45~50岁,期间会有一系列生理性的功能改变,如头晕、耳鸣、眼花、失眠、焦虑、易激动、记忆力减退、心悸、出汗、血压波动、肥胖、关节肌肉疼痛等。

（九）免疫系统的衰老表现

骨髓、胸腺、脾、淋巴是免疫系统的主要器官。人到老年,骨髓含量减少,60岁时仅为年轻人的一半。胸腺萎缩,40岁时仅余6%~7%。免疫器官发生萎缩,使老年人的免疫防御功能、免疫稳定功能、免疫监护功能均降低,这是老年人容易发生感染性疾病和肿瘤的原因之一。资料证明,有99%的疾病是因为免疫力的减退造成的,而由于免疫系统清除机体代谢物的能力降低,使一些淀粉样蛋白在许多器官,如大脑、心肌、主动脉、胰腺等中逐年沉淀,这也是衰老的一种表现。

此外,老年人对异源性抗原的抗体反应下降,但对自体组织成分的抗体反应增强,会导致各种自身免疫性疾病,如甲状腺功能亢进、糖尿病、重症肌无力、慢性溃疡性结肠炎、恶性贫血伴慢性萎缩性胃炎、肺出血、肾炎综合征、天疱疮、胆汁性肝硬化、多发性脑脊髓硬化症、系统性红斑狼疮、口眼干燥综合征、类风湿关节炎、强直性脊柱炎、硬皮病等。[①]

（十）感觉系统的衰老表现

感觉系统是神经系统中处理感觉信息的一部分,包括感受器、神经通路以及大脑中和感觉知觉有关的部分。通常而言,感觉系统包括那些和视觉、听觉、味觉、嗅觉及触觉相关的系统。

随着年龄的不断增长,老年人的感觉器官也在不断衰退。在视觉上,老年人会出现不同程度的视力障碍,比较常见的是远视（即老花眼）、老年性白内障等。而在听觉上,表现为听力的减退甚至不同程度的耳聋。在味觉上,由于舌乳头和味蕾的味觉神经末梢萎缩,造成很多老年人常感到饮食无味。嗅觉则随着老年人鼻内感觉细胞的逐渐衰竭而变得不灵敏,并且身体对从鼻孔吸入的冷空气的加热能力减弱,因此老年人容易对冷空气过敏或患上伤风感冒。由于皮肤内的细胞退化,老年人的触觉和温度觉减退,容易造成烫伤或冻伤。另外,痛觉也会变得相对迟钝,以致难以及时避开伤害性刺激的危害。[②]

---

① 李宝库. 爱心护理员护士手册[M]. 北京：北京大学医学出版社,2014：38-42.
② 姚蕾. 老年人服务与管理[M]. 北京：清华大学出版社,2018：18.

以上老年人的机体衰老虽属自然万物生长法则,但如果平时不注意保养,各种疾病会明显增多。根据对中国城市 65 岁以上老年人进行的健康调查可知,老年人的疾病状况是很普遍的。老年人很少有完全健康的,他们几乎都忍受一种或几种疾病的困扰。因此,作为护理员需要充分了解每一位老年人的疾病状况和特征,通过服务为老年人进行健康咨询或健康理疗。老年人常见疾病包括糖尿病、关节炎、眼疾(如白内障、青光眼、老花眼等)、失禁、冠心病、脑血管病(中风)、老年痴呆症、帕金森病等。老年人的疾病具有以下四个主要特征:一是对老年人来说,疾病很少是单一的,也就是说,往往是不同生理系统的疾病同时存在。比如由高血压引起的脑卒中,有肺气肿、冠心病,还有胃溃疡等。所以,老年人在医院被诊断出 5～6 种疾病的情况是很多见的。二是潜在性疾病众多而其症状却不稳定、不明显。由于潜在性疾病的存在,往往发现一种疾病的同时,也可以把潜在性疾病诊断出来。三是在老年人中,某些疾病的症状极不典型。例如,中年人经常会出现伴有剧烈胸痛发作的心肌梗死,但老年人几乎就没有这种症状,常常只是轻度的胸前不适感,这往往容易使疾病在不被察觉中而渐渐地严重和恶化。四是老年人的疾病多是慢性疾病,在治疗上也比较困难。一种疾病的出现,往往会引发其他系统的疾病。例如,糖尿病的存在,容易引起动脉硬化和高血压等疾病。[①]

二、老年人的心理特点

关注老年人健康,实现积极健康老龄化,不仅要关注老年人的生理特点和身体健康,还需要关注老年人的心理特点和心理健康,努力维护和促进老年人心理健康,才能更好地提高老年人的生活质量。

进入老年期,人的各种生理功能都逐渐进入衰退阶段,老年人机体组织器官的退化性变化引起生理机能的衰退,特别是脑功能的衰退会导致机体调解功能减退,除此之外,老年人还可能会面临生活、工作、经济条件等及社会角色、社会地位的改变,以及丧偶等人生大事件,老年人对此类情况必须努力面对并加以适应。在此过程中,老年人常会出现一些特殊的心理变化,而这些变化影响着其老化过程、健康状况及老年病的防治和预后。掌握老年人的心理特点及其影响因素,正确评估老年人的心理健康状况,采取一定措施,维护和促进老年人的心理健康,对促进健康老龄化和积极老龄化有重要意义。

(一)老年人的心理变化特点

老年人的心理变化是指心理能力和心理特征的改变,包括感知觉、智力、记忆、思维、人格和情绪情感等。大量研究表明,老年期的心理变化伴随生理功能的减退而出现老化,使某些心理功能或心理功能的某些方面出现下降、衰退,而另一些心理功能或心理功能的某些方面仍趋于稳定,甚至产生新的适应代偿功能。老年人的心理变化特点主要表现在以下几方面。

1. 智力的变化

智力是综合的心理特征,是学习能力或实践经验获得的能力,它由观察力、注意力、记

---

① 王建民,谈玲芳.老年服务沟通实务[M].北京:中国人民大学出版社,2015:166.

忆力、理解力、判断力、计算力、想象力、推理和概括能力等因素构成。人的智力与个体因素（如遗传、身体状况等），社会环境因素（如文化水平、职业等）有密切关系。

卡特尔把智力分为流体智力和晶体智力，其中流体智力是指人们获得新观念，洞察复杂关系的能力，晶体智力是指人们运用语言、文字、观念、逻辑推理等抽象的思维能力。研究者围绕智力随年龄的增长发生的变化做了大量深入的研究，已有研究结果显示，不同智力的老化模式有所不同，表现为以下两个特征：一是流体智力较早开始下降，并且随着年龄增长持续下降，这表现为老年人在限定时间内加快学习速度比年轻人慢，老年人学习新东西、新事物不如年轻人，其学习也易受干扰。但是老年人的晶体智力下降缓慢甚至出现上升。二是老年人在操作复杂性技能的任务上加工能力有所下降，在依赖长期形成的习惯和知识的任务上却表现得更好。目前研究者多采用成熟智力量表测量老年人的智力。然而拥有智力的目的并不是为了参加测验并取得高分，而是处理日常生活中的各种挑战。令人欣喜的是，与测验所得结果不同，很多研究发现老年人对实际日常问题的解决能力并未如流体智力那样较早就出现下降，而是并无明显变化。

2. 记忆的变化

记忆是指个体获取、储存和使用(提取)信息的能力。许多老年人都会提到自己在记忆事物上(如记忆日常活动、将要买的物品等)存在不同程度的困难，记忆衰退通常也被视为衰老的标志之一。

记忆与人的生理因素、健康与精神状况、记忆的训练、社会环境都有关系。个体记忆变化的总趋势是随着年龄增长而减退，记忆困难会严重影响老年人的生活，在老年高龄期更为明显。然而，不是所有老年人都存在记忆困难，也不是所有类型的记忆任务都导致老年人的记忆困难。其减退主要表现为：与需要重组或精细化的任务相比，只需要复述或重复的任务，随着年龄增长而下降得较少；长时记忆较之短时记忆随年龄增长下降更少。不同类型的长时记忆老化程度也不尽相同，与运动技能、习惯和过程有关的程序记忆相对来说不易受年龄影响，与某个特定情境相关的情境记忆则是最易随年龄增长而衰退的，涉及历史事实、地理位置、文字意义及类似知识的语义记忆衰退程度则居于两者之间。

3. 思维的变化

思维是人类认识过程的最高形式，是更为复杂的心理过程，随着年龄的增长，老年人脑组织质量和脑细胞数量减少、萎缩，记忆力减退，思维变得迟缓，无论在概念形成及解决问题的思维过程还是在创造性思维和逻辑推理方面都受到影响，但思维的个体差异是很大的。虽然思维速度逐渐变慢，但可以用经验、技能或专业知识来弥补。

4. 人格的变化

人格是个体心理特征中较为稳定的部分，是指人的特性或个性，包括性格、兴趣、爱好、倾向性、价值观、才能和特长等。老年人的人格特征与个体的其他年龄阶段一样，既呈现稳定性，又存在变化性。遗传因素、童年期经验的持续影响及环境的稳定性都促使个体的人格特征在其生命的整个周期内呈现出一定的持续性和稳定性，然而内化环境因素的改变及个体与环境的适应程度则可能会导致人格特征的变化。如由"亨廷顿病"引起神经系统的退化，有可能使患者变得喜怒无常、易怒。由于各种因素的影响，老年人人格特征的变化具有以下特点：一是不安全感增加。主要表现在对健康和经济两个方面过分关注与担心。二是孤独感增加。有调查显示，约有1/3的老年人有较为明显的孤独感。由于社会活动的减少，社会角色的变化及因为种种原因，老年人在家庭中产生失落感，使老年人孤独感增加。三是适应性差。老年人的心理不容易适应新环境和新情境，对周围环境的态度也逐渐趋于被动，依恋已有的习惯，较少主动地体验和接受新的方式。四是保守、固执。老年人表现出更多的"刻板"行为，喜欢依赖"经验"解决问题。五是爱回忆往事。老年人的心理逐渐从外部世界转向内部世界，社会活动的减少也使老年人更喜欢回忆往事，越是高龄，这种趋势越明显。然而尽管老年人的人格特征会出现以上变化，但其人格的基本特质是持续稳定的。

5. 情绪情感的变化

情绪情感是一种复杂的心理现象，是指人对客观事物是否符合个人需要而产生的态度体验及相应的行为反应。情绪情感的产生与变化取决于机体内外刺激及个体主观的需要。老年人的情绪情感具有以下特征：一是由于生理、心理的退行性变化及社会交往、角色地位的变化，使老年人渴望被社会接纳、认可的主观需求难以得到满足，因而老年人比较容易产生消极的情绪，如孤独感、抑郁感、自卑等。二是老年人的情绪情感体验深刻而持久，老年人形成了比较稳固的价值观及较强的自我控制能力，他们的情绪情感一般不容易因外界因素的影响而发生起伏波动。但老年人的情绪一旦被激发，通常需要花费较长时间才能恢复平静。另外，对于老年人而言，各种"丧失"是情绪体验的最重要的诱发事件，各种"丧失"包括经济地位、配偶、朋友、亲人、健康等的丧失，这些都会成为激发老年人深刻情绪情感体验的激发事件。

总之，老年人的心理变化不仅包括衰退，同时也包括生长。心理发展总是由衰退和生长两个方面结合而成并贯穿个体的一生。不同心理功能发展的形态和变化速率具有特异性，如感觉与知觉最先发展成熟，也较早开始衰退；而抽象思维较晚开始发展，随着年龄的增长而不断增强。个体的心理发展是多因素综合作用的结果，年龄是影响心理发展的主要因素之一，但是不能将其看成唯一的影响因素。[①]

（二）老年人常见的心理问题

老年人退休后，伴随角色与经济状况的变化，生活圈子发生改变，与家人的关系有所转变，生活目标出现了转移，老年人的心理变化明显，尤其当躯体遭到疾病的折磨而需要医治及他人照料时，情绪波动更为突出，容易产生失落、孤独、抑郁、焦虑、自卑等常见的心理问题。

1. 失落

青壮年时期正是一个人为社会做贡献及为家庭忙碌的黄金时期。在单位里，他们肩负着生产或管理等岗位的重任；在家庭中，他们担当着维持生计、照顾亲人、教育子女的责任。这一阶段正值人生的重要时期，他们生活目标明确、社会角色鲜明，充满着希望。但是随着岁月流逝及生活节奏与模式的改变，个体步入老年期后就极容易产生失落感。

---

① 张红菱，徐蓉. 老年护理[M]. 北京：高等教育出版社，2017：90-91.

失落感是老年人晚年生活中常见的社会心理现象。主要表现在以下三个方面的失落。

（1）社会角色的失落。从一种紧张的、团体的、快节奏的社会工作转入平缓的、松弛的、慢节奏的家庭生活。在这种情况下，老年人最容易产生角色冲突，出现挫折感、空虚感、失落感。

（2）社会关系的失落。退休后，随着时间的推移，老年人的社交范围越来越小，往往会在内心产生一种被社会遗弃的感觉。社会地位高、社会关系广泛的人，则受到家庭的尊重。当步入老年后，家庭成了他们的活动中心，与原来的社会地位相比，深深感到在家庭中地位的失落。

（3）价值观的失落。退休离休后的老年人因工作目标的失落就是一种最直接、现实的价值观的失落。①

失落感一般表现为：焦虑、抑郁、沉默寡言、表情冷淡、情绪低落，甚至急躁易怒，易发脾气，对周围的事物看不惯，为一点小事与人争执。失落感可能使老年人产生一些心理障碍，干扰和损害其生理功能和抵抗疾病的能力，影响神经、免疫、内分泌系统及其他系统的功能，从而引发和加重各种心理疾病，有人称为"离退休综合征"。据统计，约有 24.6％的退休老年人患有"离退休综合征"。②

加强学习，积极参与社会生活，树立积极的人生态度是降低失落感的有效方法。老年人应明确自己的生活目标、发现自己的优势，继续发挥自身的价值。

2. 孤独

孤独是一种心灵的隔膜，是指个体由于社会交往需求未得到满足而产生的一种内心体验。它往往给人带来寂寞、被冷落甚至被遗弃的感受。人到老年，常会在不经意间不同程度地感到"孤独"，某机构对一社区老年人孤独感的研究表明，虽然只有一小部分（7％～9％）老年人有严重的孤独感，但在生活中不少于 1/3 的老年人有某种程度的孤独感。③ 研究还表明，老年人孤独感的产生也受性别、年龄、健康状况、受教育程度、家庭经济状况和社会支持等方面的影响。

孤独给老年人带来的危害较大，直接影响老年人的身心健康，也给老年人的晚年生活蒙上了阴影。④ 美国医学家詹姆斯等对老年人进行了长达 14 年的调查研究，得出结论：独自隐居者得病的机会为正常人的 1.6 倍，死亡概率是爱交往者的两倍。他们对 7000 名美国居民做了长达 9 年的调查研究发现，在排除其他原因的情况下，那些孤独老年人的死亡率和癌症发病率比正常人高出 2 倍。因此，解除老年人的孤独感是个不容忽视的社会问题。

老年人的孤独心理主要包含三方面的内容：第一，孤独心理是一种主观体验和心理感受，而非客观的社交孤立状态，一个老年人可能在漫长的独处中毫无孤独感，也可能在众人环绕中深感孤独；第二，孤独体验是消极的，令人难以承受；第三，孤独感源自于社会交往不

---

① 秦谱德. 试谈老年人的失落感与调适[J]. 晋阳学刊，1993(4)：105-108.

② 渊声. 退休后有失落感怎么办[J]. 天风，2014(3)：64.

③ 赖运成. 老年人孤独感的研究进展[J]. 中国老年学杂志，2012(11)：2429-2432.

④ 钱国宏. 如何预防老年"孤独症"[J]. 新农村，2011(1)：44.

足或人际关系的缺陷。[1]

离退休后远离社会生活,缺少子女陪伴,因为体弱多病、行动不便降低了与亲朋来往的频率,性格孤僻以及丧偶等都可能使老年人产生孤独感,表现为精神萎靡不振,常偷偷哭泣,顾影自怜,如出现体弱多病,行动不便时,上述消极感会加重。久之,老年人的身体免疫功能降低,易患疾病。孤独也会使老年人选择更多的不良生活方式,如吸烟、酗酒、不爱活动等,而不良的生活方式与心脑血管疾病、糖尿病等慢性疾病的发生和发展密切相关。有的老年人会因孤独而转化为抑郁症,有自杀倾向。老年人最怕的就是精神上的孤独和寂寞。因此他们盼望着能归属于一定的群体,能继续参与一定群体的活动,同时也盼望得到人们的关爱,希望能够与他人增加交流,以排解寂寞及解除孤独。

3. 抑郁

抑郁是指由于对事情的演绎过于悲观所引起的一种情绪状态。它是老年人群中常见的一种情绪和心理失调的症状,其特征是存在抑郁情绪、内疚感和自杀念头,同时伴随躯体症状,如睡眠－觉醒节律改变,体重减轻或增加,疲劳感增加等。根据抑郁发病的年龄,老年抑郁可分为晚发型老年抑郁(60岁后第一次出现的老年抑郁性疾病)和早发型老年抑郁(老年抑郁首次出现在这个年龄之前,在老年期复发或持续至老年期)。导致老年人抑郁的原因主要有:增龄引起的生理及心理功能退化;慢性疾病如高血压病、冠心病、糖尿病及癌症等与躯体功能障碍和因病致残导致自理能力下降或丧失;较多的应激事件,如离退休、丧偶、经济窘迫、家庭关系不和睦等;低血压症;孤独;消极地认知应对方式等。

老年抑郁是导致全球疾病负担的重要原因,并伴有情绪和功能障碍。老年抑郁会加速认知功能的下降,而且这种现象还跨越多个认知领域,包括执行功能、信息加工速度、工作记忆等认知功能的下降。此外,老年抑郁还与更为严重的认知障碍(如轻度认知障碍,痴呆)的发作及病程发展密切相关。不仅如此,老年抑郁作为一种异质性障碍,它的子类型以及临床特征不仅会造成认知功能的不同,其伴随的躯体共病、心理症状以及老年人自身的个体特质与生活方式都会导致其与认知功能下降之间的关系变得愈加复杂。[2]

值得特别注意的是,对患有极严重抑郁症的老年人应给予密切关注,如若发现有自杀倾向,应及时就医,紧急之时要马上叫救护车,送去医院进行监视和治疗。

4. 焦虑

焦虑是个体由于达不到目标或者不能克服障碍的威胁,导致自尊心、自信心受挫,失败感、内疚感增加,所形成的一种紧张不安甚至带有恐惧心理的情绪状态。焦虑是一种很普遍的现象,几乎人人都有过焦虑的体验。适度的焦虑有益于个体更好地适应变化,通过自我调节保持身心平衡,但持久过度的焦虑则会严重影响个体的身心健康。

日常生活中,我们经常会看到有些老年人容易心烦意乱、坐立不安,有时一点小事就会使其神经紧绷。这种发生在老年人群中的焦虑称为老年焦虑,如发展到严重程度则称为老年焦虑症。它本身比较容易治疗,却易被忽视,从而导致老年人精神致残甚至出现自杀行为,成为老年健康的一大杀手。造成老年人焦虑的原因包括:第一,体弱多病,行动不便,

---

① 陈新国,张芳,徐理.老年孤独心理问题及其防治对策研究[J].心理技术与应用,2014(3):37-40.

② 张静,余林.老年抑郁与认知功能下降[J].中国健康心理学杂志,2020(11):1754-1760.

力不从心;第二,疑病性神经症;第三,各种应激事件,如离退休、丧偶、丧子、经济窘迫、家庭关系不和睦、搬迁、社会治安以及日常生活常规的打乱等;第四,某些疾病如抑郁症、痴呆、甲状腺功能亢进、低血糖、直立性低血压等,以及某些药物的副作用,如抗胆碱能药物、咖啡因、皮质类固醇、麻黄素等均可引起焦虑反应。

焦虑包括指向未来的害怕不安和痛苦的内心体验、精神运动性不安以及伴有自主神经功能失调表现三方面症状,分急性焦虑和慢性焦虑两类。急性焦虑主要表现为急性惊恐发作。老年人发作时突然感到不明原因的惊慌、紧张不安、心烦意乱、坐立不安、失眠,或激动、哭泣,常伴有潮热、大汗、口渴、心悸、气促、脉搏加快、血压升高、尿频尿急等躯体症状。严重时,可以出现阵发性气喘、胸闷甚至有濒死感,并产生妄想和幻觉。急性焦虑发作一般持续几分钟,很少超过 1 小时,之后症状缓解或消失。慢性焦虑表现为持续性精神紧张。患有慢性焦虑的老年人表现为经常提心吊胆,有不安的预感,平时比较敏感,处于高度的警觉状态,容易激怒,生活中稍有不如意就心烦意乱,易与他人发生冲突,注意力不集中及健忘等。持久过度的焦虑可严重损害老年人的身心健康,加速衰老,增加失控感,损害自信心,并可诱发高血压、冠心病;急性焦虑发作还可导致脑卒中、心肌梗死、青光眼、高压性头痛、失明以及跌伤等意外发生。

养老服务人员要大力推进老年人焦虑护理工作,要经常主动与老年人交流和沟通,鼓励老年人积极参加文娱活动,组织指导老年人加强身心锻炼,不断教给老年人情绪调控方法,高度重视、关心和体贴老年人,了解老年人焦虑发生情况并探讨其形成原因,以便提出相应对策,不断促进老年人身心健康发展。[①]

5. 自卑

自卑即自我评价偏低,就是自己瞧不起自己,是一种消极的情感体验。当个体的自尊需求得不到满足,个体又不能恰如其分、实事求是地分析自己时,就容易产生自卑心理。老年人产生自卑的原因有:第一,衰老引起的生活能力下降;第二,疾病引起的部分或全部生活自理能力的丧失和适应环境的能力的下降;第三,离、退休后,角色转换障碍;第四,家庭矛盾。

一个人产生自卑心理后,往往从怀疑自己的能力到不能表现自己的能力,从而怯于与人交往,孤独地自我封闭;本来经过努力可以达到的目标,也会认为“我不行”而放弃追求;看不到人生的光华和希望,领略不到生活的乐趣,也不敢去憧憬那美好的明天。

应为老年人创造良好、健康、尊老和敬老的社会心理环境。应鼓励老年人参与社会活动,做力所能及的事情,挖掘其潜能,使其得到一些自我实现,从而获得价值感。对生活完全不能自理的老年人,应注意特别保护,在不影响其健康的前提下,尊重他们原来的生活习惯,使老年人希望被尊重的需要得到满足。

三、老年人的社会特点

老年人的社会特点主要表现为以下几个方面。

（一）社会地位弱化

社会地位是人们在社会等级制度或社会分层中的排列位置，是人们在社会结构以及在一定的社会关系体系中所处的位置。社会地位反映了个体与社会整体的关系。社会地位分为客观社会地位和主观社会地位，前者一般指根据财富、声望、受教育程度或权力高低而被社会大众做出的社会排列；后者是个体对自己在社会地位秩序中所处位置的感知，是个体对自身所处位置的看法及主观评价。客观社会地位与主观社会地位均为影响人类健康水平的重要变量，但主观社会地位在预测人们的健康水平方面比客观社会地位表现更好，主观社会地位越高，人们的心理健康等健康状况越好。[①] 人们对自身社会地位的感知与主观评价会受到物质资源的影响，物质资源越丰富，人们也会认为自己的社会地位越高。

总体看来，一个人的社会角色越重要，他所承担的社会责任就越大，所获得的社会尊严就越高；反之，一个人的社会角色越轻微，他所承担的社会责任就越小，所获得的社会尊严就越低。当今社会，老年人社会地位的弱化主要表现在以下 4 个方面。

1. 在制度上，依年龄而退休

老年人退休制度始于 1889 年的德国。这一年德国颁布《老年残废保险法》，成为世界上首个建成老年退休制度的国家。此后许多国家都效仿德国，老年退休制度在全世界得到迅速发展。老年退休制度的建立，是对老年人的一种保护和照顾，也是人类文明与社会进步的标志和成果。然而从另外一个角度而言，老年退休制度也可理解为老年人被视作无法承担社会角色所赋予的责任，因而让其退出岗位以便为年轻人提供更多就业机会。退休将社会角色赋予年龄标志，并以年龄而非身体健康状况作为衡量个体能否胜任社会角色的唯一尺度，本身就反映出老年人的无足轻重甚至有碍大局，也是老年人社会地位被削弱的体现。[②]

2. 在经济上，收入明显减少

随着老年人退休，其社会角色中断，老年人的实际收入明显减少，收入来源主要是退休金，且仅为原工资的 60％～70％，也没有了奖金等浮动收入。而我国劳动者的工资收入主要包括基本工资和奖金等浮动收入两大部分，尤其是浮动收入可以说是占据劳动者工资的一大部分。但是老年人退休后这部分的浮动收入就会消失，从而使老年人收入大幅减少。除此以外，老年人退休金的增长速度远远低于物价的增长速度。当前我国正处于经济转型的重要时期，物价的波动成为社会上不可忽视的重大问题。虽然我国已建立起退休金和社会经济发展挂钩的新机制，但老年人的生活水平仍受到不利影响。

3. 在社会上，老年人的合法权益被漠视

与中青年人一样，老年人也拥有自己的合法权益，但是现在社会上仍有部分老年人的合法权益受到漠视和侵犯。随着社会主义市场经济的发展，关于老年人权益的法律保护出

---

① 徐雷，余龙. 社会经济地位与老年健康——基于（CGSS）2013 数据的实证分析[J]. 统计与信息论，2016（3）：52-59.

② 孙丽，虞满华. 现代化进程中老年人地位的弱化及原因探析[J]. 齐齐哈尔大学学报（哲学社会科学版），2017（8）：8-11，37.

现了一些新情况和新问题,传统的养老观念和养老方式受到冲击,侵犯老年人权益的现象比较严重。比如:在医疗保障方面,老年人的需求远远得不到满足。有些老年人的生活完全不能自理,他们对医疗保障的需求十分迫切和热望。但是根据目前的实际情况来看,为数不少的单位由于种种原因长期拖欠离职退休人员的医疗费用。不少离职退休人员只能是小病不看,得大病靠硬撑,患重病则找点药自行治疗。这种现象恰恰反映了一种比拖欠养老金更加普遍的严重的侵害老年人权益的行为。

4. 在思想上,老年人的社会作用和社会价值被忽视

人在步入老年后,难免会出现生理老化、心理老化和社会功能与社会角色的退化,创造财富的能力下降,对经济供养、生活照料、心理慰藉等方面的需求增多。虽然社会中大多数人能正确认识老年人的特殊性,能够给予老年人足够的关爱,但是,也同样存在这样一些人,他们将老年人视为家庭和社会的负担,认为其没有价值和作用,他们把老年人看作是包袱,而不是潜在的人力资源,然而,对于这一部分资源,"用它是宝贝,不用它是包袱"。实际上,老年人有"资深公民"和"活的图书馆"之称,其不仅可以帮助子女照顾孙辈及照料家庭,还可以帮助教育下一代使其社会化,将自己一生的经验教训毫无保留的奉献给他们。因此,老年人是家庭系统和社会系统中不可或缺的组成部分,对家庭和社会都有着巨大的价值和意义。[①] 不用他们不仅是对社会资源的浪费,而且也使想继续工作的老年人产生无用感,终日无所事事,精神空虚。个别老年人甚至会酗酒赌博,既破坏了家庭和睦,也给社会带来不良影响,倒真成了社会的"包袱"。[②]

(二)家庭地位削弱

随着经济社会的发展,农业社会逐渐向工业社会转变,作为社会细胞的家庭从传统过渡到现代,老年人的家庭地位也发生了很大变化。老年人家庭地位的削弱主要表现在老年人在家庭中从主导的角色转变为非主导角色,从中心角色转变为边缘化角色。在传统社会,老年人是家庭的主导者,承担着抚养和教育下一代的责任,同时也掌握着家庭经济支配权和家庭重大事务决策权,在家庭中占据着较高的地位。传统社会老年人之所以会有如此大的权利,是因为他们具有大量生产生活的经验。但随着社会的发展及互联网的普及,那些原本只掌握在老年人手中的经验方法已经广泛普及到年轻人。此外,社会中已有专门普及这些知识的机构——学校,这就使老年人逐渐在家庭中失去了重要地位。加之在现代社会,女性地位不断提高,亲子关系开始从属于夫妻关系,因此在现代家庭中,老年人与子女的关系发生了很大变化,老年人一般只是帮助照料孙辈或从事家务劳动,不再掌握家庭经济支配权,也不再参与子女家庭内重大事务的决策。以上是在现代化过程中老年人在家庭中从主角到配角的变化,老年人的家庭地位有所削弱。[③]

(三)社会活动参与度降低

老年人的社会参与既是社会发展的需要,又是老年人自身安度幸福晚年的需要,也是

---

① 邬沧萍. 社会老年学[M]. 北京:中国人民大学出版社,1999:107-108.

② 张雯琪. 探讨老人概念的产生及其伦理演变[J]. 中国集体经济,2019(12):94-95.

③ 孙丽,虞满华. 现代化进程中老年人地位的弱化及原因探析[J]. 齐齐哈尔大学学报(哲学社会科学版),2017(8):8-11,37.

老年人应有的权利。老年人的社会参与包括：参与社会经济发展活动、社会文化活动、家务劳动、人际交往、旅游活动和家庭范围内的文化娱乐活动。① 但是目前来看，老年人的社会参与度普遍偏低，造成这种情况的原因主要有以下四点：一是性格。对于任何人来说，性格都是决定其一生的重要因素，因此要能够重视性格对退休老年人的影响。性格会使得其对于相应的行为产生习惯化的特点，因此我们能够发现，一些性格较为外向的老年人在参与社会活动的过程中具备更高的积极性，但是一些性格较为内向的老年人却很少参与到相关的活动中，因此可知老年人的性格与其社会活动的参与积极性是有着非常密切的联系的。二是健康状况。身体健康与否是影响老年人社会活动以及生活质量的重要因素。如果某一位老年人自身的身体较为健壮，那么就会参与更多的社会活动，但是如果其身体健康存在问题，出于对身体情况的顾虑，参加的社会活动就会比健康的退休老年人少很多。三是经济收入。根据调查发现，老年人退休后的经济收入也会影响到其社会活动的参与状况。比如对于一些退休金较高的老年人来说，其更容易参与到社会活动中去，但是对于一些退休金较低的老年人则更少的参与其中。四是社区的组织与支持。社区是否有专门的居民活动中心，完备的器材，是否定期组织活动，社区场地是否满足老年人活动的需求。此外，在老年社区如果能有效地组织相关活动，并且做好宣传工作，那么也会增加老年人的社会活动参与度。

针对老年人的社会活动参与度低这一状况，应采取以下几个改善措施。首先在个人层面，老年人要转变思想观念，明白退休并不意味着个人能力变得低下、工作生涯的终结或是个人从此失去价值，而是要正确认识退休。退休是国家为了让公民享受社会福利的一种制度，并坦然接受这一现实；还要对社会活动树立正确的参与观念，积极参加社会活动，增加人际交往，有利于尽快地调整心态。其次，在社区层面，社区要更好地为老年人提供良好的社会活动机会。应当加强在社区内部的活动设施建设，比如健身器材或者是专门的老年人活动室，这样就能够从基本的硬件上予以保障。同时也应该加强社区文化建设，这样才能够不断丰富老年人的精神文化生活。通过在整个社区内构建一个更加优质的人文环境，才能够让老年人参与其中，并且要结合当前老年阶段人群自身的兴趣与爱好，有针对性地开展各项活动，以此提升其生活质量。最后在社会层面，整个社会应当认识到提升老年人社会活动参与度的重要性。要改变观念，打破传统观念的桎梏，更好地将老年人的价值展现出来，这样才能够为当下和谐社会的构建提供内生动力。在大部分社会大众的印象中，老年人属于较脆弱的群体，应该被很好地保护起来，而不应该积极参与社会当中。当下一些老年人本身参与社会活动的意愿就比较低，并且相关的意识也是较为淡薄的，这和社会环境也有很大的联系。因此要能够从社会层面提升老年人参与社会活动的积极性，并且要能够消除大众对于老年活动的误解，重视老年人的退休生活。要能够积极倡导老年人参与到社会活动中，并且也应该通过社会活动的参与不断地发挥其自身价值。②

① 姚蕾. 老年人服务与管理概论[M]. 北京：清华大学出版社，2018：23.
② 李晓政. 退休老人社会活动参与度及影响因素研究[J]. 智库时代，2018(7)：62-53.

 **拓展阅读**

老年人力资源开发的基本问题

人口老龄化是中国当前和今后很长时期都必须面临的重要问题,对老年人口进行人力资源的二次开发意义重大,它既能为中国的经济社会发展注入宝贵的人力资源,形成新的人口红利,又可以实现老年人口的老有所为,使他们的人生更有意义。

一、老年人力资源开发的内涵和价值

（一）老年人力资源开发的内涵

人力资源开发是指在一定社会条件下,通过科学而有效的措施,使人力资源潜能得到充分开掘和发挥,并服务于社会和社会某领域的发展,从而使人力转化为人才,使低层次人才转化为高层次人才的过程。可见,人力资源开发是个"开掘—转化"过程。这个过程按其时间顺序展开而言,是由人力的预测规划、教育培训、考核评价、选用配置、使用调控等基本环节构成的,因而它又是一项复杂的人力开发系统工程。总而言之,老年人力资源开发是指老年人力资源潜能开掘,并转化发展为人才资源的过程。当然,该过程要遵循老年人身心发展规律,把握老年人力资源开发的特性。

（二）老年人力资源开发的价值

1. 提高老年人的生活生命质量,促进老年人终生全面发展

实践表明,一方面,老年人群通过各类老年教育,增长了知识,结识了朋友,丰富了生活,陶冶了情操,享受了人生,促进了健康。另一方面,老年人群通过各类适宜性社会参与,在持续服务社会中,克服了寂寞感,增强了自信心,体验到自身的生命价值,激发出成功老龄化的内在动力。可见,老年人力资源开发有利于老年人群生活生命质量的提升,有利于老年人群终生全面发展。

2. 提高老年人生存和发展能力,缓解人口扶养比上升带来的社会矛盾

事实充分证明,通过对老年人力资源再开发,不仅使老年人的潜能得到充分开掘,而且使其获取了新知识,增长了新技能。很显然提高了老年人生存和发展能力,可在自主选择的岗位上继续为社会服务,取得应有的薪酬。这样,在一定程度上减轻了劳动力人口承担社会保障的负担,使社会保障代际矛盾得以缓和,进而缓解人口扶养比上升带来的社会矛盾。

3. 促进老年人力资源转型为人才资源,推进社会经济发展

历史唯物主义表明,劳动力是生产力发展中最活跃、具有决定性意义的要素,特别是劳动力中高层次部分——人才尤为明显。不仅如此,人才还是经济活动中唯一具有创造性且起主导作用的因素。老年人力资源通过再开发,转化发展为人才资源,或低层次老年人才资源转化发展为高层次人才资源,很显然能促进社会经济实力的增长,经济发展方式的转型,推动人口红利向人才红利转变。

4. 提升老年人的综合素质,促进和谐社会的形成和发展

老年人是社会的长者,是智慧的代表,在一个具有悠久历史的尊老敬老传统美德的社会里,老年人的言行对社会稳定、和谐所起的作用,是中青年群体无法比拟和替代的。老年群体通过老年教育等举措得到再开发,提高了综合素质,发挥了长者风范等示范作用,以及

人际关系的协调作用,显然对和谐社会的形成和发展起着积极推进作用。当今世界上,老年人才正起着掌舵、压阵、调节、扶持、指导等作用。

5. 提高老年人的文化素养,促进民众的精神家园的建设

老年人通过老年教育和社会参与,不仅提高了综合素质,而且提升了文化素养。何况,老年人具有丰富的阅历和经历,尤其在人文社会领域里具备明显的优势。表现出终生观察与智慧的融合,在民众的精神家园建设中有其独特的作用。他们可通过文化和科技知识的传授,学习和文化活动的开展、成果的发表、作品的展示,终身学习的氛围营造,推进民众的精神家园的建设,以利于满足社会民众日益增长的精神生活的需要。

二、老年人力资源开发的分类和原则

(一)老年人力资源开发的分类

老年人力资源开发,按其主体不同,可分为自主开发、组织开发和社会开发。

老年人力资源自主开发是指老年人群自身作为主体,积极而能动所进行的开发过程。该过程是一种自育行为和自我践行的过程,其包括自我认识、自我规划、自我实施、自我调控等基本环节,它是一个前后联系、依次推进、循环往复的螺旋式上升的过程。

老年人力资源组织开发是指以某个单位或组织为主体,对老年人力资源的潜能进行充分开掘,并转化为人才资源的过程。正如前文所述,该过程由预测规划、教育培训、考核评价、选用配置、使用调控等基本环节构成,是一项复杂的人力资源开发的组织系统工程。要使该系统开发工程效益整体优化,必须把握该过程诸基本环节一体化运作。其中,尤以配置使用(用人)与教育培训(育人)一体化为关键。

老年人力资源社会开发是指一个国家或地区根据经济社会发展需要,以及人才队伍的状况,对老年人力资源整体进行的总体开发的过程。很显然,这是一项高度复杂的人力资源开发的社会系统工程。该系统工程,既要考虑其内部整体化的架构(例如,老年人力资源社会开发的纵向衔接和横向沟通),又要考虑其与外部环境系统的协调发展。

(二)老年人力资源开发应把握的原则

基于老年人的社会属性和身心特点,老年人力资源开发显然有别于中青年人力资源开发,应遵循如下的开发工作准则。

1. 自主选择原则

自主选择原则即老年人自觉、自愿、自主原则。具体来说,由老年人根据自己的健康状况、兴趣爱好、专业特长以及家庭条件,重新选择老有所为的服务领域,重新定位老有所为的岗位角色,重新设计老有所为的期望目标。对此,整个社会及其组织要充分尊重老年人的自主选择,并允许老年人随着年龄增长,本人身心和家庭条件的变化,调整其老有所为的定位、方式和方法。

2. 适宜性原则

适宜性原则即指开展适合老年人的生理、心理、社会性特点的老年人力资源开发活动,以增强其科学性和有效性。在老年教育方面,既要根据老年人的生理特点安排学习情境,又要根据老年人的心理特点设计教学方案并开展适宜性教育。在社会参与方面,在尊重老年人自主选择的前提下,根据其身心特点,安排适合的工作岗位,使之承担适宜的角色任务。

3. 弹性原则

弹性原则即指老年人力资源开发不规定整齐划一的硬性指标,更多地体现出量力而行、管理宽松的特点。无论是规划的制定、进度的把握或是内容和方式的选择,均体现出富有弹性的原则。这样既有利于老年人身心健康,又有利于老年人持续为社会服务。

4. 保障性原则

保障性原则即指在老年人力资源开发过程中应注重老年人身心健康的保障,对老年人加以多方面关心。对此,在老年人学习和工作的方案设计、场所选择、节奏安排,乃至于意外事故处理等方面,要制定必要的法规制度,采取必要的举措加以保障。任何单位和个人不得安排老年人从事危害其身心健康的劳动或者危险作业。

三、老年人力资源开发的对策

(一) 转变认识误区,在全社会范围内营造老年人力资源价值观念,促进我国老年人力资源开发和利用

人口老龄化是人口发展到一定阶段的必然产物。中国人口老龄化趋势还会进一步加深,老年人口数量和比重还会继续增长,劳动年龄人口也将继续缩减,这些将对我国的经济和社会发展带来不利影响。政府和学界应该转变观念,不应把老年人视为家庭和社会的负担,要树立积极老龄化的理念,在全社会范围内形成老年人力资源价值的观念,促进我国老年人力资源开发。老年人力资源开发可以在一定程度上缓解养老负担并改善劳动力短缺的局面。

促进老年人的劳动参与,需要全社会共同努力,消除对老年人就业的年龄歧视,改变对老年人的传统看法,形成包容友好的就业氛围,切实为老年人力资源开发提供相应的支持,真正实现老有所用、老有所为。

(二) 明确目标和重点,瞄准低龄健康老人重点开发

随着年龄的增长,老年人的体(智)能出现衰退是不可避免的自然规律,但营养和健康条件的改善可以延缓衰老的进程。现阶段,低龄老年人的体(智)能可以胜任工作岗位的需求,他们的就业意愿也非常强烈,低龄健康老年人也是老年就业人群的主体。我们应明确目标和重点,瞄准低龄健康老年人进行重点开发和利用。从生物学的角度来看,60～70岁的低龄老年阶段是人生沉淀较为丰富的年龄阶段,社会经验、分析和处理问题的能力均达到一个较好的状态,具有一定的经验、技术和智力方面的优势,可以发挥老年人才的优势和传帮带作用,促进青年人才的成长。

(三) 加强对老年人再就业的培训与扶持

提高老年人的受教育程度一方面可以在某种程度上减少老年人的就业限制,使老年人拥有更多的就业选择。因此,应该树立"老有所学"的理念,加强老年教育,提升老年人的就业能力,增加老年人的就业竞争力。另一方面,老年人受教育程度的提高,将有助于老年人挖掘自身的就业潜能,进而提升经济收入和社会福利水平。

为了改变企业和社会对老年人力资源重利用轻开发的局面,应建立老年人力资源的培训机制,实施再教育和终生教育,发挥老年群体的潜能和优势,提高其就业能力和岗位技能。政府应在老年教育和培训上提供政策支持,为老年人进入社区老年大学甚至普通高等院校继续接受教育提供便利,不仅在经济上给予补贴,还要在专业课程的安排、教学模式、

教学效果等方面做出具体的规定和要求。

（四）健全老年人力资源开发利用立法，加强对老年人就业和再就业的法律保护

政府应该做好顶层设计，把开发老年人力资源列入国民经济和社会发展规划，制定和颁布促进老年就业的相关法律制度，使老年人力资源开发有法可依且有章可循。政府还应颁布相关法律法规禁止企业对老年人的年龄歧视，在制度上规定对试用、聘用老年人的企业给予相应的支持和帮助，如减免税收，提供贷款，发放补贴等。此外，政府应出台相关法律制度健全老年劳动力的招聘、续聘、解约制度，保护老年劳动者获得合法收入和劳动保障等。

（五）加快延迟退休政策落地步伐，实行弹性退休制度

我国现行的退休制度规定男性年满 60 周岁，女干部年满 55 周岁或女职工年满 50 周岁需办理退休手续，是基于当时人均预期寿命仅为 40 岁左右规定的。现在中国人口的平均预期寿命超过 77 周岁，仍然延续 20 世纪 70 年代的强制年龄退休制度，导致大量年富力强的老年劳动力过早地退出劳动力市场，造成人力资源的闲置和浪费。我国可以借鉴其他国家的弹性退休制度做法，不对老年人的具体退休年龄做出强制规定，旨在对现有的养老金制度进行改革，越延迟退休获取的养老金越多，从而保证老年人有更多可供选择的机会，让有就业意愿和就业能力的老年人实现其继续劳动的愿望，也可以使不愿继续工作的老年人享受更多的闲暇时光。

总之，中国的老年人力资源开发任重而道远，相信在老年劳动力个人、家庭、企事业组织、政府等各方的共同努力下，一定能探索出适合中国国情的方案，实现个人发展和经济社会发展的双赢。

（资料来源：叶忠海.老年人力资源开发的若干基本问题[J].职教论坛,2020(5)：110-113;童玉芬,廖宇航.银发浪潮下的中国老年人力资源开发[J].中国劳动关系学院学报,2020(4)：27-36.)

 思考与讨论

1. 请谈谈你对老年人的认识。
2. 俗话说"老人是个宝"，请谈谈你的看法。
3. 请从养老服务与管理的角度对老年人进行分类。
4. 老年人有哪些特点？
5. 怎样进行老年人力资源开发？

第三章　认识养老服务与管理

老吾老,以及人之老;幼吾幼,以及人之幼。

——孟子《孟子·梁惠王上》

本章一方面探讨养老服务的发展历程、内涵,并进行养老服务要素分析、需求分析和模式分析;另一方面探讨老年人权益保障、养老机构管理、社区养老管理、养老产业融合发展等养老相关管理领域的基本问题。

第一节　养老服务

党的十九大提出新时代社会主义现代化强国建设"两个十五年"战略构想,在 2020 年实现第一个百年目标的基础上乘势而上,再奋斗十五年,到 2035 年基本实现社会主义现代化;进而向第二个百年目标进军,再奋斗十五年,到 21 世纪中叶实现社会主义现代化强国。这"两个十五年"恰逢是我国人口老龄化的加速期。遵循人口发展的规律,1962—1975 年为我国第二个生育高峰出生人口队列(年均出生人口 2583 万人),预计在 2022—2035 年步入老龄人口行列,形成人口老龄化第二次冲击波。根据《国家应对人口老龄化战略研究总报告》预测,60 岁及以上老年人口将在 2019 年 2.54 亿的基础上快速扩张,2025 年超过 3 亿,2033 年超过 4 亿,2035 年为 4.18 亿左右;老龄化水平从 2019 年的 18.1% 升至 2024 年的 20.3%,逐步进入深度老龄化社会,将于 2035 年达到 28.7%,直逼重度老龄化社会。21 世纪中叶,老年人口规模达峰值 5 亿左右,老龄化水平稳居 35% 上下,我国迈进重度老龄社会。如此快速深化的老龄化社会,必然使社会主义现代化强国建设受到严峻挑战,保障包括老年人在内的全体人民共同富裕和共同发展的任务将更加艰巨。老龄化社会是全球的共同挑战,更是中国未来发展必须长期直面的重大考验。[①]

人口老龄化的发展态势给我国养老保障工作带来极大挑战。养老保障不仅需要养老金保障,更需要养老服务保障。[②] 2019 年 5 月,国务院办公厅发布《关于推进养老服务发展的意见》,提出确保到 2022 年在保障人人享有基本养老服务的基础上,切实满足老年人多样化、多层次的养老服务需求,确保老年人及其子女的获得感、幸福感、安全感能够得到显著提高。这不仅指出了当前我国社会养老服务发展的重要目标,更是明确了政府对亿万城乡居民养老问题的承诺和责任。

---

①　原新. 积极推进新时代养老服务政策落地[J]. 中国社会工作,2020(6):26-27.

②　杨翠迎. 我国社会养老服务发展转变与质量提升——基于新中国成立 70 年的回顾[J]. 社会科学辑刊,2020(5):111-118.

大力推进我国养老服务创新发展,构建完善的社会养老服务体系已经成为关系国计民生的重要战略性问题。

一、养老服务的发展历程及内涵

只有明确我国养老服务的发展历程,掌握养老服务的内涵,才能更好地认识养老服务,把握养老服务,为智慧健康养老服务的创新发展奠定坚实的基础。

(一)养老服务的发展历程

新中国成立以来,我国养老服务大体经历了以下四个发展阶段。

1. 计划经济时期的补缺型养老服务发展阶段(1949—1984 年)

新中国成立直至整个计划经济时期,我国的养老服务发展基本处于补缺状态,政府将有限的养老服务资源分配给最需要帮助和救济的老年人,为其提供基本的经济保障和必要的养老服务,其他广大城乡居民的养老服务需求全部由各自家庭满足。

2. 改革开放后的社会化养老服务探索阶段(1985—2000 年)

改革开放后,我国从计划经济体制开始向社会主义市场经济体制转型,"社会化""市场化"的观念逐步深入社会发展的各个领域,国家开始探索社会化的保障及福利体系。1984 年11 月,民政部召开全国城市社会福利事业单位经验交流会,首次提出社会福利社会办,成为养老服务社会化的契机。[①] 此后,养老服务发展进入了第二阶段,即探索建立社会化养老服务体系阶段。

3. 21 世纪以来的社会养老服务体系形成阶段(2001—2011 年)

1999 年,我国迈入人口老龄化社会,人口老龄化形势日益严峻,对社会养老服务的需求急剧上升。但是保障困难老年人为主的养老服务体系却无法适应人口老龄化带来的规模性养老服务需求,迫切需要加大社会养老服务供给。另外,新时期受新公共管理、福利多元主义思潮的影响,国家愈加重视社会化养老服务体系建设和地方探索,由此养老服务发展进入第三阶段,即全面开启老龄事业的发展,加快社会养老服务体系建设的阶段。

4. 新时期的养老服务高质量发展阶段(2012 年至今)

这一阶段以党的十八大强调"积极应对人口老龄化,大力发展老龄服务事业和产业"为起点,我国全面步入政府和市场双轮驱动和内涵式发展道路,进入养老服务高质量发展时代。这一时期,我国养老服务发展的特点是:养老服务体系内涵不断深化、高质量发展成为主旋律,政府与市场双轮驱动格局基本形成。[②]

(二)养老服务的内涵

2014 年 9 月 3 日由财政部等四个部门下发《关于做好政府购买养老服务工作的通知》(财社〔2014〕105 号),部署加快推进政府购买养老服务工作。通知明确指出,2020 年我国

---

① 董红亚. 新中国人口 60 年——回顾与展望全国学术研讨会[C]. 杭州,2009(11):4.

② 杨翠迎. 我国社会养老服务发展转变与质量提升——基于新中国成立 70 年的回顾[J]. 社会科学辑刊,2020(5):111-118.

基本建立比较完善的政府购买养老服务制度,并推动建成功能完善、规模适度、覆盖城乡的养老服务体系。该文件关于"确定购买内容"的表述是:"要根据养老服务的性质、对象、特点和地方实际情况,重点选取生活照料、康复护理等方面开展政府购买服务工作。在购买居家养老服务方面,主要包括为符合政府资助条件的老年人购买助餐、助浴、助洁、助急、助医、护理等上门服务,以及养老服务网络信息建设;在购买社区养老服务方面,主要包括为老年人购买社区日间照料、老年康复文体活动等服务;在购买机构养老服务方面,主要为'三无'(无劳动能力,无生活来源,无赡养人和扶养人或者其赡养人和扶养人确无赡养和扶养能力)老年人、低收入老年人、经济困难的失能及半失能老年人购买机构供养、护理服务……"由此可以看出,养老服务大体涵盖的种类和服务内容。

养老服务是指国家和社会以发扬敬老爱老美德,安定老年人基本生活,维护老年人生理健康,充实老年人精神文化生活为目的而采取的政策措施和提供的设施服务的总称。[①]养老服务有狭义和广义之分。从狭义上讲,养老服务仅指为老年人提供的生活照顾、康复护理和精神慰藉等服务。从广义上讲,养老服务则是一个大服务的概念,几乎涵盖了老年人衣食住行、生活照料、医疗服务、文化健身娱乐等多个行业领域,包括一切有利于老年人更好生活的正式、非正式的为老服务。

二、养老服务要素分析

全面的养老服务体系包括养老服务的内容、形式、制度、管理、经济、技术、文化七个基本要素,如图 3-1 所示。

养老服务的七个基本要素之间互相联系,各要素同时包含着若干方面的具体内容,这些内容构成了养老服务体系的整体框架。要想对养老服务进行准确定位,就需要全面了解养老服务要素的具体内容,深入探究养老服务创新工作的出发点与落脚点。

图 3-1　养老服务的七个要素

通过对养老服务各个要素的整合,形成了养老服务的体系建设框架。养老服务体系是以政府主导、国家政策支持、社会参与、市场参与为原则,以社会化养老服务为支撑,以提高老年人物质文化生活为目标,对居家养老、社区养老和机构养老提供的基本养老服务与社会组织提供的非基本养老服务进行有效整合,最终形成的全面养老服务有机体。

当前,我国推行"以居家养老为基础,以社区养老为依托,以机构养老为支撑"的总体养老服务体系,由养老服务需求体系、养老服务供给体系、养老服务管理体系、养老服务支持体系等子系统组成,如表 3-1 所示。[②]

三、养老服务需求分析

养老服务需求分析,有助于有针对性地开展养老服务工作,提升养老服务工作的水平。在现实生活中,老年人在身体状况、精神状况、经济条件等方面存在的较大差别,决定了他们对养老服务需求的不同。根据老年人自身的状况和条件,可以将老年人的养老服务需求

①② 席恒. 分层分类:提高养老服务目标瞄准率[J]. 学海,2015(1):80-87.

表 3-1　养老服务要素的具体内容

养老服务内容	生活照护	对老年人日常生活饮食起居的照护,年龄越大需要服务的内容越多
	医疗护理	主要包括定期常规体检、慢性病常规治疗、慢性病急性期入院治疗、突发疾病的抢救及相关药品、医疗用具、食宿等
	心理慰藉	老年人需要更多的关怀、理解、认同、尊重、沟通和陪伴,以达到身心健康
	临终关怀	对生存时间有限的患者提供护理,减轻其生理痛苦和心理恐惧,以改善患者余寿质量,体现社会的人文关怀
养老服务形式	居家养老	以家庭为核心,使老年人在家里接受生活照护、医疗服务和心理慰藉等各种养老服务的养老形式
	机构养老	以养老机构为核心,老年人离开家庭到养老机构接受养老服务的养老形式
	社区养老	以社区为依托,以家庭为基础,结合社会养老机构,由社区承担养老服务责任的养老形式
养老服务制度安排	管理体制	整合管理部门,明确职能定位,建立统一、集中管理、多部门合作的养老服务管理体系
	运行机制	建立多元化的资金投入机制,多主体参与的养老服务供给机制、养老服务人才培养机制及养老服务责任共担机制
	法治建设	要求政府制定完善的法律法规,保证公民基本养老权益的实现,并实现养老服务的规范性和统一性
老年服务管理	资源整合	对家庭、社区、政府、市场和志愿组织的养老服务资源进行整合,扬长避短,发挥出不同资源的最大优势
	流程设计	根据养老服务需求确定养老服务供给流程,包括家庭和社区的基本服务、市场的多元服务、志愿组织的稳定服务等
	质量控制	建立养老服务量化评估标准,并由政府实施监督与评估,以提升养老服务水平
养老服务经济支持	筹资渠道	主要包括个人(家庭)供给、政府供给和志愿供给,应在个人(家庭)、政府和志愿供给中形成合理的责任共担机制
	筹资模式	合理的筹资规模需要达到养老服务需求水平与供给水平的均衡,并以满足老年人养老服务需求的基本水平为依据
	筹资方式	合理采取强制征收、自愿缴纳与补差筹资方式相结合的方式,实现养老服务资金支持的可持续性
养老服务技术支持	物流配送技术	运用现代化信息技术和机械设备完成商品和服务配送的全部技术,能够使老年人对商品和服务的获得更加快捷便利
	远程诊疗技术	是网络通信技术与医疗技术相结合的一项新技术,能够解决老年人医疗服务获取困难的问题
	物联网技术	通过各种信息传感设备,把任何物品与互联网相连接,进行信息交换和通信,以实现养老服务的智能化
养老文化	敬老爱老传统、养老习俗	养老文化是指社会对养老服务的价值选择,对人们的养老行为具有引导、监督和强化的作用

分为：生产型服务需求、基础型服务需求和提升型服务需求三个类型，如图 3-2 所示。

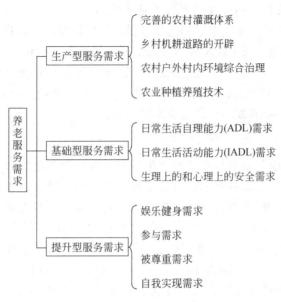

图 3-2　养老服务需求的类型

（一）生产型服务需求

生产型服务需求一般是农村老年人所具有的一项需求。当前，在我国农村约 70% 以上为耕地，绝大多数耕地仍然由农户家庭耕种，其中大多数耕地是由农户家庭中的老年人来耕种的，因而在我国农村呈现出所谓的"老年人农业"形态。据对农村老年人的调查，他们种田有 3 条理由：一是现在农村农业生产条件大大改善了，种田不像过去那样是重体力活，现在种田劳动较轻松，年纪大了也做得了；二是他们觉得种田有收获，体会得到丰收的喜悦，很有成就感；三是种田的同时，还可以活动筋骨，锻炼身体。的确，农村老年人与土地天然紧密的结合，使其从土地上获得了可观的收益：一定的经济收入、实现了老有所为的"就业"方式、生活更有意义的心理满足以及自我肯定的积极评价等。因而在当今中国社会，农村老年人参与农业生产的比例一直保持在较高的水平，与城镇老年人不同，他们在需求上就多了生产型服务需求，这理应纳入农村养老服务需求之中。所谓生产型服务需求（亦称生产性服务需求），是指根据农村老年人参与农业生产的实际状况，为他们提供的有偿性或公益性的服务。这包括农村灌溉体系的完善、乡村机耕道路的开辟、农村"户外村内"环境综合的整治以及种植养殖技术等农技推广服务等。从积极老龄化的角度看，适度参与农业生产劳动为农村老年人实现了赋权增能（empowerment），对于老年人的经济独立和自由全面地发展是十分有益的。因此，在乡村振兴战略背景下，应积极为农村老年人以及准老年人提供必要的生产型服务。

（二）基础型服务需求

基础型服务需求，是指老年人的基本养老需求。它由老年人的日常生活自理能力（ADL）需求、日常生活活动能力（IADL）需求和安全需求构成。日常生活自理能力（ADL）

需求是人的最基本的需求,包括进食、穿衣、洗澡、(室内)移动、如厕和排泄六类生活能力,失能、半失能老年人就是不同程度地丧失了这些能力。日常生活活动能力(IADL)需求是获取生活资料,保障老年人基本生活的需求,包括买菜、做饭、洗衣、打扫房间、使用电话、出行和理财七类活动能力。安全需求可以分为生理上的安全需求和心理上的安全需求,生理上的安全需求是指老年人就诊、治疗、康复、取药、吃药等医疗服务方面的需求,此外,还包括出行安全以及生活和物质安全的保障;心理上的安全需求是指来自于物质保障、亲人关爱、未来自我生活预期等方面的自我安全感的满足。[①]

（三）提升型服务需求

老年人的提升型服务需求是充实晚年生活及提升自我价值的养老需求。具体包括娱乐健身需求、参与需求、被尊重需求和自我实现需求。娱乐健身需求是指老年人步入老龄后,参加旅游、下棋、跳舞、书画、合唱、体育活动等的需求。参与需求是指老年人对于爱和归属的需要,体现在人际交往和社会参与两个方面。在我国熟人社会里,老年人的活动范围比较封闭,他们需要聚在一起打牌、聊天或者参加跳广场舞等集体活动,一起热闹热闹,以消除孤独寂寞感。此类较为频繁的人际交往,以及邻里之间的互动,体现出血缘性和地缘性的特点,提高了老年人的归属感。对老年人而言,社会参与需求较多地体现为一种权利和情感的满足,通过参与社会活动,与他人保持联系,通过社会参与与他人互动,从而拓展自身的交际面。被尊重需求是指老年人渴望得到他人的尊重和爱戴。我国自古就有尊老、敬老的传统,老年人被尊重的需求更为突出。自我实现需求是一种精神追求,一种价值方面的体现,在其他需求都基本得到满足后,才会出现这类更高层次的需求。一些老年人想从自身的兴趣出发去学习各类新知识,掌握新技能,或者从事年轻时未能完成的事情,从中得到自我的满足和他人的认可,满足自我实现的需要。

随着年龄的增长,老年人身体生理机能逐渐下降和衰退,以上各类型的服务需求会出现不同程度的变化,一般的生产型服务需求、提升型服务需求会下降,基础型服务需求会上升,最终进入到日常生活自理能力需求领域,从而需要他人的照护或社会的帮助。满足老年人基础型服务需求的供给侧主要来自社会支持和家庭支持。社会支持主要来源于两方面:一方面是使老年人能够入住敬老院、养老院等养老机构集中养老,在那里得到养老服务人员的照护服务;另一方面是分散式的居家养老服务,即居家的老年人定时接受养老服务人员上门的照护服务。家庭支持主要是家庭成员给予老年人的照护服务,或者是家庭聘用养老服务人员为老年人提供一对一的照护服务。

四、养老服务模式分析

养老就是在老年人达到一定年龄以及失去或部分失去劳动能力的时候,使老年人获得物质上和经济上的必要生活条件,并在生活上和精神上获得关心、照顾和帮助,对其提供经济上的供养、日常生活上的照料以及精神方面的慰藉。

当前,我国人口老龄化表现出速度快、老年人口规模大的特征,并出现了高龄化的趋势。由于计划生育政策的实施,我国"421"(一对独生子女结婚后,要承担四位老年人的赡

---

① 张岩松. 老年服务与管理人才队伍建设的研究与实践[M]. 北京:清华大学出版社,2014:13-18.

养和一个小孩的抚养）型家庭增多，并且成为家庭结构的主流。这种家庭结构使养老面临很大的压力，家庭养老资源的供给在逐渐减少，而需求却在不断增长，这对我国传统的以家庭为核心支持力的养老模式提出了严峻的挑战。另外，机构养老模式又因为传统观念问题、收费问题、服务质量问题等难以在我国全面推行，这种矛盾导致我国家庭养老模式面临严峻的挑战，家庭养老被迫向社会化过度，从而产生了社区居家养老模式。

采用怎样的养老服务模式应对未来日益严峻的人口老龄化形势是我国当前面临的一个重大现实问题。现就几种主要的养老服务模式做以介绍。

（一）家庭养老模式

家庭养老，即老年人居住在家庭中，主要由具有血缘关系的家庭成员对老年人提供赡养服务的养老模式。

中华民族历来奉行尊老、养老的美德，这种优良传统与华夏文化已融为一体，成为文化传统的主要内容之一，并著称于世。1982年联合国大会在批准《维也纳养老问题国际行动计划》时，秘书长瓦尔德海姆就提出："以中国为代表的家庭养老的亚洲方式，是全世界解决老年问题的榜样。"同时，尽管发达国家都建有一定数量条件良好的养老机构，但是居家养老仍然是绝大多数老年人首选的生活方式（主流方式）。据统计，各国选择居家养老的老年人占其总数的比例：英国为95.15%，美国为96.13%，瑞典为95.12%，日本为98.16%，菲律宾为83%，新加坡为94%，泰国为87%，越南为94%，印度尼西亚为84%，马来西亚为88%。[①]

我国是奉行家庭养老的国家，不仅历史上将"养儿防老"视为天经地义，即使进入现代社会，除少数无依无靠的孤寡老年人需依靠国家或者乡村集体供养外，家庭养老几乎仍然是所有中国人的自觉选择。在中国，90%的老年人期望在家养老，在家养老的这种养老观念的主流地位至今仍未改变。家庭养老不仅体现在代与代之间经济上和生活上的互惠互动，更重要的是体现了精神上的互相慰藉的优势。然而，在生活节奏日益加快、工作竞争更加激烈的今天，随着人口老龄化的加剧，年轻人可用于照顾老年人的时间和精力愈来愈少。同时，在传统观念更新的冲击下，年轻人照料老年人的意识在逐渐淡化，传统的居家养老模式正经受着时代考验。

（二）机构养老模式

随着工业化进程的加快，社会结构的不断变迁，家庭的类型、规模、结构也发生了变化，家庭养老的传统养老模式开始受到挑战，而机构养老也日渐进入老年人养老的选择范畴。

机构养老包括养老院和养老公寓。养老院的模式为提供住宿、用餐、医疗、设施的集中供养模式。养老院及养老公寓一方面节约子女照顾老年人的时间；另一方面，众多老年人一起生活，在很大程度上减少了他们的孤独感和无助感。由于生产力水平的不断提高及社会财富的不断累积，为建设社会养老保障体系提供了诸多的有利条件。而近年来养老院和养老公寓也得到了改善和增加，社会养老能力得到增强。然而，国家和政府办的养老院及养老公寓一般都远在郊区，交通十分不便。资金来源单一，数额有限又造成了机构数量少、

---

① 李辉.长春市城乡人口老龄化与老年社会保障问题研究[J].人口学刊,2006(4)：9-13.

规模小、收养人数有限的问题,服务和基础设施也并不令人满意。条件相对较好的收费又极高,做不到让每个老年人都能住进养老院,只有自身条件较好或者子女条件较好的老年人才有机会和可能住进好的养老院,所以根本无法满足数量庞大的老年人的需求。[①]

为解决未来人口老龄化时代到来以及一般性老年人的养老需求,必须引入产业化发展观念,大力发展养老产业是解决养老问题的治本之策。养老产业是涵盖多个领域的综合体系,是由老年消费市场的需求带动的新兴产业,是一项大有可为的新型社会事业。发展养老产业是解决社会养老需求的有效途径,是缓解老年人养老的当务之急。中国养老产业起步晚,总体上看,落后于老龄化的发展形势,现实中还存在着若干显性或隐性的问题。为推动养老产业在中国的新发展,就要在坚持养老产业基本理念的前提下,在创新和规范两个方面做出努力。创新就是要遵循市场规律,从老年人的需求出发,做好市场开发,针对老年人群的特点,整合和开发养老产业的资源,为老年人提供特色化的产品和服务;[②]规范就是政府要从政策和制度上加大对养老产业的扶持和管理力度,保证老年用品和机构服务的质量,提高养老产业从业人员的职业化、专业化水平,使养老产业良性发展。

现阶段中国的养老产业面临着发展的最佳时机,国民经济的持续健康发展,城乡居民经济状况的改善,不断扩大的老年消费需求,为老年市场的发展提供了良好的社会、经济环境和无限的潜力。目前,中国许多省、市都不同程度地实现了养老产业化。

早在 2001 年,辽宁省政府就提出了"养老产业化"概念,鼓励社会力量投资到养老产业中来。为此,大连市民政局先行一步,率先向社会、国外招商引资,与大连现有的养老机构联合建立了几个大型中高档养老院。北京东方太阳城高档社区代表着国内养老社区的崭新发展方向。杭州的金色年华退休生活社区,创造了一种全新的养老生活模式。重庆市新增 12 家民营养老机构,加快了民营养老机构发展的步伐。苏州市把老年服务业作为"朝阳产业"积极扶持。产业化的引入对于机构养老模式的发展注入了强劲的动力,成为解决家庭养老难等问题的一条比较有效的途径,这一点也得到了越来越多的人的认同。但是,毕竟还是个新生事物,仍存在着养老职能不完善、服务质量难尽人意等问题;同时养老机构自身也面临着资金和费用的困扰,而收费标准又使一些希望进养老机构养老的老年人望而却步,这些还需要全社会的共同努力来加以解决。

目前,我国存在养老机构地区性发展不均衡,布局设置不合理,经营运作模式陈旧,服务水平参差不齐,养老服务设施、内容、质量和收费标准偏离社会及市场要求,入住率及投资回报率较低等问题。社会养老的功能和作用没有得到应有发挥和体现。

(三)社区居家养老模式

社区居家养老,是指老年人在自己家养老的同时,社会提供帮助,以居家照顾为主,社区养老机构照顾为辅,运用社区养老服务弥补家庭照顾的不足,支持和减轻家人照顾的压力,是一种新型养老模式。这种养老模式的服务内容既能满足老年人的各种需求,实现老有所养、老有所医、老有所乐、老有所学、老有所教,使老年人在自己熟悉的社区环境里生活,不会产生陌生感、孤独感和被抛弃感,又能减轻儿女负担,还有利于老年人的身心健康,

① 刘彤. 我国养老模式探析[J]. 经济研究导刊,2012(35):46-47.
② 柴效武. 养老资源探析[J]. 人口学刊,2005(2):26-29.

是新型的适应老龄化社会的养老模式,是适合我国国情的社会化养老模式。虽然传统的家庭养老模式和机构养老模式在我国社会养老事业中都发挥着非常重要的作用,但随着我国市场经济的不断发展,这两种养老模式作用的发挥越来越受到其自身运行机制以及其他的社会因素的制约。而社区居家养老则是取其两者的优势,将其完美结合,充分利用社会资源弥补家庭养老及社会养老的不足,更好地解决养老这一社会性问题。①

国际组织和学术界极力主张大力发展社区助老福利服务事业,为居家养老的老年人提供全方位的服务。早在 1982 年《维也纳养老问题国际行动计划》强调:"社会福利服务应以社区为基础,向老年人提供预防性、补救性和发展方面的服务。"中国的人口及社会学专家也认为,在家庭养老功能不断弱化的形势下,应大力发展机构养老,但现阶段机构养老还存在资金不足、技术缺乏、管理不完善、人们的认可度低等问题。而且中国作为发展中国家骤然进入老龄化社会,以经济社会发展水平决定的社会保障、服务系统不可能很快接纳和解决针对几亿老年人的生活服务、护理乃至赡养问题。为此,解决家庭养老助老的职能问题最好的办法就是依靠社区。即让老年人留在他所熟悉的环境里,在继续得到家人照顾的同时,由社区提供家庭力所不能及的帮助以及各种服务。实践证明,将社区福利服务引入居家养老模式,是一种非常适合中国现阶段国情的居家养老模式,是针对传统居家养老模式的有益补充和新发展。

从 1997 年开始,上海市民政局与信息港办公室合作,共同建设名为"88547"(拨拨我社区)的社区服务网,为老年人提供全方位社区服务信息,支撑它的是市区街道居委会各级社区服务中心和各种老年活动室、老年茶室、敬老院、老年医疗咨询室、老年法律和托老所、家庭病床、老年互助组、老年食堂、老年浴室等。

北京的潘家园街道从 1997 年起在全国率先建立了具有家政服务、医疗救护和治安报警三大功能的社区综合服务呼叫网络。当老年人需要上门急诊、家电维修、送货送饭或是治安等方面的帮助时,只需按一下终端电钮,就会享受到服务或紧急救助。

2002 年,大连市沙河口区民权街道推出了"居家养老院"的社区养老福利服务形式。"居家养老院"立足社区,利用老年人现有的住房把养老院建立在老年人家里,充分调动辖区内的下岗失业女工,对其进行相应培训,使其成为标准的养护员,在老年人家里上岗,把养老服务送到老年人家里。② 这种社区养老模式一方面满足了大多数老年人在家养老的需求,另一方面又解决了大龄下岗失业人员的就业岗位,是一项深得民心的德政工程,同时也是中国居家养老与社区福利服务形式结合上的一个新创举。这些养护员一般住在老年人家附近,使老年人能够感受到一种天然的亲和力,在实施照顾上有着机构养老所无法比拟的优越性。

由于社区居家养老模式是一种新兴发展起来模式,服务层次比较低端,各项服务还不完善。具体表现在以下方面。③

(1) 作为新兴模式,在宣传和推广上略显欠缺。受到中国传统观念的影响,很多老年人不能放弃"养儿防老"的传统想法,无法接受这种新的养老方式。

①③ 刘彤. 我国养老模式探析[J]. 经济研究导刊,2012(35):46-47.
② 刘晶. 城市社区生活不能自理老人居家养老生活质量评估指标体系探索[J]. 人口学刊,2005(1):22-27.

（2）资金紧张，基础设施无法配备全面。社区很难争取到政府的资助，又无法利用社会力量募集资金。

（3）社会义工志愿者很难招募。对于这种不太具备社会影响力的模式，社会义工志愿者可能无法收到相关需求信息。而且很多时候参与服务的人员没有经过专业的培训和学习，在服务上存在漏洞及误区。

（4）法律法规不健全、不完善。我国扶持民间养老组织发展的优惠政策、民间资本如何进入社区养老服务等相关规定明显缺失。

（5）服务内容单一，服务体系不健全。目前的社区养老服务实际提供的项目较单一，尤其是专业化服务项目较少，医疗护理、心理咨询、临终关怀等专业化服务迫切需要开展。

中国的家庭养老已经陷入困境，但又不可能彻底放弃这一传统；中国的老年人既对超越家庭之外的社会力量有日益强烈的需求，又不可能完全接受机构养老方式。在人口老龄化加速的进程中，家庭规模急剧缩小、人口流动日益频繁及人们的家庭观、就业观的变化，共同弱化了社会群体对老年人生活的照料，不仅在事实上已经降低了许多老年人的生活质量，而且在一些地方还出现了老年人因缺乏照料而自杀或者死在家中未被及时发现的极端个案。因此，经济保障虽然重要，但要解决老年人的后顾之忧，更应重视照顾他们的日常生活，并为其提供相关社会服务，大力发展网络服务、上门照料服务、日托服务、全托服务、活动中心服务、志愿者服务、时间储蓄等多种多样的社区居家养老服务。

（四）医养结合养老模式

作为一种新型的健康养老服务模式，医养结合养老模式是我国养老服务的发展方向和老龄化的基本要求。这种模式的推广对满足老年人养老中的医疗需求，提升养老服务的整体水平，推进养老服务模式的创新都有着非常积极的意义。

1. 我国医养结合养老模式的政策发展沿革

不同于传统的养老模式，医养结合政策的实施打破了原有养老服务体系管理制度的秩序，多元化的责任主体、复杂化的业务整合、深层次的产业融合都要求国家在顶层设计进行优化、统筹规划、加强统一领导，从全局上为医养结合模式发展指明发展方向。2013 年 9 月，国务院颁布《关于加快发展养老服务业的若干意见》，文件要求推动医疗卫生与养老服务相结合，并作为贯彻落实我国基本养老服务业的重大任务之一。这一文件为我国养老服务体系发展注入新的活力，在我国医养结合政策发展史上具有重要的里程碑意义，也被誉为是医养结合政策的原点。[①] 2014 年 6 月，国家发展和改革委员会联合财政部、民政部等九部门联合发布《关于组织开展面向养老机构的远程医疗政策试点工作的通知》，正式提出医养结合的表述。2015 年 3 月，国务院办公厅印发《全国医疗卫生服务体系规划纲要（2015—2020 年）的通知》，正式明确医养结合的概念，在文件中单列出专门篇幅对发展社区健康养老服务、推动养老机构与医疗机构合作等方面提出要求，制定专项规划，重点统筹医疗服务和养老服务资源，打造集"养老、医疗、护理、保健"的健康养老服务网络，推动医养产业向纵深化发展。2016 年 5 月，原国家卫计委办公厅联合民政部发布《关于遴选国家级

---

① 张涛,张华玲,褚湜婧,等. 我国医养结合政策发展历程分析[J]. 中国医院,2018(6):35-38.

医养结合试点单位的通知》，启动国家级医养结合试点工作。2017年11月，原国家卫计委办公厅印发《"十三五"健康老龄化规划重点任务分工的通知》，将医养结合作为实施健康中国老龄化战略的重点项目，加快研究制定老年人健康分类、分级标准，大力建设一批符合要求的医养结合服务示范基地，进一步明确医养结合的工作重点、负责单位与协调机制。2019年9月5日，国家卫健委、财政部、国家中医药管理局联合发布《关于做好2019年基本公共卫生服务项目工作的通知》，将原属于重大公共卫生服务和计划生育项目中的医养结合、老年健康服务卫生应急等内容纳入基本公共卫生服务。[①]

2. 医养结合养老模式的内涵

医养结合中"养"的概念比较清晰，主要是指清洁、饮食、排泄、移动等生活照料服务，精神慰藉服务，文化娱乐活动服务等。医养结合中"医"的概念则比较模糊。一些人认为，医养结合中的"医"是指提供大病诊治、危急重症诊疗、简单的开药或者看"感冒、发烧、肚子疼"等较轻症的医疗服务。大病诊治和危急重症诊疗虽然也是患病老年人的刚需，但是这两类医疗服务高度依赖于医护人力资源，有较强的技术壁垒，因此应该是大型医疗机构的服务内容。养老机构即使建起了大楼，没有专业的医护人员也无法提供医疗服务。而现有大型医疗机构的医疗资源接纳危急重症患者已经非常紧张，无暇再顾及养老。因此，大病诊治和危急重症诊疗不应该成为医养结合中"医"的重点。此外，简单的开药或者看"感冒、发烧、肚子疼"等轻症确实是医养结合应该提供的服务内容，参与主体是社区卫生服务中心或养老机构内设医务室等可供基本需求的医疗机构。但是这只是医养结合服务中最基本的诊疗服务，也不应该成为医养结合中"医"的重点。基于医养结合相关政策及背景分析，医养结合的服务内容不仅限于传统的一般性生活照料，而是"医、养、护、康"四位一体。因此，从老年人需求出发，综合考虑构建医养结合服务模式的可行性，医养结合中的"医"关注的重点应该是现有的医疗卫生服务体系不愿意或者没时间做，而个人及其家庭做不了的院前预防以及院后康复和长期照护等健康服务内容。也就是说，医养结合本质是健康服务与传统养老服务的结合，而健康不仅仅是单纯的医疗或诊疗，因此，医养结合中的"医"也不是单纯的医疗或诊疗，医养结合不是很多人理解的简单的医院加养老院的模式。总的来说，医养结合应该是包含院前的健康管理与预防保健、针对疾病的诊疗性医疗服务、急性期出院后的康复理疗、长期照护以及安宁疗护等内容为一体的全方位综合性服务模式和服务体系。"医"与"养"二者，即健康服务与养老服务二者应深度融合。尤其是鉴于祖国传统医学"天人合一"的整体观以及"不治已病治未病"的理念，医养结合的健康服务，应该关注中医适宜技术（拔罐、刮痧、按摩、艾灸、砭术等适宜推广的技术）、中医体质评估调理、导引养生术等，在预防、保健、养生、慢病管理以及康复理疗等老龄服务领域中的应用和推广。[②]

通过上述医养结合养老服务新模式，将"医""养"结合，将健康服务与养老服务深度融合，可极大地满足老年人对医、养、康、护一体化服务的需求，实现健康老龄化。

---

① 黄茂盛. 我国"医养结合"养老模式存在的问题及对策研究[J]. 就业与保障，2020(12)：166-167.
② 臧少敏. 医养结合养老服务模式解析[J]. 北京劳动保障职业学院学报，2018(2)：41-43.

3. 医养结合养老服务的实践模式

为了确保通过医养结合养老服务模式为老年人提供全方位细致周到的服务,使老年人晚年生活更加舒心,目前,我国医养结合养老服务实践模式可以归纳为以下几种。

(1)医疗机构拓展养老服务模式。医疗机构拓展养老服务模式主要分为两类:一类是规模较小、医疗水平相对较低而空床率相对较高的医疗机构,通过拓展养老服务功能实现医养结合,逐步向康复医院或护理医院转变。[①] 这类方式解决了相当一部分慢性病老年人拖占床位的问题,在一定程度上缓解了大型综合医院人满为患的压力。另一类是三甲医院、大型综合医院通过增设老年科室、养老病房等服务设施,开展医养结合服务,在强化医疗功能的基础上拓展养老服务功能,在提供医疗服务的基础上增加养老照护功能。[②]

(2)养老机构增设医疗服务模式。当下我国的养老机构还没有实现医疗资质的全覆盖,养老机构增设医疗服务,满足老年人的医疗需求,获得医疗资质是关键。[③] 2014年,原国家卫计委大幅度调整养老机构增设医务室、护理站、相关照护人员及设备的资质审批标准,以鼓励有条件的养老机构开展相关的医疗服务。以此为契机,一些养老机构设立了老年康复训练馆、诊室、输液室、CT室、检验科、疗区病房科室等,并定期聘请职业医师指导老年人康复,为新入院老年人进行全面体检、建立老年人健康档案,配备健身康复器材,以提高为老服务的针对性,提升医养结合的有效性。

(3)医疗机构与养老机构合作模式。医疗机构与养老机构建立合作关系是当前比较普遍的现象,也是国家鼓励和倡导的模式。这种模式主要由不具备养老条件的医疗机构和没有医疗资质的养老机构合作组建,二者之间通过相互购买服务的方式建立合作关系,实现资源有效配置。这种模式节省了投资成本,减少了审批时间,同时也降低了双方因合作而产生的风险。

(4)医疗机构与社区家庭合作模式。居家养老是我国最主要、最基本的养老方式,但居家养老所遇到的最大障碍是医疗问题。由于医疗的特殊性以及我国目前的医疗技术水平,针对家庭的医疗服务主要依靠社区和医院提供。一般城市社区设有医疗服务中心,单独或者与周边医疗机构合作,为居家养老者提供医疗和康复服务。社区医疗服务中心一般由政府和企业联合组建,委托专业团队进行管理,设有健康门诊、药房、康复室、心脏彩超等,并配备大型综合性医院专家出诊,免费为社区老年人提供医疗服务,定期进行健康检查指导。一些社区还通过推行家庭医生制度,为社区内的老年人提供上门服务。[④]

以上述几种主要的养老服务模式为基础,根据老年人的养老意愿和需求,结合自身实际情况制订养老方案。近年来在我国还出现了旅游养老、互助养老、抱团养老、以房养老、异地养老、乡村养老等多种新型的养老模式,随着我国养老服务业的发展,更多的养老服务模式将会不断涌现,更好地满足亿万老年人的养老服务需求。

① 刘清发,孙瑞玲. 嵌入性视角下的医养结合养老模式初探[J]. 西北人口,2014(6):94-97.

② 严妮. 城镇化进程中空巢老人养老模式的选择:城市社区医养结合[J]. 华中农业大学学报(社会科学版),2015(4):22-28.

③ 耿爱生. 养老模式的变革取向:"医养结合"及其实现[J]. 贵州社会科学,2015(9):101-107.

④ 于潇,包世荣. 健康中国背景下医养结合养老模式研究[J]. 社会科学战线,2018(6):271-275.

第二节　养老机构管理

养老机构管理主要包括外部对养老机构的管理和机构自身的内部管理,就外部对其管理而言,主要是政府对养老机构的管理。这方面,更多的是从政策法规层面对养老机构建设、服务和运营进行管理,表现的形式主要通过政策法规、标准化的制定、养老机构的审批、监督检查和指导,其目标是确保养老机构建设项目的标准化、科学化和服务运营项目的规范化,以满足广大老年人及其亲属对机构养老的需求,促进养老事业的健康发展。就内部管理而言,养老机构应该按照养老服务行业自身的特点,在建设、运营和发展方面构建自身的组织管理体系,制定自己的管理内容、方针、目标与方法。[①] 这里的养老机构管理主要是指后者,也就是我们主要探讨一下养老机构的内部管理。

一、养老机构管理概述

养老机构是养老服务体系中重要的组成部分,其正规的管理体系对于社会老年人养老而言具有重大意义。精于管理之道的养老机构,可以为入住老年人提供良好的助养服务,进行健康管理,提高老年人的生活质量,以达到老有所养、老有所医、老有所为、老有所教、老有所学、老有所乐、增进健康、延缓衰老的目的。为了加强养老机构管理,必须对养老机构概念、特点和类型以及养老机构管理的要素、目标、原则与方式等有较全面的认识。

(一)养老机构的概念

养老机构是指为老年人提供饮食起居、清洁卫生、生活护理、健康管理和文体娱乐活动等综合性服务的机构。它可以是独立的法人机构,也可以附属于医疗机构、企事业单位、社会团体或组织、综合性社会福利院的一个部门或者分支机构。养老机构通过为入住老年人提供助养服务,进行健康管理,提高老年人生活质量。

(二)养老机构的特点

养老机构是国家福利事业的一个重要组成部分,概括而言,养老机构具备以下主要特点。

1. 公益性

养老机构为老年人提供的养老服务具有"公益性",是典型的"公益事业"。所谓"公益"是"公共利益"的简称。"公益事业"是指以社会公共利益为目标所开展的各项事业。根据《中华人民共和国公益事业捐赠法》的规定,"公益事业"包括以下几类事项,即救助灾害、救济贫困、扶助残疾人等困难的社会群体和个人的活动;教育、科学、文化、卫生、体育事业;环境保护、社会公共设施建设;促进社会发展和进步的其他社会公共和福利事业。养老机构从事的服务活动属于老年福利的重要组成部分,其福利的基本属性就是公益性。公益性的特点决定了养老机构在提供服务和自身运营过程中都应当以公益性作为自己的最高准则

---

① 孟令君,刘利君.养老服务机构管理人员能力培训辅导教程[M].北京:中国社会出版社,2012:15.

和目标。比如在机构设置过程中,首先应当符合当地关于福利机构的规划设置,而不是进行随心所欲的个人活动,应当遵从社会的整体利益。机构在提供养老服务过程中,也要以公益性为原则。

2. 非营利性

所谓非营利性,是指机构的设立初衷不以获得经济收益为目标,非营利性的含义包括两个方面,即不以营利为目的,同时收益不能在机构成员之间进行分配。非营利性要求养老机构的服务不能以获取经济收益为主要目的,对于机构的设立人来说也不能以取得经济利益为成立福利机构的目标。当然,非营利性并不排斥养老机构为维持正常的运行收取一定的服务费用。对于公办的养老机构而言,从性质上说是国家的事业单位,因此非营利性应当是其本质要求,从实践来看,公办的养老机构的收费标准相比其他服务机构而言较低,以满足机构的正常运营,用于补贴政府或者集体拨款的不足。即使是民办的养老机构,非营利性也要求它在服务中获取的利益用于养老机构的滚动式发展,用于提高老年人生活质量及为老年人谋福利。[①]

3. 战略性

养老机构的建设和发展缓解了我国的养老问题,满足了日益增长的老年人口的需求。从扩大内需的角度来看,养老服务还能够有效刺激消费需求。庞大的老年群体客观上形成了巨大的护理服务需求,引导大量老年人及家庭实现长期照料和护理服务消费,对扩大内需有直接的拉动作用;从增加就业的角度来看,照料老年人是典型的劳动密集型产业,对专业护士及普通护工有着大量用人需求,这完全符合我国政府大力发展社会服务业的指导思想;从改善民生的角度看,养老服务行业可以提高老年人的生活质量,私营养老机构的优质服务可以改善老年人的生活状况,使其生活得更加舒适,还可以解决人们的后顾之忧、缓解子女长期照料压力,减少家庭矛盾和生活负担。养老机构作为我国老龄产业中最具有活力和生命力的一个亮点,对于推动整个国民经济发展起到了巨大的战略作用。

4. 专业性

首先,在服务技术层面上,养老机构能够集中物力、财力专注于加强培养护理人员的专业化水平;同时要确保养老服务人员的权益,逐步建立起养老机构服务人员的资格认证、职称评定体系,确保他们的专业技术向精、深方向不断发展。其次,在市场层面上,面对偌大的老龄人口市场,为满足不同类型老年人的特点和要求,养老机构必须在细分市场上做文章,并且在市场营销方面,要首先占领特定的目标市场,扩大养老服务的内涵和外延,保持养老服务产品的多样化,使其始终处于领先地位。[②]

5. 服务多样性

老年人在机构中进行集中养老,要求养老机构为老年人提供全方位、多层次的服务。养老机构服务内容的多样性是由其服务对象决定的。养老机构服务的主要对象是老年人,在我国主要是指 60 周岁及以上的人口。在习惯上,我们按照老年人生活自理程度将养老

---

① 孟令君,刘利君. 养老服务机构管理人员能力培训辅导教程[M]. 北京:中国社会出版社,2012:5.

② 李健,石晓燕. 养老机构经营与管理[M]. 南京:南京大学出版社,2016:12-13.

机构的服务对象分为以下三种类型：自理老年人，即日常生活行为完全自理，不依赖他人护理的老年人；介助老年人，即日常生活行为依赖扶手、拐杖、轮椅和升降等设施帮助的老年人；介护老年人，日常生活行为依赖他人护理的老年人。不同老年人的服务需求是有区别的，如民政部《老年人社会福利机构基本规范》对养老机构为自理老年人、介助老年人、介护老年人提供的护理服务提出了有差别的要求。实际上，在我国，除了护理院外，其他养老机构都没有进行功能区分，一般的养老机构收养的老年人涵盖从生活基本能自理的老年人一直到长期卧床不起，甚至需要临终关怀的老年人，是一种混合型管理模式。

养老机构不仅要满足自理老年人、介助老年人、介护老年人各自的衣食住行等基本生活照料需求，还要满足老年人医疗保健、疾病预防、护理、康复以及精神文化、心理与社会等需求。因此，对于养老机构来说，其开展的服务活动范围十分广泛，可以是养护、康复或者托管等不同层次和程度的服务。

6. 高风险性

养老机构服务的对象是老年人，很多都是自理能力欠缺或者高龄老年人，这些老年人在生活过程中出现突发疾病、意外事件、伤害、突发死亡等风险较高，这对于养老机构的照料服务提出了非常高的要求。一旦因为老年人发生意外，养老机构很容易陷入纠纷当中，风险很大。另外，养老机构是一个投资大、回报周期长、市场竞争激烈的高风险行业。这对养老机构的经营管理、风险防范机制等方面提出了很高的要求。[①]

7. 示范性

从整体上说，养老机构无论在设施设备还是在人员技术等方面都具有非常独特的优势，它们可以通过设施设备、人员技术和优质服务的输出，发挥延伸基层、辐射社区、带动社会、示范民间的作用，从而提高社会养老服务的整体水平，推进普惠、均等、同质化的社会化养老服务。首先，养老机构可以为居家老年人提供辐射服务。目前我国开始将养老服务重心转向社区，鼓励社区居家养老，但对居家老年人来说，仅靠乡镇街道和村居是难以提供专业化服务的。养老机构可以弥补社区居家养老服务的不足，满足居家老年人的养老服务需求。其次，养老机构可以通过培训社区养老服务人员和指导社区养老服务组织，提高社区养老服务水平。在我国现阶段，社区居家养老服务尚不发达，养老机构可以以其专业、技术等方面的优势，为社区居家养老服务发挥专业、技术辐射作用，促进机构服务与社区居家养老服务融合发展。最后，一些小型专业化的养老机构可以直接建在社区或周边，直接成为社区居家老年人的养老服务载体，示范和带动社区居家养老。[②]

（三）养老机构的类型

1. 依据功能内容及服务对象分类

依据功能内容及服务对象分类可将养老机构分为以下九种类型。

（1）老年社会福利院（social welfare institution for the aged）。这是由政府出资承办和管理的综合养老机构，主要负责接待三无老年人、自理老年人、介助老年人、介护老年人，内

① 孟令君，刘利君. 养老服务机构管理人员能力培训辅导教程[M]. 北京：中国社会出版社，2012：5-6.
② 汪生夫. 养老机构服务与管理实务[M]. 南京：南京大学出版社，2017：7.

部一般设有生活起居、文化娱乐、康复训练、医疗保健等多项服务设施。

（2）养老院或老年人院（homes for the aged）。这是专为接待自理老年人或综合接待自理老年人、介助老年人、介护老年人安度晚年而设置的社会养老机构，内部一般设有生活起居、文化娱乐、康复训练、医疗保健等多项服务设施。

（3）老年公寓（hotels for the elderly）。这是专供老年人集中居住，符合老年体能心态特征的公寓式老年住宅，具备餐饮、清洁卫生、文化娱乐、医疗保健等多项服务设施。

（4）护老院（homes for the device-aided elderly）。这是专为接待介助老年人安度晚年而设置的社会养老机构，内部一般设有生活起居、文化娱乐、康复训练、医疗保健等多项服务设施。

（5）护养院（nursing homes）。这是专为接待介护老年人安度晚年而设置的社会养老机构，内部一般设有起居生活、文化娱乐、康复训练、医疗保健等多项服务设施。

（6）敬老院（homes for the elderly in the rural areas）。这是在农村乡镇、村设置的专为供养三无老年人，无法定扶养义务人，或者虽有法定抚养义务人，但是抚养义务人无扶养能力的；无劳动能力的；无生活来源的"五保"（吃、穿、住、医、葬）老年人和接待社会上的老年人安度晚年的社会养老机构，内部一般设有生活起居、文化娱乐、康复训练、医疗保健等多项服务设施。

（7）托老所（nursery for the elderly）。这是为短期接待老年人托管服务的社区养老服务场所，内部一般设有生活起居、文化娱乐、康复训练、医疗保健等多项服务设施，分为日托、全托、临时托等。

（8）老年人服务中心（center of service for the elderly）。这是为老年人提供各种综合性服务的社区服务场所，内部一般设有文化娱乐、康复训练、医疗保健等多项或单项服务设施和上门服务项目。

（9）养老社区（continuing care retirement community）。养老社区是指在同一个社区中，为老年人提供多种选择的生活方式，包括独立生活、协助生活和专业护理等，并为老年人提供一系列的配套服务。使老年人在健康状况和自理能力产生变化时，依然可以在熟悉的环境中继续居住，并获得与身体状况相对应的照料服务。[1]

此外，依据养老机构的营利性质分类，可将其分为公益性机构和非公益性机构两种类型。依据养老机构的创建主体分类，可将养老机构分为公办机构、民办公助机构和民办机构三种类型。

2. 依据养老服务机构的营利性质分类

依据养老服务机构的营利性质分类，可将其分为公益性机构和非公益性机构两种类型。公益性组织以求求社会效应为目标，而不以营利为目的。可见是否以营利为目的是公益性组织或机构与企业最大的区别。需要说明的是，不以营利为目的并不代表不能营利，而是营利所得不能用于分配，但可以用于组织的发展。

（1）公益性机构提供机构养老基本公共服务。公益性的对象是社会全体成员，如同教育、医疗一样关系到公民的身心，影响社会经济的发展。《国家基本公共服务体系"十二五"

---

① 李健，石晓燕. 养老机构经营与管理[M]. 南京：南京大学出版社，2016：13-16.

规划》指出,国家应保障居民基本养老服务的需求,有条件的地区可以提供基本养老服务补贴,主要针对 65 岁以上、家庭经济困难且生活难以自理的失能、半失能的城乡居民,明确了国家对弱势老年群体的养老责任。

(2) 非公益类机构面向市场提供各类服务。并不是所有养老服务机构都具有公益性,这一方面是由我国国情所决定的,快速发展的老龄化进程导致养老需求总量增加,政府负担加重;另一方面是养老需求的多元化导致政府单一供给的模式并不能满足多元化需求。党的十八届三中全会提出的《关于全面深化改革若干重大问题的决定》中指出,未来改革的方向是"市场在资源配置中起决定性作用"。机构养老服务领域亦是如此,如在上海市"十三五"养老体系建设规划中指出,要积极引导和鼓励企业等社会力量参与养老服务设施的建设、运营和管理。由于市场的性质是追求利润的,所以这类养老服务机构的性质是非公益性的。

3. 依据养老服务机构的创建主体分类

依据养老服务机构的创建主体分类,可将养老服务机构分为公办机构、民办公助机构和民办机构三种类型。

(1) 公办机构。公办机构提供机构养老基本公共服务。所谓公办,是由国家或集体承办,不以营利为目的,因此属于公益性。新公共服务理论指出,政府须向服务型转变,我国政府改革也提倡"小政府大社会"的理念,公办养老服务机构具有保障基本养老服务的职能,其重要性不言而喻。

(2) 民办公助机构。民办公助机构属于公益类,提供机构养老基本公共服务。民办公助的养老服务机构是指政府为民办养老服务机构提供场地、资金、设施等投入的机构,不包括税收、水电煤诸项优惠。由于接受了政府的资助,占用了公共资源,因此民办公助型养老院应当具有非营利性质,属于公益性养老服务机构,如在全国性质的《民办非企业单位登记管理暂行条例》以及地方政府颁布的文件《上海市人民政府关于推进本市"十二五"期间养老机构建设的若干意见》中都提出对民办非营利登记的养老服务机构有不同程度的补贴。

(3) 民办机构。民办养老机构属于非公益类机构。民办是指国家政府以外的组织或个人作为主体举办者,一般在工商部门登记,并且遵循市场规则,自负盈亏,民办企业养老机构的逐利性决定了它的性质是非公益性的。[①]

(四) 养老机构管理的要素、目标与原则

养老服务机构管理是指养老服务机构在为入住老年人提供服务的过程中,对服务内容、服务质量、机构内部人员等各个方面的管理。[②] 养老机构的管理者必须明确管什么、如何管、应达到什么目标与要求、应坚持哪些管理原则等问题,才能提高养老机构管理的实效性。

1. 养老机构管理的要素

组织的资源或要素,作为管理的直接对象,各有其特定的属性与功能。只有对这些资

---

① 孟兆敏,李振. 养老机构分类标准及分类管理研究[J]. 江苏大学学报(社会科学版),2018(1): 71-78.
② 人力资源社会保障部教材办公室,重庆城市管理职业学院. 养老服务机构人员培训与指导[M]. 北京:中国劳动社会保障出版社,2019: 2.

源或要素进行科学的配置与组织,才会有效发挥其作用,以保证目标的实现。关于管理要素的构成,管理学者作了大量的研究,提出了不同的见解。普遍接受的观点是,管理要素包括人员、资金、物资设备、时间和信息等,养老机构也需要对这些要素进行有效的管理。

(1)人员。人是管理对象中的核心要素,所有管理要素都是以人为主体而存在和发挥作用的。养老机构一切活动都是服务于人,并且靠人来完成,因此,对机构中人员的管理极为重要。

养老机构员工管理的目标在于如何调动员工的积极性,增强责任意识,保证老年人居住安全,提高服务质量,这是养老机构管理的重点,也是养老机构赖以生存与发展的关键。

员工管理应从三方面入手。首先,做好员工的选拔、岗前培训、聘用和继续教育,把握好员工入口关和继续教育关,不断提高员工素质和服务技能。其次,加强员工的职业道德教育。这是一个为特殊人群服务的特殊职业,对思想品质和职业道德有着特别的要求,没有良好的思想品质、职业道德是做不好这份工作的。最后,要加强员工考核管理,实现奖惩分明。

(2)资金。资金是任何社会组织,特别是营利性经济组织极为重要的资源。要保证职能活动正常进行,经济、高效地实现组织目标,就必须对资金进行科学的管理。

养老机构资金管理是指养老机构中对财务和资金的管理。养老机构财务管理包括财务计划、财务制度、资金分配、周转、成本核算和财务监督等管理。现阶段,在政府投入不足、优惠政策难以落到实处、老年人支付能力低以及资金筹措困难的情况下,为了发挥有限的资金效益,必须加强对财务部门和资金的管理。养老机构对财务部门和资金管理的目标是以有限的资金投入获取最佳的社会与经济效益。

(3)物资设备。物资设备是社会组织开展职能活动,实现目标的物质条件与保证。通过科学的管理,充分发挥物资设备的作用,也是管理者的一项经常性工作。

养老机构对物资设备的管理包括对机构内硬件设施的建设、改造、维修,设备、物品的采购、使用、维护和保管以及财产的管理。养老机构对物资设备的管理目标是使所有设施、设备始终处于完好状态,物品采购、使用、管理始终处于规范有序状态,降低采购成本,保证设施的完好率,提高使用效率,保证养老机构各项工作正常进行。此外,为提高工作效率,还应重视养老服务信息化管理,这是实现养老机构现代化管理的基本条件。

(4)时间。时间是养老机构组织的一种流动形态的资源,也是重要的管理要素。管理者必须重视对时间的管理,真正树立"时间就是金钱"的意识,科学地运筹时间,提高工作的效率。养老机构要特别重视对时间的安排和使用,力争养老服务不留死角。

(5)信息。在信息社会的今天,信息资源已成为极其重要的管理对象。现代管理者,特别是高层管理者,已逐渐开始不再直接接触事物本身,而是同事物的信息打交道。信息既是组织运行、实施管理的必要手段,又是一种能带来效益的资源。管理者必须高度重视,并科学地管理好信息。

2. 养老机构管理的目标

明确了管理内容,还必须制定管理目标,以便确定管理方法,实施有效管理。养老机构的管理目标主要体现在以下三个方面。

(1)追求社会效益。养老机构是老年人社会福利事业的重要组成部分,也是社会主义精神文明的窗口,它体现了党和政府对广大老年人的关心与关怀,因此,不断改善住养条件,提高服务质量,追求社会效益,让老年人满意,让子女放心,为政府和社会分忧,是养老机构管理的最高目标。

(2) 重视经济效益。虽然大多数养老机构不以营利为目的,但其参与社会经济活动与市场竞争,同样存在着经济效益问题,特别是在政府投入不足、优惠政策难以落到实处、老年人支付能力低、市场竞争激烈的背景下,养老机构要生存、发展,必须重视经济效益。没有一定的经济效益作保障,社会效益也是一句空话。

(3) 追求社会效益,重视经济效益是任何一个养老机构管理的共同目标。在这个共同的目标指导下,各养老机构应结合自身实际制定出具体的管理目标,例如,近期和远期的发展规模目标、质量管理和品牌战略目标、经营效益目标和人才战略目标等。养老机构管理目标设计、制定得越具体、越缜密,越容易付诸实施和实现。

3. 养老机构管理原则

养老机构管理应遵循以下原则。

(1) 以人为本的原则。以人为本是管理学中人本原理的核心,它是管理之本、发展之本。养老机构管理中的以人为本,主要体现在三个方面。第一,在规划设计、装修或改造过程中体现以人为本,充分考虑老年人的体能和心态的变化,一切为了方便老年人居住与生活,为老年人营造一个温馨、舒适、安全、方便的居住环境。第二,在服务理念上体现以人为本,充分了解老年人的需求,理解老年人的心理与期望,对每一位老年人提供体贴入微的个性化服务。第三,在员工的管理上体现以人为本,员工是养老机构生存与发展的重要因素,管理者对员工既要严格要求,又要处处关心,切实解决员工工作、生活上的困难,维护员工的合法权益,激发员工努力工作的积极性。

(2) 安全第一的原则。养老机构是一个高风险的行业,它面对的是体弱多病的老年人群体,稍有不慎,或工作疏忽,就有可能酿成入住老年人的意外伤害与事故,引来纠纷,造成损失。因此,在养老机构管理中,安全管理是头等大事。应该从制度上进行设防,意识上加以强化,把不安全因素消除在萌芽状态。

(3) 质量第一的原则。质量是任何一个企业发展的生命线,养老机构也不例外。没有优质的服务,难以吸引和留住老年人,养老机构的经营将面临困境,甚至无法生存。

(4) 依法管理的原则。养老服务是一个政策性很强、管理严格、社会关注度高、十分敏感的工作,稍有偏差将会遭到政府行政部门的批评、处罚和社会舆论的谴责,使养老机构处于十分被动甚至难堪的局面。只有依法管理才能使养老机构健康发展,才能赢得政府的扶持和社会的支持。

(五) 养老机构的管理方式

常见的养老机构的管理方式主要有以下几种。

1. 系统化管理

系统化管理是建立在系统论和控制论基础上的一种管理方法。它强调任何组织机构都是一个完整的系统,都应该按照系统学原理与方法进行统筹规划与管理,以保证组织机构近期和长远发展目标的实现。系统化管理不仅应用于组织机构管理体系的建立,还应用于产品质量管理,强调把组织机构各部门、各环节的生产、经营、服务活动严密地组织起来,规定它们在质量管理方面的责任、任务和权限,并建立统一协调这些活动的组织机构,在组织机构内形成一个完整的质量管理工作体系。这个体系就是国际标准化组织(international organization for standardization,ISO)提出的"质量管理体系"。目前,北京、上海、天津、江苏、浙江和广东等地的国办社会福利机构都推行 ISO 9000 质量标准体系认证,产生的效果是积极和显著的。通过认证,帮助养老机构建立一套完整、被国际认可的质量管理体系,使其部门与岗位职责更加清晰,经营管理更加规范,服务质量得到全面提升。同时,也帮助养老机构打造品牌,树立良好的社会形象,从而利用非价格因素提高机构在业内的竞争力。[①]

2. 制度化管理

所谓制度化管理模式就是指按照一定的已经确定的规则来推动养老机构的管理。当然,这种制度必须是大家认可的、带有契约性的、可行性的规则,同时这种制度也是责权利一体的。制度有来自外部的(包括政府和行业的),如早在 2005 年北京市养老机构就有了自己的规章制度体系:《养老机构标准体系要求、评价与改进》《养老机构标准体系技术标准、管理标准和工作标准体系》《养老机构老年人健康评估服务规范》等。制度管理更多的是需要根据机构自身情况而去制定一些制度、标准和规则。一般来说,养老机构需要有这样一些基本制度:学习和会议制度、财务管理制度、卫生保健制度、食堂管理制度、安全应急制度、老年人出入院管理制度等。制度管理表现为一切按照制度运行、在制度面前人人平等、制度操作简便易行等优势。当然,制度化管理有时显得比较残酷,适当地引进一点亲情关系、友情关系、温情关系确实有好处。甚至有时也可以灵活地对管理中的矛盾及利益关系作一点随机性的处理,淡化一下规则和硬性规定,因为制度化过于呆板。由于被管理的主要对象是人,而人不是一般的物品,人是有各种各样的思维和感情的,是具有能动性的,制度管理中也要体现"以人为本",所以完全讲制度化管理也不行,这也暴露出制度化管理模式不足的方面。[②]

3. 目标化管理

目标化管理强调根据既定的目标进行管理,即围绕目标,以实现目标为中心开展一系列管理活动。这种管理主要有以下特点:一是强调活动的目的性,重视未来发展研究和目标体系的设置。二是强调用目标来统一和指导全体员工的思想和行动,以保证组织的整体性和行动的一致性。三是强调根据目标进行系统管理,使管理过程、员工、管理方法和工作安排都围绕目标运行。四是强调发挥员工的积极性、主动性和创造性,按照目标要求实行自主管理和自我控制,以提高员工适应环境变化的能力。五是强调根据目标考核绩效,以保证管理活动获得满意的效果。

通常,养老服务行业的主管部门会与下属的养老机构协商并下达目标责任(内容多为年度目标责任,也可为任期目标责任),并依据目标责任实现情况考核机构主要领导工作业

---

① 人力资源社会保障部教材办公室,重庆城市管理职业学院.养老服务机构人员培训与指导[M].北京:中国劳动社会保障出版社,2019:2.

② 孟令君,刘利君.养老服务机构管理人员能力培训辅导教程[M].北京:中国社会出版社,2012:18-19.

绩。机构领导在接到行业主管部门下达的目标责任后,经过协商将机构的总体目标分解到科室,由院长与科室负责人签订目标责任书,其内容包括年度(或季度、月度)经济责任指标、床位利用率、服务质量、老年人的满意度、差错与事故控制、能耗与物质消耗等指标。

各科室负责人还可以把科室目标进一步分解到住区或班组,形成层层工作有目标责任、层层抓目标落实的局面。各级领导考核下属部门的目标完成情况,以决定各部门工作业绩以及工作分配、奖金发放和年度评优。目标管理是系统化的整体管理,若运用得当,将显著提高养老机构的经营效益。[①]

4. 标准化管理

所谓标准化,就是将企业里各种各样的规范,如规程、规则、标准、要领等,把这些规范形成文字化的东西统称为标准(或称标准书)。标准化管理是一种管理手段或方法,即以标准化原理为指导,将工作的内容转化为标准,将标准化贯穿于管理全过程,以增进系统整体效能为宗旨,以提高工作质量与工作效率为根本目的的一种科学管理方法。

随着养老市场激烈的竞争,标准化管理将越来越受到管理者的重视并不断地进行深化,标准的制定也变得更加人性化、科学化而易于操作。用规范化的标准实施管理,能够很好地从根本解决养老机构由谁做、怎么做、做什么、如何做好的问题,确保标准能解决养老管理中的重点和难点问题,实现过程管理和质量监控的并举,保证服务质量的不断提高,吸引更多的老年人入住养老机构。作为养老机构管理的一种重要模式,养老机构标准化管理可以分为技术标准、管理标准和工作标准三个层面。

以标准化管理为指导,将标准化贯穿于管理全过程,可以增进系统整体效能、提高工作质量和效率。要实施标准化管理,①应对单位的发展方向、人员、岗位的设置作出定位,并明确服务的宗旨和工作目标,选拔合适的人选担当相应部门的管理者,与机构的主要负责人形成二级管理体系。在此基础上,综合实际制定出全面、严格的制度和规定,为各项工作定出标准。②各项工作应有计划、有总结,应布置在先、检查相随、落实到位。③在对机构各部门实行管理的过程中,要严格落实各项制度规定,不能对制定的标准随意更改,同时要加强考核监督体制的建立,随时对工作人员的工作状态、服务情况进行检查,发现问题及时整改。对整改落实不利的要与服务人员经济利益、聘用期限相联系。④领导者应采取多渠道广泛征求住养老年人及家属的意见和建议,不断查找管理工作中的漏洞,并加以改进,及时将改进情况进行反馈总结。⑤在用人机制上要奖勤罚懒、奖优处劣,对人员的奖惩要公平公正。⑥在财和物的管理上应分工明确,责任到人,政务公开。随着养老市场激烈的竞争,标准化管理将越来越受到管理者的重视并不断地进行深化,标准要更具有科学性、可行性、实用性和可操作性。依据标准实施管理,从根本上解决由谁做、做什么、怎么做的问题,确保标准可以解决管理中存在的重点和难点问题,实现过程管理和质量监控的并举,保证服务质量的不断提高。[②]

① 人力资源社会保障部教材办公室,重庆城市管理职业学院. 养老服务机构人员培训与指导[M]. 北京:中国劳动社会保障出版社,2019:3.
② 张文欣. 加强养老机构建设,实现标准化管理[J]. 天津社会保险,2011(9):8-9.

5. 信息化管理

信息化管理是计算机技术、通信技术和管理科学在机构管理中的应用,是计算机技术对机构管理的影响、渗透以及相互结合的产物。信息化管理在养老机构的全面推广,有助于养老机构借助信息化手段及时掌握全面情况,合理配置资源,提高管理水平,降低运营成本,提升工作效率。[①]

目前,国内越来越多的养老机构采用"养老机构信息化管理系统"。以某智慧养老云平台为例,角色分层管理在财务、人员管理,老年人健康管理,安防监督,服务内容等养老机构管理体系及服务工作上进行了全面信息化的革新,既节约了时间,降低了成本,又提高了效率,而且规范了养老机构的经营、服务与管理行为,使养老机构服务优质化、管理水平高效化。"养老机构信息化管理系统"涵盖了养老机构业务管理、医护管理、药品管理、人员管理、就餐管理、费用管理等模块,涉及养老机构管理的方方面面,是养老机构科学管理的重要工具。

6. 思想政治工作

思想政治工作历来是我国各行业的管理手段之一,它体现了企业文化。只有端正思想,提高认识,达成共识,消除误解与隔阂,才能使整个养老机构工作井然有序地进行。养老机构不仅要重视员工的思想政治工作,而且还要重视入住老年人的思想政治工作。养老机构要发挥党、政、工、青、妇等组织和机构管理委员会的优势,做好员工和入住老年人的思想政治工作,为实现共同的目标不断努力。[②]

二、养老机构的人力资源管理

人力资源管理是指依据相关法律规定对其管辖范围内的人力资源所进行的规划、获取、维持和开发等一系列管理活动。一个组织管理人力资源的方式是否得当,对组织的长期价值、生存能力会产生至关重要的影响。人力资源管理职能给一个组织所带来的价值增值正逐渐被重视。人力资源管理中的所有方面,包括如何获取、配置、开发、激励人力资源;如何设计和衡量工作等,都会影响到组织是否能够很好地去迎接所面临的挑战、创造价值和赢得竞争。养老机构的工作主要是提供服务,而服务主要依靠人力资本来提供。因此,人力资源是养老机构的第一资源,养老机构的人力资源管理对提升机构服务质量以及机构的生存发展至关重要。目前我国大多数养老机构人力资源的总体状况还不能满足养老机构的实际需要,养老机构要想实现自身竞争力的最大化,必须充分发挥人力资源管理的作用,管理好自己的人力资源。[③] 养老机构的人力资源管理应从以下这些方面进行着手。

(一)养老机构的人员招聘管理

产品和服务需求的上升会导致企业出现劳动力短缺,在劳动力短缺的情况下,企业需要发起有效的招聘活动。经常可以听到养老院的经营者们这样的抱怨:"开养老院不愁没

① 杨阳,李春青.养老机构信息化管理调研及对策分析[J].中国管理信息化,2016(7):207.

② 人力资源社会保障部教材办公室,重庆城市管理职业学院.养老服务机构人员培训与指导[M].北京:中国劳动社会保障出版社,2019:3.

③ 孟令君,刘利君.养老服务机构管理人员能力培训辅导教程[M].北京:中国社会出版社,2012.

人住,只愁找不到工作人员。"[①]在我国,随着老龄化形势的日益严峻,养老需求日益增加,养老服务人才的有效招聘变得日益重要和迫切,养老机构人才不仅招聘难,而且招聘来的员工队伍也不稳定,流动率高,加重了养老机构的招聘工作负担,因此,强化养老机构人员招聘工作刻不容缓。养老机构要想获得生存和发展,并赢得竞争优势,就必须采取各种手段和措施,做好人员招聘工作,为养老机构的发展获取合适的人力资源。[②]

人员招聘是养老机构人员配置中最关键的一个步骤,在确定机构内部人员需求、工作内容及任职条件后,就要进行人员招聘,通过甄选,聘用人才。

1. 养老机构的劳动力来源

现如今养老机构的人员来源五花八门,但是其主要来源有以下两个。一是来自农村的剩余劳动力和城镇下岗、待业的人员。随着经济的发展,机械化程度的提高,农村富余劳动力越来越多,很多人选择了到城市打工。而部分养老机构的准入门槛很低,对养老机构从业人员能力、学历的要求也不太高,这就使部分农村富余劳动力大批量涌向了养老机构。二是来自于大中专毕业的待岗生。因为家庭或者个人原因造成的部分中、高职毕业生没有选择继续深造,而是走上了打工之路。他们学历相对较低,可供选择的工作机会较少,大中专院校毕业生数量的急剧增加,供求关系失调,也造成了他们就业形势的严峻。养老机构行业强大的吸纳能力,让他们逐步认同并慢慢接受。三是其他来源。通过人才市场的招聘,或通过猎头公司从医院、其他养老机构招聘而来,这一类型的人才具有丰富的养老机构管理和服务经验,能够很快地投入到工作中。

2. 养老机构的招聘渠道

养老机构在进行招聘时,主要通过以下几种渠道:广告招聘、熟人推荐、校园招聘、专门机构推荐和招聘会,如表3-2所示。这些招聘渠道(方式)可根据养老机构的服务定位和实际情况灵活选用。

表3-2　主要招聘渠道比较

方　式	适用范围	特　　点	成功/失败率	提　示
招聘会	通用性专业、职位(如会计、文档、行政、销售人员等)所需的一般层次人才	招聘信息时效性较强,向招聘单位直投简历,费用较低,主观性强	失败率为80%	给招聘者留下好印象最重要,应聘前需精心准备
网上求职	适用于多种行业、公司和招聘职位,面向多层次人才	及时获取定制招聘信息,简历制作、投递便捷,目的性强,省去奔波周遭之苦,个人免费或费用较低。但面试前电子化交流、标准化模式,个性特征不突出,信息可信度不便确认	失败率为75%	电子简历是关键因素

---

① 薛亚芳.养老人才未来发展机遇多[N].就业时报,2007-04-05(12).

② 伏燕.养老机构人才招聘难的应对策略[J].社会福利,2012(4):22-29.

方 式	适用范围	特 点	成功/失败率	提 示
委托中介	自主求职缺少经验、时间、条件或对职位有特殊要求的人才	信誉好的专业中介机构能够提供完善、持续、个性融会贯通的服务,成为真正的职业顾问。中介机构运作情况良莠不齐,有的机构收费与服务不成正比	失败率为50%～85%	注意选择值得信赖的中介机构
靠招聘广告	想进入人才市场但不知如何应聘的人	信息发布广,但针对性不强、费用高	失败率为80%～90%	简历要新颖,能引人注目

3. 养老机构招聘的注意事项

养老机构招聘需要注意以下三个方面:①在明确区分各岗位的职责和权限及与各岗位相适应的条件和要求的基础上,完善职务说明书,并根据职务说明书的要求拟定招聘条件,实施招聘。②在聘用方式上,针对不同岗位所需人员应采取不同的聘用方式。例如,养老护理员的聘任应采取长期合同制;对专业医护人员,可以考虑和医院合作,聘请医院的医护人员定期到机构巡诊。③注意新员工的岗前培训。目前大多数养老机构所招聘的护工人员主要是农村进城务工人员,他们缺少专业知识和技能,因此要特别重视对这类人员的岗前培训工作。

(二)养老机构的员工培训管理

调查发现,养老机构工作人员培训严重缺乏,职业培训体系尚未建立。[①] 养老机构应根据培训需求分析,对员工进行培训,培训的内容应充分体现老年人身心整体护理需求和特点,针对在岗人员培训意愿,开展不同内容、不同形式的培训,以满足从业人员的工作需求。

1. 养老机构员工培训的形式

在员工培训形式上,养老机构应采用灵活多样化的形式进行。现有模式有以下几种。

(1)政府培训模式。政府培训模式是改革前的一种养老机构培训模式,它是一种政府包办模式,政府承担责任,政府组织培训,政府管理这个培训活动,适用于传统的计划经济环境。

在政府培训模式下,培训的责任主体是政府,培训对象由养老机构员工和为将来进入养老机构就业的人员组成;培训的实施一般由政府决定并委托事业单位或其他培训机构实施。其培训制度属于政府管理制度的范畴,政府承担培训责任,政府享有由法律法规所规定的各项权利,培训机构和养老机构均服从政府的管理。现在,一般国办养老机构特别是各类型社会福利院还采取这种培训方式。

(2)市场培训模式。市场培训模式是改革后形成的一种养老机构培训模式,它是一种以市场经济为背景的培训模式,它的运行机制和创办条件都是面向市场的,并且适用于发达的市场经济环境。

---

① 陈卓颐,黄岩松. 关于老年服务与管理专业办学的理性思考[J]. 中国老年学杂志,2008(28);143-145.

在市场机制下,培训的责任主体是养老机构或员工本人,培训对象也是由养老机构员工和为将来进入养老机构就业的人员组成;培训的实施由培训机构负责;其培训制度属于市场经济制度,培训机构和养老机构由契约规定的各项权利,承担培训责任。

(3)社会培训模式。这种培训模式是对其他培训模式的补充,它可以与政府培训模式和市场培训模式相结合,适用于不同的经济社会环境。

社会培训体系的构成如下:培训的责任主体是各类非政府组织,培训对象由养老机构员工和将来进入养老机构就业的人员组成;培训的实施由非政府组织或培训机构负责。非政府组织承担培训责任,相应地其也享有契约中规定的各项权利。

(4)混合培训模式。混合培训模式是以上三种培训模式的综合,它适合于政府、市场和社会组织的培训机制均难以独立发挥作用的社会环境。

混合培训模式的责任主体由政府、养老机构和社会组织共同组成,培训对象由养老机构员工和将来进入养老机构就业的人员组成,培训的实施由培训机构负责。其培训制度是市场、政府和社会组织三项制度的综合,以此规定各责任主体的责任及其权利与义务。其责任主体的特殊性在于:不是单一的,而是多元主体,而且是权力的、经济的和道德的不同类型的主体,它们之间的关系包含了权力关系、金钱关系和道德关系,因此,需要有一定的法律制度才能把它们整合为一个整体。

2. 养老机构员工培训的内容

在员工培训内容上,养老机构应从管理和服务两个角度开展,以满足他们不同的知识需求。

从管理角度来看,在全方位的培训内容中,管理者应重点了解全球化的社会背景、我国的老年政策和相关法律法规、老年服务事业的现状和发展、养老机构的经营与管理、养老服务内容的拓展和服务水平的提高等方面的知识,以提高他们的管理和决策能力,改进服务意识和服务理念,提升服务质量和水平。

从服务角度来看,护士以更新知识、完善知识结构为主,加强老年医学和老年护理学的基本理论和技能的培训以及心理学、人际沟通等人文科学知识的学习,提高实施整体护理的能力;护理员则以基本的护理知识及生活照料的培训为主,使他们在基本护理理论知识的指导下,为老年人提供规范、合理的生活照料。

此外,培训应与人员晋升、转岗、工资调整等充分结合起来,避免培训对象单一、培训流于形式。应注重培训效果评估,实现培训良性循环和人才开发目标。

3. 养老机构员工培训的流程

员工培训的实施尤其是员工培训的效果取决于一系列的努力。一个完整的员工培训流程从培训需求分析开始,经过培训计划拟订、培训方案制定、培训项目实施、培训效果评估和培训跟踪反馈,最后是评估差距与不足,并以此作为新的培训需求分析的起点,从而形成一个完整的培训过程。养老机构员工培训要遵循以下流程进行。

(1)培训需求分析。培训需求分析的目的是确认培训的必要性,了解培训的具体内容,分清培训需求的主次缓急,合理安排培训顺序。一般来说,培训需求分析需要从组织、工作和人员三个方面进行。一是组织分析,根据养老机构的目标、资源、绩效差距等问题,确定整体的培训计划;二是服务质量方面的培训计划;三是员工个人方面的培训计划。

（2）培训计划拟订。如果培训需求分析的结果显示确实有必要进行员工培训,接下来就是制订培训计划了。培训计划包括确定培训目标、规划培训内容、做好培训预算。培训目标是指该培训希望达到的目的或希望取得的效果。培训目标的确定应该针对培训需求分析的结果、解决培训需求分析确认的首要问题或急需解决的问题。同时,培训目标是培训效果评估中培训目标达成度的标杆,因此这个目标必须具体并具有可操作性。规划培训内容是根据需要解决的问题进行具体的培训课程设计。培训课程的设计要有针对性,要遵循宜细不宜粗、宜小不宜大的原则。此外,培训是一项重要的投资,这意味着培训需要资源的配合。培训的深度和广度将取决于经费的投入情况。培训经费预算不仅决定着培训计划和培训方案是否能获得批准,而且还是衡量培训计划和培训方案是否可行的一个重要指标。

（3）培训方案拟订。有了培训计划,还要有详细的实施方案,或者说是详细而具体的操作性行动指南。首先是确定培训的时间、地点和人员。其次是确定培训师的来源和要求。培训师的来源有两个主要的途径:一是从养老机构内部的管理人员、专业技术人员或人力资源部门专职培训师中选择内部培训师。内部培训师的优势是熟悉养老机构的具体情况及存在的问题,了解养老机构的文化,掌握养老机构的工艺、技术和工作流程,更关心培训的结果和培训能力的被认可,而且培训成本相对较低。内部培训师的劣势则是距离太近反而会有"当局者迷"的情况,难以做到站得高、看得远;大多数内部培训师缺乏专门的培训技巧,对受训者缺乏"外来和尚会念经"的效果。二是聘请外部培训师,这有一定的风险,除了外部培训师不熟悉和了解养老机构的具体情况和存在的问题从而使培训缺乏针对性之外,评价、确认和选择优秀的培训师本身就具有很大的挑战性。优秀培训师往往需要支付较高的报酬,"货不对板"固然会给养老机构带来损失,培训预算也往往捉襟见肘。最后是制订明确具体的培训实施办法,包括由谁总负责,由谁负责哪项具体的工作(如谁负责发通知,谁负责准备设备,谁负责安排和预约场地,谁负责准备培训资料等),需要哪些部门如何配合以及应该注意的事项等。实施办法越具体,培训过程中出现差错的可能性就越小。

（4）培训项目实施。在这个阶段,首先是发出培训通知,通知受训人员以及告知培训的目的、时间、地点和要求,同时还要知会管理层以及其他所有相关的部门和人员,既让受训人员做好准备并安排好工作,又易于得到管理层和其他相关部门和人员的支持和配合。其次是要落实和布置好培训场地及培训所需要的各种设备和仪器,这个环节特别需要注意细节,如培训前做好仪器设备的调试工作等。最后还要提前按照培训师的要求准备好各种培训所需要的资料,将需要提前发放的资料提前发到受训者手中。这个阶段还要注意对培训过程的全程关注、配合,以及培训中出现问题的处理。

（5）培训效果评估。培训是养老机构一项重要的投资,不仅需要金钱成本,还有时间成本和机会成本,当然还包括劣质培训给养老机构文化、产品质量、员工士气等带来的负面影响。因此,培训效果是养老机构最为关注的指标,做好培训效果评估也就成为培训的关键环节之一。培训效果评估大体上包括培训目标达成度、受训者满意度以及对整个培训过程进行检查三个方面。培训目标达成度是对照前面设定的培训目标以及评估标准进行衡量:哪些目标已经达到以及达到的程度,哪些目标未能达到及其原因,哪些目标设定不合理需要加以调整等；受训者满意度是针对培训目标以及受训者的培训期望了解受训者对培训项目（包括培训目标、培训课程、培训安排、培训师的水平和能力、培训方式和方法以及个人收获等）的具体感受和评价；培训过程的检查是对培训的整个过程进行回顾和分析，检查每一个环节，总结经验和教训，不断改进培训工作中存在的问题，不断提高培训的质量和水平。

（6）培训跟踪反馈。培训的效果并不仅仅体现在培训过程和培训结束时对培训目标达成度、受训者满意度的评价以及对培训过程的检查，还体现在员工工作态度、工作行为和工作绩效的改善，即培训的最终目的是培训效果在实际工作中的转化，这往往需要培训结束后一定时期的跟踪和反馈，包括对培训转化度、培训满意度和效果持续度的评估。培训转化度是了解培训的内容与工作实际的切合度，了解培训的内容在工作中的转化程度。培训转化度可以通过受训者个人的反馈或受训者上司和主管的评价以及受训者个人绩效的变化来测量。培训满意度是培训结束后一定时期内受训者对当时受训的效果和后果的感受和评价。效果持续度是指培训效果持续时间的长短，通常是在培训三个月、半年和一年各做一次回顾和评估。这个环节的关键是设立培训跟踪反馈机制和渠道。

（7）评估差距不足。一次培训的结束意味着下一个培训环节的开始，所以在做培训分析之前，还必须对前面的培训进行回顾、评价和分析，成功的经验固然必须继续保持和发扬，更重要的是找出问题和差距，以作为下一次培训的一个重要起点，并在以后的培训中吸取教训，注意加以改进和完善。

（三）养老机构的员工绩效考核

养老机构要根据养老机构员工考核管理办法，组织实施员工考核，对服务态度好、服务质量高、老年人特别满意的员工要向上级部门或领导提出表扬和奖励的建议；对服务态度差、服务质量低、老年人投诉多的员工要及时批评教育和处罚，情节严重者要予以辞退。

绩效考核是对员工的工作状况和结果进行考察、测定和评价的过程。养老机构要通过建立科学的绩效管理制度，切实从根本上、制度上保障机构绩效考核的客观性、科学性和考核结果的可靠性。要把定性考核和定量考核、贡献考核和能力考核有机结合起来，根据员工的工作性质和所处的组织层次，不同岗位确定不同的考核指标体系，并将考核结果与使用挂钩，依据考核结果，按照有关规定对被考核人员实施奖惩、培训、辞退以及调整职务、级别、工资和福利等，从而调动养老护理人员的积极性，更好、更优质地服务更多的老年人。

在养老机构人力资源管理中，一般采用的绩效考核方法是量表法。量表法是应用最广泛的考核方法之一，量表的形式多种多样，一般其设计过程包括以下三个步骤：①选定考核维度并赋予权重。选择维度时要根据职位的具体内容，力求全面、准确，然后根据各维度的重要性分别赋予不同的权重。②确定量表的尺度，把选定的维度划分为不同等级。③确定量表等级的含义。用词语或短句描述说明各等级分别对应的情况，以明确界定不同等级，使被考核者能够根据描述对号入座到不同等级中。养老机构的员工绩效考核量表应体现岗位差别，根据岗位职责的不同，设计具有不同考核维度和权重的量表，避免用同一量表考核不同岗位的人员。如表3-3所示，某养老机构根据养老护理员的工作内容制定了考核表就是典型的量表法。

表 3-3　养老护理员考核表

考核项目	考核内容	评分标准	分值	得分
个人卫生	个人卫生	员工头发凌乱有异味,手脚指甲未及时修剪,脸部有眼屎,流鼻涕,蓄胡须,未及时洗澡,有异味,每发现一项扣1分,扣完为止	10	
仪容仪表	衣着整洁得体	每发现一次未穿工作服扣2分,工作服不整洁、敞襟露怀、有异味扣1分,头花未戴扣1分,发现当班人员打瞌睡、躺下睡觉或在床上睡觉一次扣2分,扣完为止	10	
工作态度	态度和蔼,礼貌待人,用语规范文明	用语粗俗发现一次扣2分,态度蛮横发现一次扣3分,在护理区内聚众议论、大声喧哗发现一次扣2分,争吵发现一次扣3分,扣完为止	10	
	工作积极主动,精神文明	怕脏、怕累、怕麻烦的各扣1分,扣完为止。职工应积极参加各类学习,不断提高自身素质。如无正当理由不参加学习者,每次扣2分。服务不文明,服务态度不好,有投诉扣2分	5	
	遵守劳动纪律,坚守岗位,不干私活	凡迟到或早退在半小时内的扣1分,未请假或请假未准许而不到岗上班的扣5分。旷工半天扣1分,旷工1天扣5分。擅自调班和擅自离岗、串岗、干私活、玩游戏、玩牌(含旁观者)、护理区内吃零食、吸烟、在非规定的时间洗澡、洗头、洗涤除工作服外的私人物品、洗私人的交通工具等每发现一项扣2分,不得在工作区域接待外人,私带外人来洗澡、留宿,洗衣服每发现一例扣2分,扣完为止。爱护设施和公物,如工作失误损坏公物的一次扣3分。损坏公物按物品的造价赔偿	15	
	服从安排,文明陪护	服从工作安排和工作调动。上班期间每发生一次顶撞、辱骂现象扣5分,扣完为止。员工之间相互谩骂、打架,当月考核不得分,发现一次罚款100元。发现护理员打骂、虐待老年人,不按规定使用约束用具的一次罚款200元,经警告仍无悔改的移交公安部门处理	10	
工作内容	擦洗身体	每天定时给老年人擦身、洗手、洗脚,发现一例老年人身体、手、脚有污垢扣1分,扣完为止	5	
	床单整洁,床下有杂物	床单有污垢、不清洁、不整洁,发现一例扣1分,床下摆放多余杂物,发现一次扣1分,扣完为止	5	
	便器使用及老人会阴部清洗	便器内外不清洁,发现一次扣1分;便器使用后未及时撤离,发现一次扣1分;便器未定时消毒,发现一次扣1分;每发现一例老人会阴部有屎、尿、污垢未及时清理每次扣1分,扣完为止	6	
	保持老人口腔及面部清洁卫生	老人口臭、面部有污垢不清洁,发现一次扣1分,扣完为止	4	
	皮肤无新增破损、褥疮	因未及时翻身或护理工作不到位,发现一例新增皮肤破损、新生褥疮、尿布疹扣2分,扣完为止	8	
	心理护理	每发现一例不关心老人、不与老人沟通、不调节老人情绪、不能做到想老人之所想的扣2分,扣完为止	6	
	协助进餐	每发现一例饮食温度不宜、喂饭姿势不正确、不耐心扣1分;餐后未及时撤走餐具或未及时清洗扣1分;撤去餐具后未及时清理床头柜扣1分,扣完为止	6	

（四）养老机构的薪酬福利管理

1. 养老机构员工的薪酬管理

养老机构特别是民办养老机构可以实行利润分享和所有权计划，并用技能薪酬提高员工工作的积极性。

利润分享法和所有权计划法都是较常用的薪酬方案。利润分享法是在经营业绩较好的时期，机构拿出一部分利润分享给员工。所有权计划法是员工通过股票、期权等对组织拥有一定的所有权，并且可以以出让所有权和分红的方式获得一定收益。相对而言，技能薪酬是根据个人所获得的技能而提供相应的薪酬。

各种薪酬方案各有利弊，养老机构需要根据自身实际情况，综合考虑，灵活组合。总体来说，如果设计科学合理，利润分享和所有权计划会有助于员工树立主人翁意识，有助于员工主动性和积极性的提高；技能薪酬有助于员工建设学习型机构，不断提高现有员工的技能水平；而绩效加薪和激励薪酬也有助于养老机构员工更好地完成本职工作，提高绩效水平。

为解决养老护理员薪酬比较低这一突出问题，养老机构要着力提高养老护理人员的薪酬，从根本上消除养老护理机构内部工资收入分配"平均主义"。工资结构要根据护理人员工作量和工作表现，具体为工资结构水平要真正体现职工的劳动价值，也就是按劳分配的原则。另外，关于津贴部分，虽然在工资结构中比较灵活，但应设置较为固定的基数。所以，养老护理人员的基本工资应包括岗位工资、薪级工资、绩效工资（奖金）、津贴和补贴。薪酬设计中以护理服务价值为导向，将能体现护理人员的技能和业绩的因素价值化，相关从业者的工资制定参考业绩、个人专业水平以及评级。该方式能够将其整合为有机的整体，护理人员只有在综合提升多方面的水平以及付出更多劳动的情况下才能取得更多薪酬。设计薪酬时还必须考虑到养老护理员薪酬与工作时间的增长关系。这也是公平的含蓄体现，只有竞争力强的员工才能提高自己应得的酬劳，这也能促使护理人员积极提升自己的专业水平，以加强自身在本行业中的竞争力。[①]

2. 养老机构的员工福利管理

福利是员工总薪酬的一个组成部分，对激励员工和留住员工具有重要作用，因此，对员工福利进行有效管理是养老机构取得竞争成功的重要手段。员工福利一般包括社会保险、企业补充保险、带薪休假、节假日补助等。在设计员工福利时，可以将福利分为几个部分进行分发。一部分是沉淀福利，员工当年不能拿走，等到几年以后机构再兑付。如果员工提前离开，沉淀福利则不能全部拿走，以此提高员工的稳定性。还有一部分是弹性的即期福利，员工可以根据个人的需要自行选择福利组合，以此吸引和留住高素质的员工。

目前我国大部分养老机构在员工福利方面做得还不够，很多员工没有享受到社会保险，也很难享有带薪休假。一些养老机构的工作人员是全日制工作，一年有只 8 天左右的年假，其余时间均要工作，尤其是对于一些包吃住的护理员工来说，服侍老年人及整理房间就是他们生活的一切。这样的作息时间安排缺乏合理性与科学性，容易导致员工的职业疲

① 罗楠. 浅谈养老护理员的薪酬设计[J]. 经济研究导刊, 2019(29): 75-77.

劳和倦怠。养老机构要想吸引和留住员工,提高员工的工作效率,在福利项目的设计方面必须给予更多的投入。国内养老机构可选福利如表 3-4 所示,表格中的福利项目相对较完整,养老机构可以根据自身实力和实际情况合理选择其中的内容,作为激励手段。

表 3-4　养老机构可选福利项目

核心福利	选　择　福　利	
补充医疗保险	住房相关费用:物业费、取暖费、维修费等	超市购物卡、电影卡等
补充养老金	车辆相关费用:燃料费、车辆维修费、车辆保险费、车辆保养费、车辆养路费、过桥及过路费、车船使用税、车辆年检费、车位及停车费、洗车费、驾校培训费等	健身费:健身月、季、年及次卡,各种球类等单项体育健身费,各类保健、保养费
健康体检	通讯费:通信设备费、固定电话及手机通话费、长途 IP 卡费、上网费用等	旅游费
工作餐	商业保险	出国考察
带薪休假	子女教育费:入托费、赞助费、学费	配偶生育报销
探亲假	个人培训费	法律诉讼费
独生子女补贴	服装相关费用:衣服/鞋帽、洗衣费、洗理费等	俱乐部会员费

总之,人力资源优化配置,其中的关键是人,人是物质力量与精神力量的统一体。作为自然人,每个人都有力气及基本的思维能力;作为社会人,每个人又都有精神需要,蕴含着巨大的精神力量。没有获得激励时,人发挥出来的只是物质力量;获得激励之后,人的精神力量就得到了开发,激励越大,所开发出来的精神力量就越大。因此,养老机构管理者应注意开发员工的精神力量。如加强养老服务组织文化的建设,为员工营造一个和谐、适宜、团结向上的工作环境和工作氛围,激发大家的团队荣誉感,在进取、奋发、平等、和谐的文化氛围中,稳定和激励员工的工作积极性。[①]

三、养老机构的服务管理

养老机构是我国服务业的重要组成部分,为入住老年人提供安心和安全的服务是机构运营管理的核心内容。而服务内容的满意度,首先取决于对老年人身心状况的正确评估,其次来自安全、合理、个性化的服务。

(一)老年人服务需求评估

作为服务行业,向服务对象提供满足其需求的产品和服务,是养老机构赖以生存与发展的必要条件。所以,为入住老年人提供安心和安全的服务是机构运营管理的核心内容。而服务内容的满足程度,首先取决于对老年人身心状况的正确评估。

1. 明确为老年人服务的内容

按照北京市民政局发布的《居家养老服务规范》,我们可以很详细地把为老服务分成个人生活照料服务、老年护理服务、心理/精神支持服务、安全保护服务、环境卫生服务、休闲

---

① 高玲玲,张英华,张俊娥. 优化护理人力资源配置　提高护理质量[J]. 中国护理管理,2009(2):46-48.

娱乐服务、协助医疗护理服务、医疗保健服务、家居生活照料服务、膳食服务、洗衣服务、物业管理维修服务、陪同就医服务、咨询服务、通讯服务、送餐服务、教育服务、购物服务、代办服务、交通服务等 20 项内容,基本涵盖了所有养老机构的服务。

2. 老年人的身心状况评估

养老机构以为入住老年人提供所需的服务为目的,而能够为老年人提供所需且让老年人满意的服务,首先取决于对入住老年人身心状况的正确评估。

(1) 评估的目的和要求。老年人的身心状况评估也称老年人能力评估。其评估结果仅作为老年人现有健康状况的说明,而非疾病的诊断,仅是用作养老机构对老年人健康管理的参考,并作为提供入院、转介、出院以及制订老年人照顾计划的依据。提供老年人生活照料服务和医疗护理服务定性的、定量的要求,减小老年人照顾服务中意外风险的概率,为采取规避风险的措施提供依据。入住养老机构的老年人均应接受健康评估服务,否则将无法为老年人提供贴心的服务。评估服务应由具有认定资质的从业人员完成,健康评估的程序和规范应该以科学为依据,评估结果须由评估员签字确认。

(2) 评估的原则。老年人的身心状况评估应坚持以下四个原则。一是依规评估原则。老年人能力评估活动要符合国家相关评估规范,符合程序要求和规定标准,不得出现违规行为。二是公平公正原则。凡是老年人入住,都应该进行能力评估,评估结果真实、准确、完整地反映出老年人的基本情况,不能因为评估对象的年龄、身份或其他外部因素而改变评估条件。三是信息保密原则。评估机构和评估人员在评估工作中应有责任保护评估对象的个人信息安全。涉及评估对象的信息,未经评估对象许可不得公开和泄露。对按规定需要公示的评估对象信息应在一定范围内适度公开。四是动态评估原则。包括老年人入住机构后即开展的初始评估、接受机构养老服务后的定期评估(一般每半年或一年评估一次)、身心状况变化后的即时评估及对结果有疑问的复评。

(3) 评估指标。2013 年中华人民共和国民政行业标准《老年人能力评估》(MZ/T 039—2013)正式颁布实施,为老年人能力评估提供了规范统一的实施标准。老年人能力评估共划分为日常生活活动、精神状态、感知觉与沟通、社会参与 4 个一级指标、22 个二级指标。其中,日常生活活动包括 10 个二级指标,精神状态包括 3 个二级指标,感知觉与沟通包括 4 个二级指标,社会参与包括 5 个二级指标(见表 3-5),综合 4 个一级指标的分级,将老年人能力划分为能力完好、轻度失能、中度失能、重度失能 4 个等级。

表 3-5 老年人能力评估指标(MZ/T 039—2013)

一级指标	二级指标
日常生活活动	进食、洗澡、修饰、穿衣、大便控制、小便控制、如厕、床椅转移、平地行走、上下楼梯
精神状态	认知功能、攻击行为、抑郁症状
感知觉与沟通	意识水平、视力、听力、沟通交流
社会参与	生活能力、工作能力、时间/空间定向、人物定向、社会交往能力

(4) 评估方法。根据评估内容、信息来源、评估媒介的不同,老年人能力评估通常有以下四种方法。

① 引述法。引述法是评估员通过与老年人交流或提问,引导其表述自己的基本情况

及评价自己在日常生活活动、社会参与等方面的能力或水平。此评估方法实施简便，节省时间，评估员可在较短时间里完成评估项目。此类方法多适用于自理类老年人，能力完好且能够准确表述自己的行为，正常地反映自己的情绪和态度。

② 代述法。代述法一般由于老年人意识或表达受限，一般是通过照护人、配偶或其他亲属对老年人的自理能力进行评价。此类方法多用于失能、半失能或失智老年人，需由他人代述。

③ 测验法。在评估老年人的精神状态项目时多采用测验操作法，即以客观操作为基础的评估方法。一般要求老年人完成一些日常生活中常见的任务，如算账，辨别时间，方位，填写单据，绘画等，根据任务的完成情况来评估其能力水平。此类方法是老年人能力评估中认知能力评估项目常用的方法之一。如虚拟买菜的加减法计算，季节、日期、年龄的表述，方位的判断，物品的记忆，画钟实验，等等。

④ 情景模拟法。情景模拟的评估方法是将老年人置于设定的现实生活环境中，并在环境中完成日常生活行为，通过行为表现评价老年人的自理能力。包括老年人穿衣、吃饭、如厕、上下楼、打电话、购物等行为活动。在评估实施过程中，一般多采用两种或两种以上评估方法，以确保评估结果的准确性和客观性。

（5）评估流程。评估需经过以下流程，具体分为五个步骤。

① 申请。养老机构或服务组织对接收入住的老年人进行评估并将评估结果上报地方业务主管（民政）部门，申请第三方专业评估。

② 受理。地方民政部门根据养老机构或服务组织上报的老年人基本信息委托第三方评估组织进行专业评估。

③ 评估。第三方评估组织对照机构及老年人基本信息确定评估类别（服务前评估、服务后评估、等级变更即时评估、有疑问进行复评）进行实地上门评估。

④ 报告。第三方评估组织将评估结果汇总，录入老年人能力评估信息系统平台，撰写评估报告并提交民政部门。

⑤ 公示、反馈。民政部门将评估结果公示，公示无异议后反馈给养老机构或服务组织。①

（二）老年人服务计划制订

养老机构服务计划的制订，应该从养老机构提供的服务出发，按照老年人健康评估的结果，针对个体制订合理的计划。

1. 护理计划拟订

护理计划是针对护理诊断（护理问题）制订的具体护理措施，是护理行动的指南。

（1）排列原则。一是在无原则冲突的情况下，可考虑将老年人认为最重要的问题予以优先解决。二是现存问题优先处理，但不要忽视潜在的有危险性的问题。

（2）排列顺序。当老年人出现多个护理诊断时，需要对这些护理诊断（包括合作性问题）进行排序，确定解决问题的顺序。排序时要把对老年人生命和健康威胁最大的问题放

在首位,其他依次排列。

(3) 制订护理目标(预期结果)。制订护理目标是指老年人在接受护理后,期望老年人达到的健康状态,即最理想的护理效果。制订护理目标要注意以下四个方面。

① 目标的陈述。陈述方式方法主要包括主语、谓语、行为标准、条件状语及评价时间。

② 目标的分类。目标可分为两类:一是远期目标,需要较长时间才能达到。如某糖尿病老年人,女,69岁,小学文化,养老护理员为其制订的远期目标,即老年人在出院前,说出糖尿病饮食治疗的具体措施。二是近期目标,在短期内能达到,一般少于10天。如4天后老年人能够借助双拐行走100米。

③ 目标应具备的特点。目标的陈述要简单明了,切实可行,属护理工作范围内,可以通过护理措施达到的。目标的陈述要针对一个具体问题,即来自一个护理诊断,但一个护理诊断可有多个目标。一个目标只能出现一个行为动词。目标应是可测量、可评价的并有具体日期。应让老年人参与目标的制订,使老年人认识到护患双方应共同努力以保证目标的实现。运用下列动词:描述、解释、执行、能、会、增加、减少等;不可使用含糊不清、不明确的词,如了解、好、坏、尚可等。

④ 制订护理措施。制订护理措施是围绕老年人的护理诊断(护理问题)、结合评估(估计)所得到的老年人具体情况,运用知识和经验做出决策的过程。措施要切合实际,老年人能够做到。

首先要明确护理措施的类型。护理措施的类型主要有三种:一是依赖性护理措施,如遵医嘱给药等;二是相互依赖性护理措施,相互依赖性护理措施是养老护理员与其他保健人员相互合作采取的行动,如护理诊断"营养失调:高于机体需要量",养老护理员为帮助老年人恢复理想的体重而咨询营养师或运动专家,并将他们的意见融入护理措施中;三是独立的护理措施,不依赖医嘱,养老护理员能够独立提出和采取的措施,如护理问题"皮肤完整性受损",养老护理员定时为老年人翻身、按摩皮肤等。

其次要制订护理措施的原则。这包括以下四个方面:一是针对目标而制订。例如为患肺炎老年人提出的护理问题"清理呼吸道无效",护理目标是2日内老年人能够顺利咳出痰液。如果制订的护理措施是教给老年人如何预防肺炎,就没有针对目标,也不符合老年人的实际病情。二是每项护理措施应有科学依据,主要以人文科学、行为科学和自然科学等综合知识为依据。三是避免护理措施与其他医务人员的措施矛盾。制订护理措施时应参阅其他医务人员的病历记录、医嘱,以防造成老年人在执行时不知所措。四是措施应切实可行,根据每个老年人的病情、心理、社会等具体特点制订个性化的护理方案;根据养老护理人员的具体构成情况制订护理措施;根据医疗条件的现状制订护理措施。

(4) 实施。实施是执行护理计划的过程,是将计划中的各项措施应用于实践,是养老护理员运用操作技术、沟通技巧、观察和应变能力、彼此之间的合作,执行护理措施的过程。同时,所有的护理诊断要通过实施各种护理措施得以解决。

实施过程中,养老护理员扮演着多种角色,既是决策者、实施者,又是教育者、组织者。实施中要继续收集资料、评估老年人的健康状况和对措施的反应,以便随时进行调整。养老护理员要具备丰富的业务理论知识,熟练的护理技术,良好的人际关系。实施效果是衡量养老护理员综合能力的标准。

实施后要做好记录。记录的内容包括护理活动的内容、时间以及老年人的反应等。记录中应该做到及时、准确、真实、重点突出,可采取文字叙述或填表的方式,并在相应项目上签名。

(5)评价。评价是将老年人的健康状态与护理计划中预定的目标进行比较。这一阶段可以了解老年人的需求是否得到满足。评价是护理程序的最后步骤,但并不意味着护理程序的结束,可通过评价发现老年人新的健康问题并做出计划,或对以往的护理方案进行修改,从而使护理程序循环往复地进行下去。评价包括以下四个步骤。

① 收集资料。收集有关老年人健康状况的资料,为寻找新的护理问题提供依据。

② 做出判断。在目标陈述中所规定的评价期限到达后,将老年人的健康状况与目标中预期的状况进行比较,判断目标是否完全实现、部分实现或未实现。

③ 修订护理计划。修订护理计划的原则是围绕目标和护理诊断。如果目标已经实现,则停止采取护理措施;目标部分实现或未实现的,应从以下几个方面分析原因:收集的原始资料是否准确、全面;护理问题(护理诊断)是否确切;制订的目标是否现实,是否超出了护理专业的范围和老年人的能力、条件;护理措施的设计是否可行,执行是否有效。

④ 根据新出现的护理诊断增加护理计划的内容。护理计划需要根据老年人情况的变化而变化。当评价资料表明老年人出现新的护理诊断时,应将最新的护理诊断以及目标、措施加入到新的护理计划中。

2. 入住老年人康复计划

老年人入住养老机构以后,通过系统的评估,需要接受护理服务,这对身体的总体康复水平会有很大程度的提高。但是由于不同的老年人存在的问题不是完全相同,所以笼统的康复训练缺乏针对性,因此需要为老年人制订一个符合其实际情况的康复计划。

(1)老年人个体康复训练的特点。老年人个体康复训练具有以下三个特点。

① 个体康复训练要针对老年人的个体特点,制订不同的目标。

② 使老年人认识到自己是康复过程中的主体,充分发挥老年人的潜力。

③ 个体康复训练是一个循序渐进的过程,要善于引导老年人。

(2)个体康复训练要达到的目标层次。具体包括以下四点。

① 控制原发疾病,防止功能障碍形成。

② 预防继发性的并发症及功能障碍。

③ 恢复已丧失的功能性活动能力。

④ 在恢复和改善功能的基础上,以适应社会为目标,进一步进行身体和心理的适应训练。

(3)个体康复计划制订实例。根据估计的躯体、心理、社会情况,制订符合老年人实际情况的康复计划,有的放矢地指导老年人进行康复。制订计划时,要注重发挥每一位养老护理员的主观能动性和特长,养老护理员要积极提出意见。康复计划表如表3-6所示,供参考。

表 3-6　康复计划表

项　　目	存在的问题	康复的目标	详细康复计划(实施办法、时间、评估方法、负责人)
(1) 心理健康领域 目前精神症状 症状的影响			
(2) 躯体健康领域 重要躯体疾病 定期躯体检查 代谢方面问题 营养膳食问题			
(3) 对待疾病态度领域 对自身疾病了解 精神疾病常识 服药态度 药物副作用处理 门诊复诊问题			
(4) 风险评估领域 冲动风险 自杀风险 停药风险 住院逃跑			
(5) 应对压力领域 解决问题能力 家庭环境压力 周围环境压力 以前生活压力 精神疾病的压力			
(6) 社会关系、友谊领域 是否有有益的朋友 是否有交友能力 维持友谊的能力 孤独感			
(7) 工作、休闲、教育领域 是否有工作 疾病对工作的影响 教育经历 兴趣爱好、特长			
(8) 日常生活技能领域 生活自理能力 家庭生活中的表现			

项　　目	存在的问题	康复的目标	详细康复计划(实施办法、时间、评估方法、负责人)
(9)经济领域 　　收入问题 　　理财的技能 　　潜在的经济开发 　　经济自主性 　　有问题的花费			
(10)家庭对疾病的理解领域 　　与疾病有关的苦恼 　　有疾病相关的忧伤、创伤治疗经历 　　家属对老年人的期望 　　老年人对将来的期望 　　对老年人的理解程度 　　家属对精神疾病的了解程度			

(三)养老服务质量管理

养老服务质量管理是指养老机构为老服务活动符合养老护理规范要求,满足服务对象需要的效果。服务质量是养老机构管理质量的重要内容,是直接关系老年人生命与健康、关系到养老机构的社会形象的重要问题。

加强养老护理质量管理,不断提高养老机构服务质量,真正做到让老年人满意,是养老护理管理的基本目标和中心任务。

1. 养老服务质量管理的原则和任务

按照养老机构服务合同提供服务,运用质量控制的方法,对各项服务进行监控,可以有效地避免老年人受到损失或伤害,满足老年人的服务要求。质量管理的重点是直接为老年人服务的生活照料、医疗、护理、膳食、物业管理维修部门的服务。所以,有必要针对上述部门制订质量管理控制方案。如果养老机构规模较大,还可以制定休闲、娱乐、保健、康复、教育等方面服务的质量控制标准。

(1)养老服务质量管理的原则。服务质量管理必须坚持老年人第一的原则、预防为主的原则、规范化管理的原则、全员参与的原则。

(2)养老服务质量管理的任务。服务质量管理的任务包括:进行质量教育,强化质量意识;建立护理质量体系,制定护理质量管理制度;制定护理质量标准,规范护理行为;强化护理质量的检查和监督。

2. 建立养老服务质量管理体系

(1)建立各项护理服务规范。具体包括以下三个方面的内容。

① 服务协议。民政部《养老机构管理办法》规定,老年人入住养老机构,必须签订入住协议书。主要包括以下内容:养老机构名称、住所、法定代表人或者主要负责人、联系方式;老年人及其代理人和老年人指定的经常联系人的姓名、住址、身份证明、联系方式;服务

内容和服务方式;收费标准以及费用支付方式;服务期限和地点;当事人的权利和义务;协议变更、解除与终止的条件;违约责任;意外伤害的责任认定和争议解决方式;当事人协商一致的其他内容。

② 养老机构常用服务质量控制标准。这包括日常生活照料服务质量控制标准、老年护理技术服务质量控制标准、环境卫生质量控制标准和安全保护质量控制标准四类。

③ 养老护理技术操作规程。护理技术操作规程是指根据具体的护理技术操作要求,对实施步骤所做的统一规定,以确保护理质量。一般情况下,要根据护理技术操作的性质、目的、要求和特点以及节省人力、物力、时间、清除无效动作的原则,制定技术操作方法、步骤和注意事项。制定的规程要有条理、简明,便于实施;要以减除老年人痛苦,预防疾病,保证老年人和护理人员安全为原则;要配备和使用正规设备。

执行护理技术操作常规、规程,要具有责任感和同情心。事先要做好老年人心理、身体、适用物品、药品等准备。严格执行查对制度。要熟练掌握操作技术,严格无菌操作,确保安全,并注意预防操作护理人员的自身损伤。管理方面,要组织护理人员学习基础理论和新业务技术,加强基本功训练,组织技术操作表演和评比活动,定期进行检查、督促和考评。

(2) 建立养老护理人员的岗位职责。制定完善的老年护理各个岗位的岗位职责,让每位员工明确自己的任务、要求、权限和承担的责任。养老护理人员上岗前须进行岗位职责的培训和考核。

(3) 建立护理服务质量管理小组。养老机构,特别是护理型养老机构,至少设立一位专职的护理管理人员,一些大型的养老机构可在每个服务单元设立护理管理岗位,定期对机构内护理质量进行监控管理。

(4) 建立护理服务质量管理日常运行机制。老年护理服务质量管理可以借鉴管理学的一些质量管理的模式,建立护理服务质量控制日常运行机制,特别是日常护理服务的检查监督。一般每天由护理组长或单元护士长进行管理区域内的护理服务质量检查,夜间实行值班巡查;每周由护理部主任组织进行各护理区域的护理服务质量检查,发现问题及时处理和改进;每季度召开质量分析会,按奖惩条例进行奖惩,并提出持续的质量改进措施。

3. 开展护理服务质量检查

(1) 建立日常检查制度。老年护理质量检查是养老机构老年护理质量控制的重要环节,应建立每日、每周、每月、每季和每年的检查计划和方案,包括检查人员安排、检查内容、检查步骤、检查要求及信息反馈、落实整改要求、奖惩措施等;定期召开质量分析会,并将护理质量考核结果纳入护理人员的绩效考核中。

(2) 设计护理服务质量检查表格。根据民政部出台的《养老机构管理办法》的规定,养老机构为老年人提供生活照料、康复护理、精神慰藉、文化娱乐等服务,并为有需要的老年人提供情绪疏导、心理咨询、危机干预等精神慰藉服务。根据服务内容,为方便质量检查人员对信息的收集、汇总和分析,通常设计一些检查表格配合各项检查之用,如日间巡查表、总值班记录表、护理质量服务分析表等。

(3) 护理服务质量检查方法。老年护理服务质量检查方法可采取巡视、抽查、座谈、专项调查等方法主动检查,也可通过设立投诉通道,如设立投诉热线电话、投诉信箱、电子邮箱或微信等方式,接受老年人及其家属的投诉,广泛获取老年人及其家属的意见。

四、养老机构的财务管理

养老机构的财务管理是一项非常重要的管理内容,对规范养老机构的其他管理行为有着重要的影响。它是在院长的直接领导下,以财务部门为抓手,以《中华人民共和国会计法》等政策法规和规范为准则,严格按照财务制度,对养老机构财务活动进行管理的。

养老机构财务管理不但保证养老机构财务、资金操作规范、安全、良性运行,还协助养老机构做好成本核算、经济运行分析、资产管理等。养老机构财务管理是否有序,直接影响到养老机构管理的质量和效果。

现阶段,在政府投入不足、优惠政策难以落实、老年人支付能力低以及资金筹措困难的情况下,为了发挥有限的资金效益,必须加强养老机构的财务管理。养老机构财务管理的最终目标是以有限的资金投入,获取最佳的社会效益和经济效益。

(一)养老机构财务管理的特点

养老机构财务管理有以下三个基本特点。

1. 政策性

养老机构的财务活动,体现着国家的财政方针政策,体现着国家支持什么,反对什么,鼓励什么,限制什么,体现着政府的意图。它们的一收一支,都带有较强的政策性。哪些可收,哪些不可收,哪些该收,哪些不该收,哪些可减收,收多少,怎样收,以及哪些可支,哪些不可支,哪些该支,哪些不该支,支多少,怎样支,都有明确的规定。因此,其在办理各项收支业务时,要严格执行有关的收支范围和收支标准,严格执行各项财务规章制度及财经纪律,依法理财,合理有效地使用每一项资金,以保证各项服务事业的顺利开展。

2. 综合性

财务管理作为一种价值管理,包括筹资管理、投资管理、权益分配管理、成本管理等,这是一项综合性强的经济管理活动。正因为是价值管理,所以财务管理通过资金的收付及流动的价值形态,可以及时全面地反映机构经营运行状况。财务管理渗透在全部经济活动之中,涉及服务、供应、消费等每个环节和人、财、物各个要素,因此,养老机构的财务管理是养老机构管理的一个重要环节。

3. 多样性

由于养老机构的性质具有多样性,因此,便决定了养老机构的财务管理类型的多样化。如前文所示,根据不同的标准,养老机构有着不同的分类。从体制或运营模式来看,养老机构既有公办公营的,又有公办民营的,还有民办民营的;从经费来源看,有的养老机构由国家财政全额拨款,有的部分拨款,还有的不拨款(即自收自支);从提供公共产品及公共服务的方式来看,有的养老机构是免费的,有的是付费的。不同的组织类型,其性质不同,业务特点也不同,财务收支状况也有较大差异。相应地,其对财务管理提出的要求也就不同,预算的编制、资金的安排、财务成本的分配也不一样。因此,在财务管理工作中,应坚持实事求是的原则,在严格执行国家统一的财务制度的前提下,根据各机构的实际情况和实际需要,因地制宜地制定一套符合自身定位的财务管理办法。即根据其机构类型,有选择地采用不同的方法进行管理,不能脱离实际搞"一刀切",不能生搬硬套地进行机械式的管理。[①]

(二)养老机构财务管理的内容

根据财务管理制度和财务管理的基本要求,养老服务机构财务管理的重要内容包括预算管理、资金管理、成本管理等方面内容。

1. 预算管理

财务预算即财务计划,也叫计划预算。它是对未来一定时期(如 1 年、6 个月、9 个月等)编制的综合性预算。财务预算既是单位经济活动的起点和出发点,又是监督和检查单位收支情况的依据,以及考核评估其经济效益的标准。因此,必须认真、正确、及时地编制并进行有效的管理。

(1)财务预算编制的原则。养老机构财务预算是各级各类养老机构财务管理的重要内容。编制财务预算是一件严肃的工作,相关人员应按照上级主管部门交给的工作任务,结合本单位的具体情况和有关规定进行编制。财务计划、预算编制是否及时和准确直接影响总预算的质量,为了正确地编制单位财务计划、预算,应该遵循以下几项原则:一是必须根据上级下达的任务、计划,人员编制和各项开支标准的定额,结合上年度预算执行情况,预算分析下半年或年度的收支状况,遵循先自下而上、后自上而下的原则,按照不同的管理方式进行编制。二是必须坚持自力更生、勤俭办院的方针。在编制财务计划、预算过程中,防止"宽打窄用",原则上不搞赤字,预算上强调开源节流、精打细算,提倡少花钱、多办事,充分发挥预算资金的使用效果。三是财务预算的编制要有科学性、合理性,要注意听取预算执行部门的意见。如果预算指标定得过高,最后难以完成,势必会挫伤执行部门的积极性;而预算指标定得过低,则不能充分调动执行部门的积极性。所以,财务计划的编制要强调科学性与合理性。

(2)财务预算管理方式。财务预算的管理方式是指总预算对单位预算资金缴拨等管理上所采用的不同方式。由于各养老机构归属不同,经费开支渠道不同,在资金的管理方式上也应有所不同,常用的管理方式有以下几种:一是全额预算管理。全额预算管理是指单位的收入和支出全部纳入预算,机构支出全部由上级拨款,收入除预算收入外,全部上缴上级主管部门或财务部门,不实行以收抵支。二是差额预算管理。差额预算管理是指本单位的收入抵补支出后,不足部分由预算拨款,并将收支差额列入拨款预算。三是自收自支管理。自收自支管理是指单位收入不需上缴,其支出也不由预算拨款,而是以其收入按指定用途用于相应的支出,节余不上缴,差额不补助,自求收支平衡。对于养老机构来说,这种管理方式有利于其自立自强,调动职工的积极性,有利于提高单位的经济效益。

2. 资金管理

资金管理主要包括固定资金管理、流动资金管理和专项资金管理等。

(1)固定资金管理。固定资金是固定资产的货币表现,是指养老机构所拥有的主要劳动资料和耐用消费品的形态,包括房屋、运输工具、医疗设备、其他建筑物和福利设施等。固定资金管理应重点抓好固定资金设账立卡及登记工作,以保证固定资金的完整无缺。此

① 孟令君,刘利君. 养老服务机构管理人员能力培训辅导教程[M]. 北京:中国社会出版社,2012:65.

外,还应提高对固定资金的使用以及正确计算和提取折旧基金。

（2）流动资金管理。流动资金是指养老机构垫付给员工的工资和其他业务支出的消费周转资金,占有形态为货币、库存材料、库存药品等流动资产。它与固定资产一样是养老机构组织各种活动不可缺少的基本条件之一。流动资金管理可分为现金管理、银行存款管理和库存材料与库存药品管理以及其他流动资金管理等。

（3）专项资金管理。专项资金也称专用资金,是指各种具有特定来源和专门用途的资金,包括专项拨款、大修理基金、职工福利基金、职工奖励基金和事业发展基金等。专项资金管理应做到以下几点:一是贯彻专款专用原则。划清专项资金与其他资金的界限,不能相互挪用。各专项资金之间也要划清界限,分清用途,除规定可以统一调剂或合并使用外,不得互相占用,从而保证专项资金专款专用,满足专项任务的要求。二是加强计划管理。为了有计划地使用专项资金,财务部门必须编制专项资金收支计划,对专项资金支出项目需要进行调查研究,认真测算和会审,保证收支平衡,略有节余。在时间和金额上保证重点,分清轻重缓急,统筹规划,合理安排,要先收后支,量入为出,使收支款项不仅在账簿上,也在时间上相适应,绝不能用另外的资金垫支,并要求资金在使用上精打细算,力求节省,充分发挥资金的最大效用。三是实行集中管理和分级管理相结合的原则。为了管好用好各项专项资金,必须把有限的专项资金统一规划和综合平衡。在院长统一领导下,由财务部门负责集中管理,编制收支计划,实行按部门、按项目的预算控制或指标包干等办法,保证计划的完成。养老机构应制定集中管理和分级管理制度,明确各有关职能部门和使用单位在专项资金管理中的职责和权限,力求做到责、权、利相结合。

3. 成本管理

成本是指生产一种产品或提供一项服务所消耗的各项费用总和的货币表现。成本核算是分析和计算实际成本的过程。成本管理是通过对产品和服务成本构成进行分析、计算,找出实现较低成本的有效途径,并实施控制成本的管理。养老机构的成本可以包括总成本和各单项成本。例如,经营 100 张床位的养老机构每月或每年需要多少钱,这是总成本;新建 200 张床位的养老机构实际投入了多少资金,这也是总成本（建造成本）。单项成本种类繁多,例如,不同级别的护理成本、每位老年人每月的伙食成本、医疗服务成本和行政管理成本等。成本甚至还可以细化到一项具体的操作、服务项目。例如,注射成本、换药成本和灌肠成本等。成本管理的目的至少有两个:一是为指定、修订产品、服务价格提供依据;二是寻找生产、服务和管理上存在的问题和漏洞,即找出降低成本的有效途径。其最终目的是提高养老机构的经济效益。

除了预算管理、资金管理和成本管理,养老机构财务管理还包括财会人员管理、财会人员交接班管理以及账号、现金、支票管理等。

在实践中,可以从以下几个方面加强养老机构的财务管理:一是建立健全财务经济管理制度。二是利用"财务管理软件"或"养老机构信息化管理系统"进行管理,可以提高财务管理的科学性、准确性和有效性。三是加强财务经济监督与审计。养老机构财务应加强内部财务监督与审计同时接受上级部门的监督与审计,使养老机构财务管理更加规范,经济运行效果更好。

五、养老机构的后勤支持管理

养老机构后勤支持是养老机构管理的重要组成部分,是为养老机构服务的顺利开展所提供的各方面的支持与配合。养老机构后勤工作是养老机构正常运行的必要保证。

(一)养老机构后勤支持的特点和要求

1. 养老机构后勤支持的特点

养老机构的服务不同于宾馆、酒店的服务,它有自身的特点:养老机构的服务是一种以护为主、医养结合的综合性活动。同时,养老机构服务更多地具有福利性和个性化,在服务中更注重照顾老年人的特殊性。正是由于养老机构的这种特性,决定了养老机构后勤支持必须具备与之相适应的特点。养老机构后勤支持具有以下四个特点。

(1)先行性。后勤支持是养老机构运行是否顺畅的物质保障,这决定了养老机构后勤支持必须具备先行性。所谓先行性是指,事前应该做好准备工作,在这里,养老机构后勤支持的先行性就体现在养老机构各项工作都要求后勤支持先行一步。比如,在养老机构建设时,需要先选择建设地址,购买符合老年人特点的设施与设备;在开业前,必须事前制订好护理、服务计划,做好设施、设备检修;在不同季节中要做好季节性工作,如做好防暑、防寒等工作。上述这些工作都说明后勤部门需要走在前面,为养老机构接下来的各项工作打好扎实的基础。

(2)全局性。后勤支持涉及养老机构内所有人和事的方方面面,关系到每个成员的工作、学习与生活,是一项全局性的工作。后勤支持是养老机构一切工作的物质基础,这就要求后勤支持必须具有全局性,必须从养老机构的整体视角出发来处理问题。养老机构的一切后勤工作都必须围绕着养老机构的整体工作目标来展开,要顾全大局,从整体发展出发,不能片面、孤立地处理问题。总体来说,后勤支持应当考虑到养老机构的基本建设和条件、财产管理、事务性工作管理、员工生活福利以及老年人膳食管理等多个维度的工作,并且使这些维度的工作能够协调有序地进行,形成一股合力,朝着养老机构发展的终极目标共同前进。

(3)服务性。从本质上看,后勤支持就是服务工作,不仅要为老年人服务,还要为员工、养老服务工作服务。养老机构后勤支持的服务性强,内容涵盖也较全面。这种强服务性和全面性主要体现在如下两个方面:一是对老年人的服务。老年人的身心情况具有不同特点,因此,必须针对老年人的不同需求,提供相应的服务。二是对员工的服务。对员工的服务主要包括:提供必备的养老服务工具和设备、提供良好的工作生活环境、照顾他们的精神感受、提供良好的福利待遇等。后勤工作的服务性与先行性紧密相连,密不可分。如果没有先行性,就不可能有服务性,因为只有在先行性指导下的服务才能发挥其最大作用。

(4)政策性。后勤支持涉及面的广泛性,决定了负责该工作的领导人员必须对养老机构高效运行的相关国家政策、制度有深刻的理解与把握。同时,为了保障养老机构的有效运行,养老机构必须建立起自己的相关制度,使活动有法可依、有章可循。比如,养老机构的收费制度、财务管理制度、员工津贴制度、服务制度和护理制度等,不仅要根据涉及国家颁布的政策法规加以制订,同时也需要养老机构根据自身的需要进行相应的规划与设计。由此可见,政策制度是后勤工作顺利开展的依据,是检查后勤工作好坏的参考指标之一。

2. 对养老机构后勤支持的要求

养老机构后勤支持是服务性工作,既烦琐又复杂。这要求后勤工作者在工作中必须合理地利用人、财、物等资源,使有限的资源能够发挥最大的效益。因此,后勤人员要具备"五心":爱心、责任心、耐心、恒心和细心。综合来说,为了使后勤支持工作能够发挥最大功效,应当做到以下五点。

(1) 树立为老年人服务的思想。养老机构设立的目的就是促使老年人健康、愉悦的生活。老年人养老质量的好坏是养老机构能否持续发展的关键因素之一。鉴于老年人的身心特点,我们在为老年人提供后勤服务时,应当提供有针对性的服务。树立为老年人服务的思想,主要包括两层含义:其一,要求养老机构后勤人员应掌握相应的专业知识;其二,后勤人员应真心地关爱老年人,做到全心全意地为老年人服务。

(2) 树立为员工服务的思想。员工是养老机构的工作人员,是养老机构运行好坏的决定因素之一,是养老机构的人力资源。员工是养老机构服务的主要提供者。他们对生活和工作环境、工作条件的满意程度直接影响着其在养老服务工作中的积极性、主动性。因此,在后勤工作中,对养老机构的工作服务人员必须像对待家人一般,使他们在养老机构中感受到家的温馨。应该最大限度地满足他们在生活、工作中的基本要求,为他们提供轻松、温馨的工作环境,使他们能够专心致志地投入到养老护理服务工作中来。

(3) 健全后勤管理制度。"没有规矩,不成方圆"只有有章可循,有法可依,工作才会不偏离目标,并且有效地开展下去。因此,制度是任何一个组织顺利运行的保证。同理,如果没有一套良好的组织制度作为指引,养老机构内的后勤工作必将出现杂乱无章的局面,工作势必无法稳定有序地开展。因此,制订并不断健全和完善后勤管理制度,是做好后勤支持工作的开始。利用后勤管理制度,可以使养老机构的各项后勤工作的基本程序和对后勤人员的要求系统化,从而使养老机构的后勤管理能够朝着更完善、更科学、更人性化的目标前进。

此外,建立后勤管理制度还必须考虑到可行性、简明性与严肃性等基本原则。

(4) 加强后勤工作队伍建设。养老机构的后勤支持工作是通过对人、财、物等的综合运用与管理来进行的,但后勤工作目标的真正实现必须通过人来实现,因此,加强后勤工作的队伍建设是后勤管理的一项重要内容。在后勤工作队伍建设中,我们不能只注重人员的数量,更要注重工作队伍的质量,即队伍人员要精而优,其目的是要建立一支素质优良且做事精干的队伍。后勤队伍良好的素质不仅取决于后勤工作人员的体力状况,更重要的是思想上的觉悟。首先,后勤工作人员必须热爱自己的本职工作,从谈吐、衣着到专业知识和技能等,不断提高自身素质。同时,还必须具备吃苦耐劳的品质,因为养老机构的后勤工作非常烦琐,这就要求后勤工作人员必须细心、耐心,能够吃苦耐劳。总之,一支高素质的后勤工作队伍是高效后勤工作的关键。

(5) 坚持勤俭办院的方针。勤俭节约自古以来就是中华民族的优良传统,管理好一所养老机构同样也需要勤俭节约。所谓勤俭并不是说一切从简,而是要求把钱花在刀刃上,要抓住重点,即要使得所花的每一笔钱都能取得最大的效益。当前,有的养老机构,特别是公立养老机构的浪费十分严重,这种浪费不仅包括没有遵循"成本—效益"原则所造成的浪费,还包括有些养老机构管理者在对老年人身体不了解的情况下,花费很多资金购买或建设了老年人无法利用的设施、设备。

(二)养老机构后勤支持体系

1. 建立养老机构后勤支持领导体系

后勤支持是养老机构服务工作顺利进行的保证,是进行养老机构所有工作的物质基础。然而,后勤工作的功能必须在一套完整的工作体系的引导下,才能得到充分的实现。因此,为了更好地开展后勤工作,养老机构必须从系统论的角度出发,将养老机构看成一个内外统一、循环开放的系统。

一个组织的工作效率如何,与其领导体制高度相关。领导不仅仅是一种职位,更是一种无形的影响力。领导体系的完善与否直接影响着组织能否有效运转,也影响着管理过程中人、财、物的使用情况。更为重要的是,领导体系的合理与否,直接影响着养老机构对人力资源的有效利用。因此,后勤部门要积极构建一个有效的领导体系。通常情况下,完善后勤支持领导体系应该做到以下三点。

(1)实行严格的岗位责任制。由于养老机构后勤领导体系是一个具有层次部门结构的体系,各层次部门通过分工负责来共同完成后勤组织的基本任务,因此,在构建后勤领导体系时,需要对每个岗位的具体职责进行清晰的界定,实行岗位责任制,明确每个人的职责,要责任到人。只有责任具体到人,养老机构后勤管理才能既有效率,又有针对性。只有实行岗位责任制,明确各工作人员职责,才能了解养老机构后勤工作安排中的空白地带,防止事情发生时出现"事不关己、高高挂起",或者推诿扯皮的现象。一个好的领导体系必然要求实施岗位责任制,这样才能使得事事有人做,事事有人负责,才会激发养老机构后勤部门工作人员的工作动力,使其更好地履行自身的工作职责。

(2)选择合适的领导者。对于养老机构的后勤支持部门来说,要使后勤工作能够真正发挥为养老机构的老年人服务提供全方位支持的功能,就必须选择能够以实现养老机构发展目标为己任,以促进养老服务事业健康发展为理想的领导者。后勤支持工作的领导者除了必须具备和养老机构发展目标相一致的理念外,还应具备诸如较高的文化素养,热爱本职工作,认真负责,关心爱护老年人,吃苦耐劳,勤俭节约等基本素质。

当然,更重要的是,后勤工作领导者必须懂得要遵循后勤工作和养老服务工作规律。因为只有在规律的指导下开展工作,才能取得事半功倍的效果。

(3)树立领导者的服务意识。服务性是养老机构后勤支持工作的基本特性。在养老机构后勤支持工作体系中,必须高度重视服务意识的培养和树立,使后勤领导者们也能意识到,提供服务是他们的基本职责,并且要从"心"出发,做到真心实意。此外,在培养领导者的服务意识时,要使他们认识到,他们所提供的服务,不是对养老机构上层领导的服务,而是对全院所有相关事和人的服务,如对老年人的服务、对后勤膳食的服务、对养老服务事业的服务,以及对后勤部门普通工作人员的服务。

2. 建立养老机构后勤支持服务体系

养老机构后勤支持工作的核心就是提供服务。后勤支持部门在实践中必须为老年人和员工提供全方位优质的服务,并且把服务当作一种习惯,逐步健全后勤支持体系。养老机构后勤支持服务体系主要包括为老年人服务的体系和为员工服务的体系。

(1) 完善老年人服务体系。养老机构开办的目的就是促进老年人的健康,使其能够愉悦地度过人生最后的时光,为老年人服务是养老机构所有工作的中心,因此,养老机构后勤服务体系中,为老年人服务是一项非常重要的内容。根据老年人的身心特点,后勤支持部门应该为老年人提供的服务主要包含如下三个方面。

一是为老年人提供合理的养老服务设施。对老年人开展的服务活动,必须利用一定的房舍、设施和设备才能开展,因此,养老机构在为老年人提供服务时,必须充分考虑到这些方面的因素。二是为老年人创设良好的服务环境。为了营造良好的服务环境和氛围,在养老机构的场地管理方面,后勤部门应做到场地干净,每天都要定时打扫,及时清理场地沙石,避免老年人在活动中摔跤。在室外环境的布置中,应做到干净、整洁,同时还可以开辟种植园,种些花草,为老年人提供休闲的场地。三是还要营造良好的养老机构精神文化环境。养老机构必须为老年人营造一种“家”的氛围,使老年人能够以一种安心、信任的状态,在养老机构中生活。

(2) 完善老年人的饮食管理体系。对老年人的膳食管理,是养老机构后勤工作的重要组成部分。后勤部门必须完善老年人的饮食管理体系,保证老年人的饮食营养、安全且健康。养老机构应根据老年人的身心特点,成立专门的膳食领导小组,加强对老年人膳食的管理与监督。膳食领导小组主要负责制订老年人的膳食计划,并监督膳食提供情况。要为老年人提供健康、营养均衡的饮食。养老机构后勤部门应该为老年人制定每周、每日不同的营养食谱,确保老年人每天摄取的营养能达到国家相关标准。保证老年人每天摄入的食物中所含蛋白质、脂肪、碳水化合物比例合理,使之各占热量的 12%～15%、25%～30% 和 55%～60%,老年人每日所需蛋白质中,动物性蛋白质和植物性蛋白质要各占 50%。为老年人提供的食物中必须注意干稀搭配、荤素搭配、粗粮细粮综合调剂,应该避免让老年人吃甜食和油炸食品。还要注意必须严格遵守饮食卫生标准,预防食物中毒。后勤部门必须为老年人提供无毒无害的食品。要严格执行国家卫生部、商业部有关饮食规范要求的“五四制”,即由原料到成品“四不制度”,成品存放“四隔离”制度,用具实行“四过关”制度,环境卫生采取“四定”办法,个人卫生做到“四勤”。同时坚决不能买过期、变质食物给老年人食用。

(3) 健全为员工服务的后勤支持体系。养老机构的后勤管理人员必须加强对员工生活与工作的关心,为他们提供必要的生活福利保障。例如,尽可能多地为员工的工作和生活带来便利,比如,为员工提供宿舍和办公室,配备计算机,提供实用便利的教具等;为教职员工提供较好的工作条件和环境,如为员工提供活动室,提供羽毛球器具、乒乓球桌等体育锻炼器械,使工作人员在休闲时间,能够锻炼身体,放松心情。

3. 建立后勤支持的资财管理体系

在养老机构后勤支持服务体系中有许多细分的子体系,其中养老机构资产、财务的管理尤其重要,这就需要建立养老机构后勤支持的资财管理体系。

资产、财务是养老机构工作开展的物质条件,后勤支持部门只有建立好资财管理体系,做到物尽其用,养老机构所有工作的进行才会有物质保障。资财管理体系是指对养老机构的资产、财务的管理所形成的体系。从后勤角度出发,对于建立健全资财管理体系提出以下两点建议。

（1）安排专人保管资财。要使资财管理有效地进行，就必须责任到人，对资财采取专人保管的办法。当责任到人后，后勤支持部门必须让资财管理员明确自己的责任与义务。

（2）完善资财奖惩体系。奖惩措施是资财管理过程中的重要手段之一，若能合理利用奖惩措施，就能极大地调动后勤员工工作的积极性。所谓"奖"，就是奖励那些对资财工作有贡献的人；而所谓的"惩"，就是惩罚那些在资财工作中懒惰散漫、有过失的人。利用奖惩的目的有两个：一是使员工学会爱护公物，保护养老机构内的公共资财；二是提高后勤部门资财人员的工作积极性，利用经济手段来促进人力资源潜力最大限度地发挥。奖惩措施如果用得恰到好处，且用得公正、合理，可以有效地实现资财管理的目标。但是如果不恰当地运用了奖惩手段，则会带来一系列的负面作用。为了使资财管理奖惩能够更好地发挥作用，奖惩必须借助一定的量化措施，根据量化的结果来进行。因为只有做到有根有据，才会令员工信服，组织才会有威信。简而言之，在养老机构的后勤资财管理工作中，应建立完善的奖励体系，并恰当运用奖惩措施，一是可通过"奖"极大地调动后勤资财工作人员的积极性，二是可借助"惩"起到警醒作用，从而使员工养成爱护养老机构公共资财的习惯。

六、养老机构伤害事故防范

不论是养老机构还是入住的老年人及其亲属，都不愿意看到伤害事故的发生。因为伤害事故一旦发生，首先会给老年人和其亲属带来痛苦，且这种痛苦往往在相当长的时间内挥之不去。其次，伤害事故也会使养老机构蒙受损失。所以，为了避免伤害事故的发生，养老机构一定要从细节出发，加强排查，消除安全隐患。如果还是不幸出现了伤害事故，也应该及时处理。

（一）养老机构伤害事故的概念和类型

1. 养老机构伤害事故的概念

养老机构伤害事故是指在养老机构实施的养老活动中，在养老机构负有管理责任的院舍、场地及其他休养设施、生活设施内发生的，造成自费养老人员人身伤害后果的事故。从法理上来说，构成养老机构伤害事故必须具备以下五个要件：一是受害方必须是在养老机构养老的老年人；二是必须有导致养老人员伤害事故的行为；三是导致伤害结果的原因可能是管理人员或护理人员的行为，也可能是养老人员自身及其他养老人员的行为；四是必须有伤害结果发生，导致伤、残甚至死亡，也包括精神上的伤害，但不包括财产损害；五是伤害行为或结果必须发生在养老机构对养老人员负有管理、护理等职责期间和地域范围内。对养老人员自行离开养老机构外出期间发生的以及其他在养老机构管理职责范围外发生的人身损害事故，应该不属于此类伤害事故。[①]

2. 养老机构伤害事故的类型

养老机构伤害事故的种类很多，可以从诸多角度对其进行分类，如从性质、起因、具体

---

① 张岩松，徐国强. 养老机构伤害事故对策研究[J]. 社会工作(理论版)，2011(5)：61-63.

内容、预知程度、可避免性等维度进行分类。[①]

（1）按起因分类。主要有意外摔跌、锐器割刺、意外坠床、意外烧烫、误食误饮异物、吞咽困难、意外爆炸、意外感染发炎、慢性病防治不当、突发疾病、自杀自残、意外矛盾纠纷、营养不良、健身不当、意外中毒等十余类伤害事故。

（2）按来源分类。可分为内生型伤害事故和输入型伤害事故。如老年人之间的矛盾纠纷、老年人与护理员的矛盾冲突、食物中毒等，这些由于养老机构系统内部某些因素发展失衡造成的事故，属于内生型伤害事故；外部环境污染或疫病传入、凶手闯入养老机构造成老年人伤亡等则属于输入型伤害事故。

（3）按内容分类。主要有自然灾害类伤害事故、护理服务类伤害事故、医疗卫生类伤害事故、安全事故类伤害事故、矛盾纠纷类伤害事故等。

（4）按可预知程度分类。可分为易预测的伤害事故和难预测的伤害事故。如营养不良、吞咽困难、慢性病防治等均是相对来说比较容易预知的伤害事故，意外摔跌、坠床、锐器割刺、自杀自残、意外矛盾纠纷等则是比较难甚至是无法准确预知的伤害事故。

（5）按可避免性分类。可分为有可能避免的伤害事故和无法避免的伤害事故。如通过定期对老年人进行体检和健康评估、合理设计老年人无障碍生活设施、定期给予老年人心理疏导和人文关怀等，都可以在一定程度上避免一些伤害事故的发生，而对于难以避免的一些伤害事故，则可以通过建立健全预警系统和应急预案，以求能第一时间主动积极应对伤害事故，尽量减少和降低事件损失。

（二）养老机构伤害事故的特点

养老机构的服务是一种特殊的长期照料服务，涉及生活照料、医学护理、心理疏导、康复训练等服务形式，服务对象是在社会关系中处于相对弱势地位的老年人，是一个特殊人群。因此，养老机构伤害事故呈现出以下特点。

1. 伤害事故发生频率高，种类多样

养老行业是一个高风险的行业，入住养老机构的老年人大多数具有一些特殊背景，或者是因为生理功能的衰退，无法实现自我照料，或者是因为社会或家庭因素，无法继续在家庭或社区中居住养老，他们对服务的要求很高。同时，养老机构的照料服务是24小时不间断的，鉴于大量老年人集中入住在一个相对封闭的环境，机构中的管理服务稍有不慎，就可能出现伤害事故。由于养老机构伤害事故发生的原因、范围及造成伤害的表现等均不同，从而呈现出不同的类型。根据养老机构行业内部归纳，目前养老机构内经常发生的伤害事故大致有骨折、走失、摔伤、烫伤、自伤、他伤、自杀、噎食、猝死等九类，其中最为普遍的养老意外伤害是骨折。据统计，在养老机构伤害事故中，跌倒骨折占到伤害事故的70%～80%。相对少见的有火灾、他伤、自杀等。欺负、虐待、谩骂等侵犯老年人权益的行为也可能导致事故，且较容易引发矛盾和纠纷。

2. 伤害事故责任主体多样，责任难以认定

养老机构伤害事故责任主体多样，既有机构管理服务过失、疏忽、不当以及因歧视造成

① 邹华，凤领. 养老机构意外事件分类研究[J]. 老龄科学研究，2014(3)：65-70.

的故意伤害或虐待，还有第三方造成的伤害事故，还有老年人的自我伤害事故。养老机构中的服务大多数是一对一、一对几的人为服务，服务过程及质量难以记录和衡量，再加上许多老年人年事已高，行为能力、认知能力都已经衰退，一旦发生纠纷，双方举证都很困难，事故责任难以认定。

3. 伤害事故使养老机构处于不利地位，不堪重负

养老机构老年人伤害事故中，交织着经济、道德、伦理、法律等多个层面的关系，因而往往使事情复杂化。各方面对机构内事故发生的认识分歧，法律法规的不健全及个别司法处理有失公正等原因，导致事故处理不正常、不合理的现象时有发生，使养老机构处于不利地位。伤害事故发生后，非养老机构的责任事故会被当作养老机构的责任事故来对待，受害人及其家属往往无视养老机构责任大小，"狮子大开口"，开出"天价"，一旦形成诉讼，法院在赔偿金额问题上因无确切的法律规定可循，判决往往失当。

养老机构作为政府扶持发展的服务行业，成本高，利润低，并不具有很强的支付能力。对于许多养老机构来说，高额的赔偿就像一场噩梦，一次赔偿就可能会造成一个成立多年的养老机构一蹶不振甚至倒闭。

4. 伤害事故影响大，甚至危及行业的健康发展

养老机构频发的伤害事故，特别是养老机构在无过错的情况下无辜付出高额赔偿，管理者、服务人员受到各种处分和指责，加之有的新闻媒体对事件不负责任的宣传报道所造成的社会舆论压力，使养老机构存在畏难惧险的心理。为了保护自身而变得过分慎重，有的养老机构拒收病、残、高龄及有意识障碍等事故风险相对集中的高危老年人；有的对组织老年人参与社会活动及实施康复活动等多采取回避的态度，次数减少，简单从事。这些明哲保身的做法较大程度地影响了入住老年人的生活质量，也严重影响到养老机构整个行业的健康发展。

（三）养老机构伤害事故的防范措施

尽管造成入住老年人伤害事故的原因是多方面的，但是据数据显示，至少80%以上的伤害事故是可以预防和避免的。因此，伤害事故的防范就显得极为重要。

1. 建立和优化伤害事故的防范机制

对养老机构来说，为老年人提供良好的服务就是最有力的自我保护和事故预防措施。因此要注意改进服务，加强管理，建立和不断优化伤害事故的防范机制。

（1）严格按照民政部和地方政府及民政部门颁布的相关规定和标准执行，努力提高护理人员的技术水平和护理质量，加强护理工作流程的管理，健全老年人入住管理制度、护理等级评定制度、健康管理制度、员工管理制度、岗位职责及服务规范和操作标准等养老机构的各项规章制度，确保消防、食品、医疗服务、环境设施等各类安全措施的落实。任何一个服务环节、过程管理缺失或疏于管理，都有可能为入住老年人日后的安全埋下隐患。此外，好的制度需要认真贯彻，需要加强监督，否则再好的制度只能是一种装饰、摆设，不能发挥应有的作用。

（2）强化社会宣传，加强与老年人及其亲属子女的沟通和交流，增强亲和力，对老年人在养老机构内极易发生的伤害事故应先告知，耐心解释，以得到社会、老年人及其亲属对老年服务工作的理解和体谅,使之理性地看待伤害事故的风险,努力营造健康的舆论氛围和和睦的休养环境。

(3)在新建、改建和扩建过程中,严格执行养老机构的设计和施工规定和标准,要充分考虑老年人的生理特点及其对设施、设备和场地的特殊要求,并且定期检查,消除隐患,以最大限度地减少伤害事故的发生。

(4)增强全员的法律意识、安全意识和自我保护意识,加强对管理人员和广大护理人员的法律法规及业务方面的培训,规范护理环节的书写记录。加强安全教育和宣传,提高防范意识,一经发现的安全隐患和苗头,应及时消除,并认真分析原因,总结经验和教训。尽量制订详细且合理的协议书,根据老年人及其家庭的个案情况,在协商一致的基础上,补订相应的条款,作为协议的附件,以减少纠纷的发生。

(5)要引进思想品德、文化素质、身体健康的高素质老年养护专业人才,落实养老护理员持证上岗,坚决把那些思想道德败坏、服务质量低劣的员工清除出去。

(6)有条件的养老机构可以安装监控设备,给老年人配备呼救系统,以便及时发现问题,及时排除事故隐患。

(7)针对业内经常发生的各类伤害事故制定应对措施,建立事故处理预案。若发生事故,应在最短时间内赶到老年人所在现场进行救护和保护,避免老年人受到二次伤害;立即通知医务人员等赶赴现场,视情况紧急处理;尽快通知老年人的家属;若情况危急应速打急救电话120;及时对此事件进行分析,如有养老机构自身原因,应及时进行改进,避免此类事件再次发生。

2. 积极处理伤害事故纠纷

伤害事故发生后容易引发矛盾与纠纷,解决的办法是调查、调解和诉讼。然而,目前我国关于养老机构的相关法律法规制度尚不健全,还没有出台专门的养老机构伤害事故处理办法。因此,在伤害事故发生后,没有一个规范的处理程序与事故鉴定机构,这给养老机构处理伤害事故引发的纠纷带来了困难。针对养老机构的纠纷处理,应注意以下几点。

(1)把握伤害事故纠纷处理步骤。一旦发生老年人伤害事故要采取积极的处置措施,其主要程序如下:一是养老机构发生伤害事故后应立即启动应急预案;二是第一时间向主管部门报告情况,并做好稳定工作;三是及时成立事件调查小组,选派专人组织调查,力求保留第一手证据资料(原始记录),保护现场或保留物样,不擅自为事故定性,并就事故写出详细报告;四是召开老年人以及相关人员会议,通报事件经过,并进行安全再教育,尽力安抚老年人的情绪,做好稳定和秩序维护工作;五是养老机构工作人员必须坚守各自岗位,未经允许,不得擅自发布误导信息,共同做好维护稳定工作;六是认真分析事故发生的原因,落实具体责任人,以及积极承担事故所引发的后果,对照目前养老机构的基本情况进行必要的整改,避免类似事件再次发生。

(2)做好受害人家属与媒体接待。首先,要做好家属来访与接待工作。事故发生后,养老机构要做好家属的来访接待工作,与受害人及家人要妥善协调。养老机构要以科学的态度,及时认真地做好事故调查与调节工作,做到坚持原则,不徇私情,不护短,不息事宁人。要牢固树立服务思想,无论对错,不要相互埋怨,应冷静、耐心、细致地与老年人的家属进行沟通,力戒受害人家属过激行为的发生,避免矛盾激化。其次,要谨慎处理与媒体的关系。要谨慎决定是否接受媒体采访,应派专人接待新闻记者,对其的介入要持积极肯定的态度,做到实事求是,出言谨慎,不知道的不说,知道的不乱说,坦诚地与新闻媒介沟通,避免不利报道。

(3) 要学会依法维权。具体来说,要做好以下三个方面的工作。

① 依法进行责任认定。养老机构要依法对伤害事故的责任进行认定,分别明确养老机构的责任、养老人员自身的责任以及第三方的责任。如果确认养老机构由于自身过错而必须承担法律责任,养老机构应正确对待,绝不回避,更不能逃避责任。养老机构是否承担赔偿责任,主要看其是否有过错。如果养老机构已履行了相应职责,行为并无不当的,就不应该承担法律责任。比如,地震、雷击、台风、洪水等不可抗力造成的;来自养老机构外部的突发性、偶发性侵害造成的;养老人员有特异体质、特定疾病或者异常心理状态,养老机构不知道或者难以知道的;养老人员入院时隐瞒特定疾病的;养老人员的身体状况、行为、情绪等有异常情况,养老机构已经告知其亲属的;养老人员在亲属接送其途中发生意外伤害的;养老人员自行外出发生意外伤害的;养老人员之间发生的伤害。类似这些在福利机构管理职责范围外发生的或者其他意外因素造成的伤害,养老机构就不应承担责任。

② 依法进行赔偿。针对需要养老机构承担责任的事故,在赔偿问题上,养老机构要注意依法进行:其一,赔偿金额应是法定范围之内的、必要的、合理的,与本次伤害事故无关或其他不合理的费用,养老机构有权拒赔。其二,在赔偿处理中,受害人可能会提出一些无法律依据或不合情理的要求。这就要根据责任大小适当予以经济赔偿;赔偿应充分考虑养老机构的性质及可能带来的社会影响。

③ 事故处理结束后要及时报告。养老机构应将事故调查处理的结果以书面报告的形式上报地方民政部门;重大伤亡事故的调查处理结果,还应向同级人民政府和上一级民政部门报告。

第三节　老龄化社会管理

我国作为一个人口大国,自1999年进入老龄化社会,老龄化速度不断加快,近年来老年人口日益增多,为了应对人口老龄化的突出问题,我国相应制定了"二孩政策""延缓退休"以及《"十三五"国家老龄事业发展和养老体系建设规划》等一系列应对人口老龄化的政策。随着中国市场经济迈向新的发展阶段,人们不仅在健康、医疗、教育等各个领域享受到了更多的社会福利保障,而且社会生活方式也发生了许多变化。中华民族素有敬老、尊老、爱老和养老的传统美德,针对老年人的权益保障、养老机构管理、养老社区管理、养老产业融合发展等方面的需求应该得到重视并加以积极的管理,从而解决老年人面临的相关问题,满足老年人的社会需求,提高老年人的生活质量,这是坚持以人为本的具体体现,也是构建社会主义和谐社会的重要内容,更是社会主义文明进步的重要标志。

一、老年人权益保障

随着人口老龄化程度的加剧,老年人对权益保障需求越来越强烈,老年人的权益保障问题也越发凸显,老年人在社会中处于弱势地位,其在社会属性方面具有明显的弱势特征,具体表现在:在大数据、大信息时代,其接受新事物、新信息的能力弱于一般社会群体;其社会参与能力明显小于中青年人;其受教育的机会也少于年轻人;随着经济结构的调整,城市化趋势使青壮劳力大量迁移,客观上阻碍了老年人与传统之间的联系,传统的家庭养老模式被打破,老年人容易成为被社会忽略的对象,由此引发各种矛盾,甚至可能会影响社会和谐[①]。

(一)老年人权益保障的含义与内容

1. 老年人权益保障的含义

老年人权益保障是指依照宪法、法规、制度的规定,按照党委领导、政府主导、社会参与、全民行动的工作方针,不断加大老年事业财力投入,壮大工作队伍,建立可持续激励的机制,以保障老年人的合法权益。

保障老年人权益的目标是实现老有所养、老有所医、老有所教、老有所学、老有所为、老有所乐(简称"六老")[②]。

2. 老年人权益保障的内容

(1)老年人家庭赡养与扶养权益保障。老年人养老以居家为主,家庭成员应当尊重、关心和照料老年人;家庭成员应当关心老年人的精神需求,不得忽视、冷落老年人;与老年人分开居住的家庭成员,应当经常看望或者问候老年人;老年人与配偶应相互扶养等。

(2)老年人社会权益保障。国家通过制定基本养老保险制度、医疗保险制度,保障老年人的基本生活、医疗需要。对于享受最低生活保障的老年人和符合条件的低收入家庭中的老年人,其参加新型农村合作医疗和城镇居民基本医疗保险所需个人缴费的部分由政府给予补贴;开展长期护理保障工作,满足老年人的护理需求;建立和完善老年人福利制度,根据经济社会发展水平和老年人的实际需要,增加老年人的社会福利,如鼓励地方政府建立 80 周岁以上低收入老年人高龄津贴制度等。

(3)老年人社会服务权益保障。发展城乡社区养老服务,鼓励、扶持专业服务机构及其他组织和个人,为居家的老年人提供生活照料、紧急救援、医疗护理、精神慰藉、心理咨询等多种形式的服务;将养老服务设施纳入城乡社区配套设施建设规划,建立适应老年人需要的生活服务、文化体育活动、日间照料、疾病护理与康复等服务设施和网点,就近为老年人提供服务;发扬邻里互助的传统,提倡邻里间关心、帮助有困难的老年人;鼓励慈善组织、志愿者为老年人服务,并倡导老年人互助服务;兴办养老机构,优先保障经济困难的孤寡、失能、高龄等老年人的服务需求等。

(4)老年人社会优待权益保障。即为老年人及时、便利地领取养老金、结算医疗费和享受其他物质帮助提供条件,具体包括医疗机构为老年人就医提供方便,对老年人就医予以优先办理;有条件的地方,可以为老年人设立家庭病床,开展巡回医疗、护理、康复、免费体检等服务,提倡为老年人义诊;与老年人日常生活密切相关的服务行业为老年人提供优

---

① 陈龙,何龙.我国老年人权益保障路径研究[J].江苏科技信息,2014(20):85-88.

② 郑成山,赵得坚.关于老年人权益保障问题的探索[J].大连干部学刊,2017(5):52-56.

先、优惠服务。

（5）老年人宜居环境权益保障。推进宜居环境建设，为老年人提供安全、便利和舒适的环境；在制定城乡规划时，应当根据人口老龄化发展趋势、老年人口分布和老年人的特点，统筹考虑适合老年人的公共基础设施、生活服务设施、医疗卫生设施和文化体育设施建设；推动老年宜居社区建设，引导、支持老年宜居住宅的开发；推动和扶持老年人家庭无障碍设施的改造，为老年人创造无障碍的居住环境。

（6）老年人参与社会发展权益保障。重视、珍惜老年人的知识、技能、经验和优良品德，发挥老年人的专长和作用，保障老年人参与经济、政治、文化和社会生活；老年人可以通过老年人组织，开展有益于身心健康的活动；制定法律、法规、规章和公共政策时，涉及老年人权益重大问题的，应当听取老年人和老年人组织的意见；老年人和老年人组织有权向国家机关提出老年人权益保障、老龄事业发展等方面的意见和建议等。[①]

（二）老年人权益保障的实施路径

老年人权益保障的实施路径主要包括：法律保障路径、自我和家庭保障路径、社会保障路径和精神保障路径四个方面。

1. 法律保障路径

可从立法和执法两个层面来诠释法律保障路径。在立法层面，法律保障路径是指需要建立完善的老年人法律保障体系，要以《中华人民共和国宪法》为基础，《中华人民共和国老年人权益保障法》（以下简称《老年人权益保障法》）为主体，建立健全老年人权益保障法律体系；同时应根据各地老年人的实际情况，出台相关的老年人权益保障行政法规、地方性法规、地方政府规章等，为老年人权益保障提供必要的法律依据和政策保障。在执法方面，由于各地经济发展不平衡，老年人群体的结构特点、文化习惯都存在区域性差异，还需完善各级地方保障性条例和监督性条例，行政机关应当建立健全老年维权工作体系，强调政府责任，充分发挥政府的职能，使老年人的生活保障、医疗保障、社会救济、社会福利、精神赡养等内容有明确的法定条款可依，确保《老年人权益保障法》中的相关内容得以顺利实施。尤其要加强关于老年人权益政策落实、老年人事务机构管理、发挥社区养老保障等各项内容的法律保护。

（1）行政机关应当深入群众，为老年人办实事及办好事，积极宣传和落实老年法规政策，及时帮助老年人解决其遇到的困难和问题，调动老年人自我维权的积极性。如果具体负责老年人权益保障工作的部门和相关工作人员失职，则应当承担相应的法律责任。

（2）进一步强化老龄工作机构的作用，抓住老龄工作的重点。

（3）政府应当加大对高龄、独居、空巢老人，生活不能自理、经济窘迫的老人的关怀。以社区为单位，社区居委会要为管辖范围内的老人制作档案，明确有困难的老人，如"五保""三无"老年人的名单。要加大老年服务的资金投入，减轻老年人的经济负担。

（4）居家养老作为我国现阶段主要养老模式，政府应当发展城乡社区养老服务，大力发展社区福利制度，充分发挥社区职能，展开各种形式的服务，切实解决社区老年人生活问

① 李彧钦. 老年服务与管理概论［M］. 北京：中国财富出版社，2019：196-200.

题,尽可能提高老年人生活质量。例如,社区居民委员会在政府的政策支持下,整合辖区内的企事业单位,让这些单位的食堂、浴室、阅览室、健身房、洗衣房对老年人开放,让企事业单位也参与到老年服务中来,为老年事业做贡献。

(5) 由于机构养老逐渐成为一种趋势,政府应当根据老年人的不同需求,进行特殊扶持,使社会养老事业蓬勃发展。

总之,要以保障老年人的权益为目的,以法律、政策为保障,以行之有效的老年权益保障行为为落脚点,同时鼓励全社会多角度、分层次参与老年人权益保障事业,建立老年人权益保障评估监督机构,对社会、行政机关提供的老年权益保障服务进行评估,采取优胜劣汰的法则,做好保障服务。

2. 自我和家庭保障路径

此类路径主要是指老年人在法律规定的范围内,通过自我和家庭保障实现权益。根据我国实际国情,家庭仍然是全社会的养老保障基础,只有具备坚实的家庭养老基础,才能保证社会稳定和谐。《老年人权益保障法》明确提出:"老年人养老以居家为基础,家庭成员应当尊重、关心和照料老年人。"这需要家庭赡养老年人的成员自身牢固树立"赡养老年人是其必须履行的义务和责任"的理念,才不至于导致家庭将养老责任推向社会和政府。为此,应建立家庭成员赡养老年人行为的评价体系。建议由街道、社区或单位对赡养人进行定期调查,调查范围不仅涉及老年人本人,还应当涉及周围邻居或其他老年人的评价,再对评价结果进行综合打分,并将结果反馈到赡养人所在单位、街道或社区甚至是公安部门,以此作为对赡养人的约束。另外,当家庭赡养人没有尽到应尽的养老义务和责任时,需要有老年维权机构为老年人进行必要的维权,对家庭成员进行法律监督,督促其履行赡养义务。

当前,绝大多数老年人能够自我生活、自我服务、自我娱乐、自我学习、自我参与、自我提高。对这类老年人,应在鼓励其在积极进行健康生活的同时,多参与社会事务和社会活动,既为年轻人做出表率,又为社会提供超常的自我价值;鼓励健康能自理的老年人多结交老年朋友,通过社区、单位、基层团体、协会等多种平台结识更多的老年朋友,不仅能够增强其交流与沟通的能力,有利于自我心态调节,而且能形成信息网络,为社区、街道和个人建立良好的信息渠道。同时,老年人需要多接触社会,了解社会发展的趋势,才能更好地保护自身合法权益。比如,采取多渠道学习最新的《老年人权益保障法》,树立明确的自我维权意识,敢于依法维护自身的权益,并善于运用多种手段进行自我维权。

3. 社会保障路径

社会保障路径是指树立健康养老、生态养老、幸福养老、科技养老的科学理念,通过建立健全新型社会保障和养老服务体系来实现上述目标。

随着退休制度并轨,将来退休的老年人不会因为身份或职业的差别而有不同的退休待遇,这将有利于消除公务员、事业单位和企业职工的退休差别。对全社会城乡老年人实行统一社保,建立统一医保。参考国外发达国家的养老经验,我国需要建立与医保相配套的护理保险制度,缓解失能、失独老年人的生活照料、康复护理经费压力。因此,需要大力鼓励民间投资进入老年服务产业领域。根据老年市场需求的多层次性,对老年养老服务产业进行分层设计,为老年人提供更多的选择内容,不仅能减轻政府公共支出的负担,还能扩大社保基金的长期积累。

4. 精神保障路径

精神保障是指老年人不仅需要有健康积极的精神文化生活保障,还需要专门针对老年人的心理咨询。《老年人权益保障法》规定,家庭成员应当关心老年人的精神需求,不得忽视、冷落老年人。与老年人分开居住的家庭成员,应当经常看望或者问候老年人。随着经济的发展和老年人权益保障制度变迁,不仅是老年人自身,全社会都要关注老年人的精神需求。赡养老人不能简单停留在物质满足层面,物质保障是基础,精神保障是关键。孝亲是中华民族的传统美德,需要全社会的成员共同参与并发扬。由于现阶段城乡差别仍然存在,所以也应对老年人群体进行分层次处理。例如,城市老年人在经济生活上比较富裕,他们有较高层次的文化需求和心理需求,所以应当整合各类老年人文化资源,为他们提供丰富的文化交流平台,让他们在这个文化平台上自由欣赏、自由发挥;同时,使老年人心理咨询专业化和科学化,使老年人能在心灵受到伤害时及时得到专业人士有针对性的心理疏导。[①]

二、老年社区管理

社区是城市人居环境与个人生活环境的中间层次,是社会福祉与个体需求结合的重要空间单元。社区作为守望相助、富有人情味的社会共同体,其所特有的感情交流功能满足了老年人的亲缘、地缘心态。加强老年社区管理,最大化地发挥社区的养老服务功能,不仅能够满足老年人的个性化需求,改善老年人的生活质量,推动社区人居环境建设高质量发展,还能够整合社会资源,健全社会服务体系,维护社会稳定,化解社会矛盾,促进社会和谐。

(一)社区与老年社区

千百年来,孔子、孟子为代表的儒家思想深深地影响着一代又一代人,植根于万千家庭。"家庭养老"是我国传统的养老模式,但是伴随着我国改革开放、经济的发展和社会观念的改变,"家庭养老"逐渐被"社区居家养老"和"养老院养老"所代替。随着国民经济的快速增长,全球老龄化问题的快速加剧,在哪里养老这一问题,不仅关系着老年人的居所,更关系到老年人的生活环境、健康、教育及养老保障等各方面的社会问题。未来20年里,城市中即将步入老年期的大部分人都接受过高等教育,退休后也有自己可独立支配的高额退休金,在这一人群中,家庭养老和社会养老将离他们远去,选择另一种方式来度过余生,是未来城市每个老年人的共同追求,而大型老年社区将成为他们的理想场所。

1. 社区的含义

社区自古以来就被认为是人类生活的基本场所。随着"社区"一词的提出,对社区的定义出现了多种解释。综合起来,社区是指由一定数量的居民组成且具有内在互动关系和文化维系力的地域性的生活共同体。这个定义具有以下4个特点。

(1)强调了居住在社区的居民是社区人口的主体,这也使社区得以保持相对稳定的人

---

① 陈龙,何龙.我国老年人权益保障路径研究[J].江苏科技信息,2014(20):85-88.

力资源。

（2）强调居民之间在居住环境、卫生、文化娱乐、教育、治安和社区参与等方面的互动关系。

（3）强调了文化维系力的作用，即居民之间因相同的利益和社会分层而产生对社区的认同感和归属感。

（4）强调了地域共同体和地缘关系的特征。

2. 老年社区的形式、特点和模式

（1）老年社区的形式。老年社区是一种市场化与商业化的产物，它通常可以根据对所处位置、规模与"产品"的不同要求，划分为两种不同的形式，如表 3-7 所示[1]。

表 3-7　老年社区的形式

项目	公 寓 型	社 区 型
服务对象	家庭无法照料或出于自身意愿，同时具有一定支付能力的独居老人	身体健康、喜欢独立生活且具有较强支付能力的老人家庭或合居家庭
规模	一般较小	一般较大
位置	城市成熟生活区内	环境理想的城市郊区
设施要求	（1）内部配置少量生活与服务设施 （2）对外部生活设施（包括商场、医院、电影院等）依赖程度高	（1）内部配置完整配套设施，包括基本的购物、医疗、文化娱乐等 （2）对外部设施依赖较小

（2）老年社区有以下三个特点。

① 以老年人的需求为导向。老年人生活的要求和其他年龄人群不同，他们需要在物质保障基础之上拥有更高的精神追求。多数老年人都童心未泯，喜欢安静的同时又喜欢热闹。老年人的活动特征有群聚性、类聚性、时域性、地域性、交往性、私密性等。老年人的需求表现为以下两个方面。

一是重视老年人对居住环境的要求。除了要求空气清新、采光充分、湿度适中、室内温度适当之外，还要注意色彩的合理应用。应根据老年人的精神状态、个人喜好，选择适当的色彩搭配。如对于容易情绪抑郁、沮丧、伤心的人，可为之选择一些较为温暖的颜色，如红色、黄色、橙色；而对于情绪不稳、易怒、兴奋焦虑的老年人，可选取一些冷艳的颜色，如绿色和蓝色。同时还应根据实际情况调整颜色的饱和度。

二是满足老年人对户外环境的要求。老年人对户外环境有特殊的需求。老年人的身体灵活程度在不断降低，涉足范围在缩小，最大活动范围不超过 300 米，所以老年人日常生活所需的基本商业设施、服务设施、保健服务、娱乐设施等要尽可能集中并易于前往。

② 老年社区配置特点。老年社区是供老年人集中居住的，是居家养老与社区服务的结合，不仅需要在楼层、医院、交通、服务设施等方面符合老年人的身体特点，更要在娱乐、学习、交往、情感等方面照顾到老年人的心理需要。

老年社区必须包含必要的医疗娱乐、文教、社交等公共设施。其中老年医疗保健设施

---

① 高佩钰. 老年居住社区的设计研究[D]. 合肥：合肥工业大学，2010：23.

包括老年病医院、老年康复中心、保健站、老年诊所等；教育设施包括老年大学、图书阅览室、书画协会等；文娱设施包括老年活动中心、俱乐部、老年之家等；其他设施包括老年餐厅日间服务站等。

③ 老年社区规划特点。老年社区的各种设施还必须按照老年人的特点进行规划设计。当然，老年社区规划及设计最重要的地方体现在细节上。例如，使用温暖、人性化、贴近自然的材料代替冷冰冰的白灰、平整光亮的石材，拉近老年人与自然的距离，减轻老年人因长期处于室内而产生的烦躁感。在颜色的使用上，大胆地采用红、绿、蓝等原色，用米色、淡黄色等暖色调代替没有感情的白色，为老年人创造温馨、舒适的环境。

公共空间应采用较大的开放空间，给人以宽敞、平静的感觉，利于老年人交往和进行集体性活动。玻璃幕墙对着优美的风景，使老年人足不出户就能享受到自然景观。同时还可以充分利用自然采光。这些特殊的设计，充分考虑到了老年人的生理、心理和行为特点，安全、方便、舒适，使老年人感到亲切。

（3）老年社区有以下两种模式。

① 纯老年社区。目前，纯老年社区典型的代表是美国的太阳城模式，国内的部分老年社区正在按照这种模式进行开发。其特点是在建筑规划方面，涵盖3种类型的老年公寓和部分低密度的别墅。其中三类老年公寓分别是：适合单身老年人或老年夫妇的宿舍式公寓、一家一户的居家式公寓及在宅式公寓、配备专业护理人员的护理式公寓。而别墅有250～300平方米、400～500平方米两种户型，还有400～500平方米的四合院，以满足老年人的不同需求。社区内配备专供老年人使用的生活、休闲设施。一般来说，入住纯老年社区的费用会比较高。

② 融入型老年社区。融入型老年社区的开发模式在国外较为普遍，而老年社区的这一开发模式从实践上看应该是更符合我国国情的。作为一个老年社区，是与其他的度假社区、国际社区、商务社区等共同组成的。选择此类社区的客户可以享受较好的环境和精神文化生活，还有必要的医疗设施。老年人也可以住在老年社区，后代住其他社区，两代人平日各取所需，周末相互照应。我国融入型老年社区多选择建在离北京、上海等经济发达城市的周边和不远的近郊。国内老年社区的主要消费群是一部分收入水平相对较高、对生活品质有一定要求的城市老年人，这些老年人多半不愿意远离常年生活的城市，到太远的地方养老。[①]

（二）老年社区管理的含义、类型与特征

社区管理是指在政府的指导下，社区职能部门、社区单位、社区居民对社区的各项公共事务和公益事业进行的自我管理。基于对社区管理的认识，我们探讨一下老年社区管理的含义、类型与特征。

1. 老年社区管理的含义

老年社区管理是指社区职能部门、社区单位、社区居民专门为满足老年人的需求，对社区的各项老年公共事务和公益事业进行的自我管理。老年社区管理又称为老龄化社区管

① 卢霞,周良才.老年服务与管理概论[M].北京：北京大学出版社,2014：199-201.

理,其主要目标是专门为老年人建造生活设施齐全、公共配套设施完善、具有时代气息的居住空间。

2. 老年社区管理的类型与特征

以老年社区中的人群特征为依据,老年社区管理可划分为独立老年社区管理和混合老年社区管理两类,如表3-8所示。

表3-8　老年社区管理的类型与特征

类型	混合老年社区管理特征	独立老年社区管理特征
管理形式	老龄化程度较高,居民年龄结构多层次,老年人比例不宜超过当地老龄化率过多	纯老年社区,规模小的可以是集居化的公寓式或合居式老年住宅群,规模大的可以与小镇相比
管理对象类型	多年龄层次的居民,老年人有一定程度的集中	不同年龄层次的老年人
社区管理形态	保持普通社区的基本环境,同时又以适当规模嵌入老年居住	空间环境上与其他社区有着明确的分界,而且社区形态考虑了老年人的需求
住宅类型	普通住宅和多种类型的老年住宅,比如一定比例的普通老年住宅、老年公寓或者托老所等老年居住设施	完全老年人居住
配套服务设施	设有托老所、老年活动室等老年专用设施,同时还有老年人可以与其他居民共同使用的社区配套服务设施	专为老年人设立的全套生活服务设施,服务内容针对性强
使用情况	普通住宅、老人公寓与老人服务网络设施自成一体,老年人与其他居民共同使用的社区配套	使用功能比较单一

基于各省(区、市)、各地区的文化差异,在老年社区管理中,因老年人年龄、文化背景、收入、家庭结构等不同而产生了不同的个性化需求。老年人对于老年社区管理的个性化需求,体现了老年人真实的生活需求,也体现了老年社区管理问题的复杂性。

(三)老年社区管理的基本内容

1. 老年社区服务管理

老年社区服务堪称是老年社区建设的"龙头",它对于满足居民的生活需求,实现社会福利,扩大就业渠道,完善老年社区管理,推动老年社区建设具有重要意义。根据服务对象的不同,我国老年社区服务管理的内容主要划分为以下三个方面。

(1)面向弱势群体的社会福利服务管理。这类服务的对象主要包括老年人、老年残疾人、老年优抚对象、社会老年贫困户,服务内容以提供无偿或低偿的社会福利为主。

(2)面向老年社区居民的便民利民服务管理。这类服务是指由基层团体或个人,针对老年社区居民在日常生活经中常遇到的困难和实际需求,结合自身条件而开展的各种有偿或低偿服务。便民利民服务主要包括咨询、代办、修配、缝纫、理发、美容、饮食、洗衣、寄存、医疗、保姆介绍、家务劳动、法律题问等,这些项目可以根据老年社区的实际状况和条件进行增减。

（3）面向老年社区单位的社会化服务管理。这类服务的对象是老年社区内的企事业单位及其职工。同前两项服务管理不同的是，这类服务提倡双向性，即在老年社区为其所在地的各单位提供服务的同时，老年社区单位也利用它们的资源为老年社区提供服务。就老年社区而言，这类服务内容主要是承接单位向老年社区转移的教育服务、后勤服务、娱乐服务、医疗服务，以发展公益性设施，如兴建老年社区服务中心、各类活动站、卫生站等为主要形式。

老年社区服务管理的运作模式：老年社区服务管理的运作模式可以简单地归纳为"政府推动，基层组织主办，社会各界广泛参与"。政府推动是指我国的老年社区服务工作是以政府搭台、民政牵头、有关部门相互配合的方式开展的，政府在老年社区服务的设施建设、项目开发、资金投入、宣传动员、政策指导等方面发挥主要作用。基层组织主办是指老年社区服务是以街道（镇）和居委会等老年社区组织为依托，以基层老年社区为单位开展的。社会各界广泛参与则指除街道和居委会外，老年社区居民、民政、公安、工商等老年社区内的机构团体和老年社区外的机构团体都参与到老年社区服务管理中来。

2. 老年社区卫生管理

老年社区卫生管理是指在政府领导、老年社区参与、上级卫生机构指导下，以基层卫生机构为主体、全科医师为骨干，以老年人为重点，以解决老年社区主要卫生问题及满足基本卫生服务需求为目的而提供的基层卫生服务。老年社区卫生服务管理有三个显著特点：一是预防、治疗、康复和健康促进相结合；二是院外服务与院内服务相结合；三是卫生部门与家庭老年社区服务相结合。

（1）老年社区卫生管理的服务机构与人员如下。

① 老年社区卫生管理服务机构。老年社区卫生服务管理机构是老年社区卫生服务管理工作的主要载体，它是公益性而非营利性的医疗卫生机构，主要由老年社区卫生服务中心和服务站组成。老年社区卫生服务中心和服务站的设置，应当以当地政府的规划和群众的实际需求为依据。老年社区卫生服务中心一般根据街道办事处所辖范围设置，可由基层医院（卫生院）或其他基层医疗卫生机构改造而成。老年社区卫生服务管理中心服务区域过大的，可下设适量的老年社区卫生服务站。

② 老年社区卫生管理服务人员。全科医生是老年社区卫生服务人员的主体。全科医生是指接受过全科医学专门训练的，具有全科医学知识结构和诊疗思维的医生。全科医生主要在基层承担预防保健、常见病多发病诊疗和转诊、病人康复和慢性病管理、健康管理等一体化服务，被称为居民健康的"守门人"。

（2）老年社区卫生管理的基本内容。老年社区卫生管理概括起来是"五位一体"，"五位"是指老年社区预防管理、老年社区医疗管理、老年社区保健管理、老年社区康复管理、老年社区健康教育管理，"一体"是指由老年社区卫生服务中心（或服务站）有效、经济、方便、综合、持续地提供上述服务。

① 老年社区预防管理。老年社区预防管理的内容主要有：开展卫生宣传；实施免疫预防接种；执行疫情报告制度；开展防疫保健工作和爱国卫生运动；协助卫生执法部实施卫生监督；针对老年社区居民开展健康检查和健康状况评价；控制老年社区不良行为因素和生

活方式。老年社区预防管理工作的重点是疫情报告、预防接种和计划免疫及疾病监测。

② 老年社区医疗管理。老年社区医疗管理的内容主要包括：开展常见病、多发病、诊断明确的慢性病的治疗，并及时做好转诊、会诊等协调性服务；为老年社区居民建立档案资料，以签订家庭卫生服务合同等形式开展家庭健康咨询、家庭保健，指导慢性病患者康复；提供急诊服务和院前现场抢救；提供家庭出诊、家庭护理、家庭病床等家庭卫生服务；为临终患者及其家属提供周到的、人性化的服务。

③ 老年社区保健管理。老年社区保健管理是指老年社区卫生服务中心（或服务站）协同有关机构，根据老年社区人群的特点和卫生与健康需求，制订和实施老年社区保健计划，并进行检查和评估的管理过程，老年社区保健管理包括增进健康、预防疾病、治疗伤病和康复服务等管理内容。

④ 老年社区康复管理。老年社区康复是指老年社区服务卫生中心（或服务站）充分利用老年社区资源，应用各种有效措施，为康复对象提供有效、可行、经济、全面的康复服务管理。老年社区康复管理的内容包括老年人的残疾普查、康复训练、社会康复和独立生活指导等。

⑤ 老年社区健康教育管理。老年社区健康教育管理是指以老年社区为范围、以老年居民为对象，普及医药科学知识，提高老年社区居民的健康意识和自我保健能力的管理过程。老年社区健康教育管理主要包括：宣传、普及医药卫生知识；宣传、讲解国家的有关卫生法规和政策；介绍食品卫生与合理的膳食知识；向老年人宣传良好的行为方式和生活习惯；开展老年人健康咨询活动；实施老年人家庭护理指导等。

3. 老年社区环境管理

老年社区环境有广义和狭义之分。广义上的老年社区环境可简单地界定为"老年社区的外部环境的总和"，包括自然环境、政治环境、经济环境、文化环境等；狭义上的老年社区环境则与某一特定老年社区居民的生活密切相关，包括影响老年社区居民生活的各种环境因素，主要由微观的自然环境、文化环境、社会环境构成。

老年社区环境管理的内容包括：净化环境，创建卫生老年社区；绿化环境，创建绿色老年社区；美化环境，创建美好老年社区。

老年社区环境管理的主要措施有：做好老年社区环境规划，进行老年社区环境的综合治理，加强执法和服务队伍的管理。

4. 老年社区调解管理

老年社区调解是指老年社区双方当事人发生纠纷时，当事人自愿向老年社区调解委员会申请调解、调停，从而对所争议的问题达成共识与和解，最终解决纠纷的行为和过程。

老年社区调解委员会可疏导、调解、协调老年社区内的纠纷矛盾，维护老年社区稳定；预测、预排、预报老年社区矛盾纠纷信息，协调有关部门解决问题；宣传国家的法律法规政策，提高老年社区居民的法律素质和维权意识；受理老年社区居民来信、来访方面的事宜等。

5. 老年社区治安管理

老年社区治安管理是指在一定地域内对老年社区治安问题的治理，它具有区域性、法律性、综合性和群众性等特征。良好的老年社区治安是老年社区居民和老年社区内单位正常活动的必要条件,更是改革开放和现代化建设的重要保证。老年社区治安管理的内容主要有以下五个方面:一是对公共秩序的维护,包括老年俱乐部、老年文化宫等公共活动场所和老年社区附近的车站、码头、公园、商场、集贸市场等公共场所的秩序;二是老年户口管理,包括老年户口登记、老年户口迁移、老年户口调查、老年户口档案管理、流动老年人口管理、老年人口卡片管理、老年人口统计等工作;三是民用危险物品管理,主要包括对枪支、弹药以及易燃易爆物品的管理;四是交通道路管理,包括车辆管理、路面安全设施管理、交通安全宣传等工作;五是消防管理,包括制订规则、办法和技术规范,做好老年社区的消防安全宣传。[①]

(四)老年社区管理的原则与方法

1. 老年社区管理的原则

社区管理是一项有计划的实践活动,老年社区管理操作过程的复杂性要求我们在管理中必须遵循一定的原则。

(1)全体利益原则。全体利益原则强调,老年社区管理的目的是满足社区内全体居民、组织、团体、单位的共同的需要和利益。一切手段和做法都必须紧紧围绕着这个根本目标,而不能偏离,它是衡量社区管理有效与否的最直接的标准。

(2)自治和自助原则。自治和自助原则强调,明确老年社区自我组织、自我管理的方式,充分调动社区成员参与老年社区管理的主动性、积极性和创造性,利用社区内的人力和物力资源,发挥社区居民的特长和潜能,以自动、自发、自助、自治的精神,来实现老年社区的管理和发展。

(3)组织和教育原则。组织和教育原则强调,实现老年社区管理目的的方法是通过社区教育,提高老年社区居民的综合素质;通过组织和管理,利用约束性要素建立、健全并理顺社区居民之间的关系,统一大家的认知,培养社区意识。

(4)协调性原则。协调性原则强调,老年社区管理不能仅仅局限于老年社区这个小区域,要注重社区与整个外部大环境的协调,以及组织与功能之间的协调,以保证管理的及时、有效。

(5)前瞻性原则。前瞻性原则强调,在社区管理过程中,要重视预见性,要有长远的目标,要充分考虑社区管理的根本出路问题,将影响社区发展的不利因索化解在萌芽状态。

(6)法制管理原则。依法治理社区是现代社区管理的必然要求,社区的各项管理活动、管理行为要有法律依据,符合法律规定。

2. 老年社区管理的方法

(1)开展老年个案工作。

① 老年个案工作的含义。老年个案工作就是老年社会工作者依托老年服务机构对老年人个人或者家庭提供物质和情感支持与服务,旨在改善老年人的生活环境与条件,增强其社会功能,提高老年人适应社会和应对困难的能力的活动过程。

① 李彧钦. 老年服务与管理概论[M]. 北京:中国财富出版社,2019:28-31.

② 老年个案工作的程序。老年个案工作的过程主要是指老年个案工作的操作程序与具体步骤，并不是刻板地按部就班地进行，其具体的展开过程是千差万别的，但仍有一个大致相同的程序，大致可归纳为接案、收集资料、诊断、实施、结案与评估 5 个步骤。

（2）开展老年小组工作。

① 老年小组工作的含义。老年小组工作即通过组织老年人参与小组活动，提高老年人的社会生活功能，协助老年人更好地处理个人、家庭、团体及社区的问题。

② 老年小组活动方案设计。小组活动方案的设计、使用是小组工作的重要内容，好的活动方案不仅可以活跃小组气氛，增加成员间的互动，也可以产生治疗功效。因此小组活动方案设计在小组工作中十分重要，在设计老年小组活动方案时应考虑以下因素。

一是小组的目标。工作者在设计小组活动方案时应先检视小组的目标。在小组活动进行中应紧扣目标。对于老年小组而言，不同性质的小组，应根据不同的目标，设计不同的活动方案。

二是小组的发展阶段。小组工作是持续性的，不同的发展阶段有不同的需求，在老年小组的发展阶段，要考虑老年人自身的特性及互动。

三是小组的大小。每个小组活动有人数限制，为达到最佳效果，老年小组一般由 8～12 人组成。

四是聚会时间。每一次小组的活动时间要把握好，不能过长或过短，一般为 1～2 小时。在设计老年小组活动时，要考虑老年人的生理、心理特征。

五是工具准备。把每次活动所需的器材列成清单提前准备好。

六是环境安排。环境包括场地空间、屋内格局、室外排场、座位、灯光等，应根据老年人的身体特点安排，不能太复杂。

七是过程导向。注意每一个过程的衔接，如何开场，如何转折，如何持续，如何回馈等，均应步骤化。

八是弹性应用。工作要在活动的设计中灵活应用。

九是工作契约。确立工作者在带领小组活动中的角色与职责。

十是活动评价。工作者要先制定出小组活动的评价标准，通过评价来改进活动和发展小组。

③ 老年小组工作技巧。为了顺利开展老年小组工作，要注意运用以下技巧。

一是有效处理老年人参加小组的心理障碍。参加小组活动前，工作者可采用直接面谈的形式消除老年人的参会顾虑，如当面介绍小组活动的内容，参加小组带来的好处，以及以前举办类似小组活动的成功案例、图片等，以吸引老年人的兴趣。工作者还可以把准备开展小组活动的信息做成展板，摆放在社区显眼处，设立咨询台，给前来咨询的老年人介绍具体情况，由于老年人都有一种合群心理，通过这种方式可以把更多的老年人一起吸引进来。

二是小组成员的选择。小组工作非常强调成员之间的互动、相互影响和支持，因此，成员的选择就尤为重要。应当注意以下几个方面：成员受教育程度应大致相同，避免参差不齐；成员身体活动能力趋于一致，在举办活动或游戏时便于操作；对小组的期望和参加小组的兴趣最好均衡。

三是聚会前的筹备工作。聚会场所恰到好处的布置可让小组成员产生认同感，房间里可以布置一些小组的象征物，表明对老年人的接纳；房间的大小和座位的安排要考虑老年人的特征，椅子要牢靠且便于搬动；负责接待的工作者要有礼貌，并在聚会场所设立清楚的指引标识，对一些行动不便的老年人要搀扶进场；负责带领小组的工作者要提前进房间印标识，提前做一些准备工作等。

四是在小组的初次聚会上工作者可采用的技巧。在小组的初次聚会上，小组是以工作者为中心的，成员们的大部分时间是花在与工作者的沟通上，期待工作者为他们解决个性化问题。因此，对工作者的更求很高。工作者的态度、行为对小组以后的发展很重要。首先，工作者要主动，最好能亲自示范，这样可以拉近与成员之间的距离，建立初步信任。其次，工作者要积极把握机会赞赏成员能力；在活动游戏的选择上，切忌过于抽象与复杂，要考虑到老年人的身体和心理状况；在活动过程中，工作者要留意成员的感受，要注意观察其面部表情、肢体语言、反应态度等，并及时地沟通和协调。最后，工作者要有耐心，不能操之过急。

五是工作者在小组的后期阶段要处理的情况。处理组员面对小组结束的情绪，在小组的发展过程中，有些成员会与工作者产生感情，会对小组产生依赖，不愿意结束，因此工作者应在结束前三次会面时就应提醒成员，避免最后突然提出，让成员有种被抛弃的感觉，从而影响小组效果；协助成员回顾小组经历，总结个人的成长与转变；以面谈或问卷的方式组织小组评估，为下次开展此类活动提供资料和经验。

（3）开展老年社区工作。

① 老年社区工作的含义。老年社区工作主要以社区中的老年人为工作对象，通过发动和组织社区内居民参与集体行动，确定老年人在社区中的问题和需求，动员社区资源预防和解决老年人问题，培养老年人的自助、互助、自决精神，让老年人有愉快的晚年生活并维护社区的稳定。

② 老年社区工作的目标。老年社区工作的目标大致体现在以下几个方面：一是降低老年人与社会的疏离感，增进老年人的社区参与；二是消除老年人自卑、无能及无助的心态，帮助其建立积极的人生观；三是改变社会人士对老年人抱有的负面形象；四是争取及巩固老年人权益，提升老年人生活素质；五是发挥老年人的潜能，使其参与改善社区生活；六是提高老年人的政治意识，加强老年人的政治影响力。

③ 老年社区工作的方法和技巧。老年社区工作的方法和技巧主要包括以下六个方面。

一是加强老年人对社区的认识，鼓励老年人参与社区活动，实现老有所乐。要加强老年人与社区的联系，增加老年人的社区参与度，首先要做的工作是让老年人对居住地有足够的认识，让他们多了解社区设施、社区的新发展、社区内政府部门的工作，掌握社区内发生的重大事情的最新资料等。比如，在社区活动中心、老年人之家的活动中，可安排老年人法行社区探访活动。在老年福利机构中，工作人员应经常提醒老年人的家人及亲属常来看望老年人，借此把良好的社区气氛带进机构内；如在春节、元宵节、端午节、中秋节等传统节日，举办各种富有传统气息的活动。还可以举办一些认识社区及搜集社区资料的比赛活动，使老年人多关注身边的事物。在社区或服务单位的宣传栏里，最好专门开辟一块"社区新闻栏"或"时事栏"，将社区发生的新闻张贴起来，让老年人定期阅读。工作人员应鼓励老年人参与到这些活动中来,发挥老年人各自的特长。

二是增强老年人的自助及互助能力,提升老年人的自信心。社区工作经常推行自助及互助计划,以增强自助能力,并鼓舞居民间的守望相助精神。因此,在老年人服务机构内应多推行一些自助及互助服务。老年人有丰富的人生经验和工作经验,这是一种十分宝贵的资源,因此我们可以鼓励老年人参与活动的策划及组织工作,如活动的宣传、游戏物品制作、场地布置、节目准备,甚至活动的主持等。还应鼓励老年人善用闲暇时间,凭借各自的特长,发起互助服务,如理发、读/写信、教唱歌、跳舞或弹奏乐器等。

三是发展、培养老年志愿者,实现老有所为。可以协助老年人成立志愿者小组。志愿者可以参与社区内的一些义务工作,如协助维护社区的治安,参与社区内活动的策划和组织,争取社会资源等。志愿者还可成为老年人与社区工作人员的沟通桥梁。通过志愿者,工作人员能更多地了解老年人的需要及对服务的意见;老年人则能加深对社区或服务单位的归属感,并产生被尊重的感受。

四是成立老年人组织,发动老年人关注社区事务。社区工作者可以引导社区的老年人成立老年人协会或小组,将老年人组织起来,动员他们去关心一些与老年人有切身利害关系的社区问题。实际上,老年人对与其有切身关系的问题有很多自己的看法,只是我们的社区工作者往往没有重视他(她)们的意见,甚至有的意见被反映到社区以后,社区没有回应,这样就可能挫伤他们关心社区事务的积极性。

五是向老年人灌输权益意识,帮助老年人维护自身权益。我们不能只为老年人解决问题,而忽略了老年人对自身权益的认识及觉醒。老年人自身权益意识的提高是维护老年人权益的关键。很多时候,老年人的权益意识十分低下,不知道自己拥有哪些权益,更不知道该怎样维护自己的权益。因此,社区工作者要不断地向老年人讲解他们的权利,让他们明白争取更多话语权、参与权和决策权的重要性,帮助他们提升自身权益意识。同时,应不时举办有关老年人权益的讲座、讨论会、板报比赛等活动,进行老年人权益的宣传,使社会大众了解老年人曾经对社会做出的贡献,使大家明白老年人应该得到社会的照顾,从而使全社会了解并自觉维护老年人的权益。

六是为社区老年人提供培训,培养社区老年领袖。不少老年学者提出,老年人是有能力学习新生事物的,老年人还有不少本领、才能有待发挥。我们可以为老年人举办一些短期或定期的本领训练计划。训练内容包括认识社会资源、解决问题方法、组织技巧以及自信心训练等。社区中培养的老年人领袖往往更容易与社区中的其他老年人交流。[①]

三、养老产业融合发展

加强养老产业的管理和开发,促进养老产业融合发展,是养老管理的题中之意。然而随着老年人口数量激增,老龄化程度加深,我国出现了由此引发的诸多社会问题,比如医疗保健供给不足、患慢性病的老年人数量增加、老年人生活质量降低等。同时,相较于发达国家,我国养老产业尚处于起步阶段,养老服务资源相对有限,养老机构床位供需矛盾仍然突出,因此要想推动我国养老产业的发展,必须加强养老产业与其他产业深度融合,力求打造

---

① 卢霞,周良才.老年服务与管理概论[M].北京:北京大学出版社,2014:204-209.

出改善民生、促进就业、满足老年人共同需求的新产业、新业态、新模式。

（一）养老产业融合发展的内在逻辑与机理

养老产业是指为老年人提供生活照料和护理服务，满足老年人生活需求和精神需求的产业。[①] 由于养老产业涵盖了老年人需求的各个方面，因此养老产业与其他产业存在巨大的融合空间。从产业融合的内涵来看，养老产业与其他产业融合，意味着养老产业的各种元素与其他产业的资源在产业系统内互动，这种互动是通过非线性的网络关系进行的，它使得产品、技术、市场等要素在产业内不断扩散，打破原有系统的平衡并重新建立起新的平衡体系，从而实现产业融合发展。养老产业融合发展的内在逻辑与机理体现在以下几个方面。

1. 产业之间高度关联是养老产业融合发展的前提和基础

养老产业涉及老年人的衣、食、住、行以及医疗保健等多个领域。主要覆盖文化体育、休闲旅游、房地产、金融保险等多个行业。[②] 养老产业的发展可以直接或间接地带动其他产业的发展，其特点表现为产业的辐射性、利益的相关性和资源的共享性。例如，房地产业可以吸引老年客户群体，激发其对养老性房地产的需求；旅游产业可以扩大旅游市场的规模，增加旅游消费群体的数量；体育产业可以促进老年人对融合性产品的消费，传播积极的体育精神。

总而言之，由于养老产业涉及面广，行业包容性强，极易突破产业壁垒，从而降低了其他产业进入的难度，又因养老产业和其他产业互利性高，减少了彼此间的交易成本，扩大了企业的利润空间，为相关产业的发展提供了更好的平台，易于实现产业融合。

2. 技术创新、市场需求和政策引导是养老产业融合发展的动力

（1）技术创新是内驱动力。科学技术的飞速发展直接影响着养老产业和其他产业融合的深度和广度，是其融合的内驱动力。众多产业之间的资源共享需要打破相互间的壁垒，物联网技术、信息技术、生物技术等高新技术的发展日新月异，向养老产业逐步渗透，使智慧养老、科技养老成为可能。在现有科学技术条件下以及"互联网＋"背景下，养老产业与其他产业实现成功融合的速度更快、概率更高、范围更广。

（2）消费者需求是原始动力。随着我国老龄人口数量激增，老龄化程度日益加深，无论在物质还是精神方面，老年人的需求都呈现出个性化和多样化的特点。在遵循社会经济发展规律的前提下，社会各方应努力满足老年人的需求，使养老产业价值链得到延伸和完善。

（3）政策引导是外驱动力。近年来，各级政府纷纷出台政策，鼓励养老产业与其他产业融合发展[③]，降低行业间的进入壁垒，优化原有产业的业态，形成了养老产业与其他产业融合发展的良好氛围。如 2021 年 7 月 17 日大连市人民政府出台了《关于促进养老服务加快发展的若干意见》（大政办发〔2021〕29 号），明确提出："促进养老服务融合发展""支持养

---

① ② 苏昌贵，魏晓，刘雨婧，等. 产业融合视域下健康养老产业发展研究——以郴州市为例[J]. 经济地理，2018（1）：135-141.

③ 许优凡. 基于 PPP 的养老地产项目开发运营模式研究[D]. 西安：西安理工大学，2018：74.

老服务与文化、旅游、餐饮、体育、家政、教育、养生、健康、金融、地产等行业领域融合发展"。[1] 可见,各级政府正积极致力于通过产业融合,大力发展养老产业,推动养老服务质量的提升。

3. 实现技术、产品、企业、市场全过程融合是养老产业融合发展的目标

一般而言,养老产业融合发展的过程是:技术融合→产品融合→企业融合→市场融合。其中,市场融合来自于企业的资源融合,它推动了养老产业的发展;而企业融合则依赖于产品融合和科技创新。政策引导与市场需求又促使技术融合,技术融合改进了生产技术、优化了生产流程,技术壁垒逐渐消除,打破相互之间的边界,最终达到双赢局面。

如今,市场上涌现出越来越多的融合型产品及其生产企业。企业融合后,积极推广融合型养老产品进入新市场。这些从事养老休闲农业、养生旅游业、养生养老业、养老地产业和康体养老业等业务融合型企业,进一步完善了养老产业链。还借助市场营销、品牌整合及产品创新,不断扩大市场份额,提升养老产品的附加值和竞争力,在域内形成具有综合竞争力的养老品牌。

(二)养老产业融合发展的主要模式

1. "养老＋医疗"

"养老＋医疗":是把养老产业与医疗服务业紧密地结合起来的融合发展模式,开发老年人诊疗、疾病护理、药物调理、康复训练等医疗服务,解决老年人的就医、保健、康复等问题,实现医养结合,为老年人提供一体化服务。

2. "养老＋体育"

"养老＋体育":是养老产业与体育健身产业的融合发展模式,即把养老与体育健身结合起来,开发适合老年人的运动和健身项目,为老年人提供运动、健体相关产品,使老年人通过体育锻炼、运动健身,实现康复、疾病预防的目的,满足老年人健身和养生的需求。

3. "养老＋休闲旅游"

"养老＋休闲旅游":是把养老产业与休闲旅游产业结合起来的融合发展模式,开发旨在满足老年人休闲旅游的需求,让老年人通过适老性休闲旅游,饱览秀丽风光,感受地域文化特色的同时,陶冶情操,增强活力,愉悦身心。

4. "养老＋房地产"

"养老＋房地产":是把养老产业与房地产开发结合起来的融合发展模式,围绕老年群体的适老化需求,打造养老社区、康养小镇、老年公寓以及配套的老年健身室、老年文化室、老年康复室等。

5. "养老＋新兴工业"

"养老＋新兴工业":是把养老产业与新兴工业结合起来,优化养老服务的融合发展模式。可研发智能手环、智能电动轮椅等高科技智能养老产品,提升老年人生活品质;还可通

---

[1] 郴州市人民政府办公室. 郴州市人民政府办公室印发《关于促进五大融合加快发展健康产业实施方案》的通知[J]. 郴州政报,2018(1):82-88.

过科技创新、技术升级、开拓智慧医疗、智能护理等、提升老年人尊严感、为老年人的生活提供最大便利。

6."养老＋现代农业"

"养老＋现代农业"：是把养老产业与现代农业结合起来，优化养老服务的融合发展模式。它突出体现为以原生态、无污染、绿色、健康为主题、发展生态农业、观光农业和休闲农业等。

（三）养老产业融合发展的对策

1. 完善相关的法律法规，整合各类资源

政府在养老产业与其他产业融合发展的过程中发挥着主导作用。[①] 任何产业的发展变化都离不开政府的引导，所以政府应积极建立、健全相关制度，制定行业准入标准和服务标准，从顶层进行养老体系建设和各项制度建设，完善相关的法律机制、管理机制和监督机制，保障养老产业可持续的融合发展。

为了更好地实现产业间的融合发展，政府应创造宽松的融合条件和融合环境，积极协调，保证多领域、多行业的深度融合和快速发展。例如，可以将社会福利彩票收入的大部分用来发展养老事业，对于民营机构可以降低税收门槛，给予退税或大额补贴政策，统筹利用各类养老资源，整合行业资源和地域资源，创造出可持续发展的养老服务产业链。

2. 加大社会资本的引入，营造良好的产业环境和生态环境

社会资本可以为养老服务提供资金支持，应提倡通过多元化主体投资，使社会资本能够进入到养老产业，保证其发展。一是大力支持民营养老机构建设，降低银行及金融机构对其贷款的门槛，加快抵押贷款审批速度，在保证资金安全的情况下，降低信贷条件，给予利率优惠，鼓励商业资本进入养老项目；二是将民间资本引入养老领域，使金融保险机构能够长期和养老产业进行合作，可以是独自面对，也可以通过 PPP 模式（PPP 是英文 public-private-partnership 的首字缩写，它是一种"政府和民营企业"合作的模式）等形式进行合作，使健康养老产业融资渠道多样化、合理化；三是促进养老产业集群式发展，要给予养老产品研发企业主体信贷和税收优惠，鼓励养老服务基地优化产业链，降低运营成本，提升服务效能，增强养老服务产业的综合竞争力使其长久、可持续地发展[②]。

一个新兴市场的建立离不开良好的产业环境。政府还应该从两个方面提供政策保障，为企业提供良好的营商环境。一是放宽养老服务行业的准入条件，降低各个产业进入养老服务行业的壁垒，进入养老行业的企业越多，越容易形成市场的良性竞争。对形成规模的养老服务企业要给予政策优惠，鼓励其积极创新，并设立创新基金，为其提供资金支持。二是在市场监管方面应完善相应的法律法规，为养老产业发展提供有力保障。由于养老产业与其他产业融合的过程中，多个企业、多个部门之间要有频繁的业务活动，无论是人员、资源还是资金都会大规模流动，这时不可避免会出现政策空白处，为了避免行业管理混乱，必

① 荣洁玉. 河北省旅游产业发展的金融支持问题研究[D]. 石家庄：河北经贸大学，2013：52.
② 薛伟莲，周风. 大连发展基于多产业融合的"互联网＋养老服务"的 SWOT 分析[J]. 中国集体经济，2017(22)：114-116.

须完善法律法规,加强监管。

生态环境为养老产业融合发展提供基础性保障,秉承"绿水青山就是金山银山"的理念[①],应优化产业结构,制订科学合理的产业规划,减少对重工业的依赖,大力发展养老服务产业。同时要注意减轻外来污染量,推动清洁能源的使用,加强区域间的环境治理合作,营造良好的生态环境。

3. 建立和健全养老服务信息平台,加强产业间信息共享

在大数据时代,谁掌握最新信息就掌握了行业发展的命脉,对于养老产业来说同样如此。老年人的数量、需求、市场的变化、政策的出台,都需要大数据的支持,只有掌握了大数据,才能做到信息对称,资源对接。为此要做到:一是建立数据资源共享平台,由政府牵头,联合各个养老机构以及社会公益组织,将养老机构的健康数据、服务信息、养老需求全部上传至共享平台上,由专门的分析师对数据进行管理分析,提出建议,每个机构能够看到分析结果,并结合自己企业现有情况做实时调整;二是对大数据进行分析,掌握市场行情,这个方面更多的是从供需两方面入手,一方面要全面解读和掌握老年人的需求,另一方面要分析市场上养老服务机构、养老服务人员的供给状况,各个产业机构可以在共享平台上进行对接,使供给端和需求端迅速配对,提高服务效率,减少市场供给不足情况的发生;三是要积极推动养老服务与信息产业融合,在未来的市场发展中,各行各业都离不开信息网络技术,可通过信息技术对养老服务质量进行监控,使养老、医疗、旅游和文化服务融为一体,为老年人提供成体系的、一体化的养老服务。

4. 企业重视多元化发展和管理创新,不断打造创新性养老产品

对企业来说产业融合将会是新的机遇和挑战。养老产业与相关产业的融合势必会改变已有的产业结构。通过产业融合,会产生新的商业模式,多部门协同管理、扁平化的企业结构将代替单一的决策模式,集团化、规模化的企业发展方向也将在部门收购与整合中显现出来,最终形成跨产业、多元化的产业合作。

产业融合也会带来新的商机。在企业融合后,市场会产生新的需求,大众化的产品已经不能满足老年人个性化的要求,这就促使企业在产品研发上投入更多精力,推出丰富多样的产品。首先,企业应该瞄准市场转变思路,摒弃大众化、普通化产品。其次,企业应调整商业模式。比如养老产业与旅游产业融合产品,更应该从老年人生理及心理方面出发,设计自然风光秀丽,体力消耗少,老人参与度高的康养旅游产品。[②] 另外,在销售形式上应尽量减少线上广告推送,多采用面对面的沟通方式,打造针对老年人的公司营销体系。随着时代的发展,企业还要学习国际先进的经验,紧跟世界发展的趋势,注重人才的引进,不断创新养老产品。

5. 优化养老产业专业人才结构,组建一批高水准的养老服务团队

为了积极应对老龄化,为老年人提供优质服务,应拓宽人才培养渠道,加强养老服务与管理专业人才团队建设,打造养老服务与管理人才培养体系。在各大专院校设立养老服务

① 杜璟玲,卢珊珊,单佳月,等.浙江省东阳市国家森林城市创建[J].华东森林经理,2020(4):78-84.

② 张岩松.养老服务创新发展研究[M].大连:东北财经大学出版社,2021:122-123.

专业,培养高素质的养老产业专业人才,除了掌握护理、养生、按摩等技能外,最好还能够与时俱进掌握信息管理技术。社会上也应建立褒扬机制,提高养老服务产业人员社会地位和职业自豪感,鼓励各种专业人士投入到养老产业中来,扩大养老服务队伍,提升专业服务水平。[①]

应提高养老服务人员薪资水平。要根据养老服务人员的技能水平和工作年限,评定级别,对于不同级别给予不同的薪酬,并给予相应的补贴,以便更好地为养老产业的发展留住人才。

各类养老服务人才的不断涌现,必将加速养老产业融合发展的步伐,推动养老服务业与相关诸多产业的进一步深度融合,做到及时应对、科学应对、综合应对人口老龄化,从而逐步实现健康老龄化、积极老龄化和成功老龄化的目标,最大限度地满足老年人对美好生活的向往。

6. 突出地方优势,精准发力,不断优化养老产业融合发展模式

养老产业融合发展,要从各地产业实际出发,突出地方特色和产业优势,有的放矢,精准发力,不断优化养老产业融合发展的主要模式。具体可采取以下融合发展策略。

(1)"养老+医疗"的融合发展。一方面要加强医养结合力度。对于部分医院,可开设专门服务于老年人的医疗与康复项目,收养和治疗失能、失智老人,为老人开展长期护理服务;建设康养结合示范点,如地方康养中心,打造"医疗—康复—休闲—养老"综合体。另一方面,注重养老与中医养生保健相融合。例如,广东省通过在粤港澳大湾区建设"中医药医养结合示范基地",将养老与中医药资源融合起来,中医治未病理念被引入养老机构,实现了未老先养、未病先防,养老与中医养生服务的"一体化"管理。该基地还被作为医教研基地,发挥了培养中医药养老人才,提升养老专业人员中医药水平的作用。[②]

(2)"养老+体育"的融合发展。首先,要强化老年人健康运动的理念。这种理念的形成,一是来自政府对各种运动项目的积极推广,二是来自同龄群体的影响。通过政府倡导全民健身,推广太极拳、八段锦等适于老年人学习锻炼的项目,激发老年人健康运动的兴趣;其次,要完善城乡、学校、社区等体育设施,由政府牵头,多部门合作,开放学校操场,增设公共健身设施,新建运动场地,为老年人创造健康运动的良好条件;最后,要推进全民健身中心等重点项目建设,创建运动休闲健身示范区。积极推动户外拓展运动的开展,推动养老产业与体育产业的深度融合发展。例如,近年来黑龙江省积极推动冰雪产业与养老产业融合。冰雪运动具有调节心肺功能,改善血液循环,预防骨质疏松,增加脑供氧量等康体健身作用,不只是年轻人的"专利",冰雪产业的有关服务同样可以提供给广大老年人。他们针对老年人群的特点,开发推广陆地冰壶等特色冰雪运动项目,组织老年人冰雪节、开辟冰雪度假村等,提高老年人参与冰雪运动的积极性,丰富老年人的生活,提高养老质量,促进"养老+冰雪运动"的产业融合发展[③]。

(3)"养老+休闲旅游"的融合发展。养老与休闲旅游产业的融合,要求政府、景区、各

① 张岩松. 养老服务业人才创新培养与优化配置研究[M]. 大连:东北财经大学出版社,2021:149-150.
② 李文静,黎东生. 粤港澳大湾区中医药健康养老产业融合发展探讨[J]. 卫生经济研究,2020(1):22-24.
③ 张婷婷,候梓仪. 黑龙江构建冰雪、养老、文化相融合全产业链路径研究[J]. 现代商业,2020(28):55-56.

行政单位和养老机构协调合作,突出地理环境优势、人文环境优势,整合旅游资源,针对老年人的需要设计高端养老休闲旅游产品,发展以"养身、养心、养性"为核心的健康生态康养服务,打造和完善旅游健康养老产业链。例如,近年来西安市长安区积极推进生态养生旅游、乡村旅游、养老旅游的融合发展,打造了一系列特色养老旅游产品:在子午峪、太乙宫滦镇等地开发了森林浴、森林健步道等养生养老的生态旅游产品,并在王莽、杨庄等地开发了赏花养老旅游产品,使老年人在健身防病的同时,获得身心的愉悦和美的体验;利用长安区的温泉资源优势,开辟出针对老年人的温泉养生专区,打造养生养老的温泉旅游产品,并借助针灸、推拿、中医理疗等方式,满足老年人的保健、养生需求;利用香积寺、兴教寺等古刹和南五台佛教圣地,开发养生养老的宗教旅游产品,使老年人通过参与佛事活动,达到养心养性的目的;通过组织与当地农民一起放牛、放羊、收割庄稼等农事体验养老旅游产品,使老年人体验农村生活,唤起青春记忆,达到清心健体的目的。①

(4)"养老＋房地产"的融合发展。养老产业与房地产业融合,重点和难点是能够兼顾健康养老房地产产品的社会福利性与经济效益性。老年人是养老房地产的目标人群,为了更好地满足老年人的个性化需求,供老年人之所需,应选择合适的地产项目,着力建造联排别墅或庄园,打造适宜养老的小区,既要注重小区清雅幽静的环境,又要完善养老服务设施;既要考虑周边便捷的购物综合体,又要配套权威的医疗服务机构。当然,养老产业与房地产业融合,绝非一朝一夕的事,需要国家和政府来引导协调。例如,海南省推出的海阳城养老地产项目,将养老、地产和旅游度假相结合,其社区建筑均采用适老化设计,配有风雨连廊、各类无障碍设施及医用电梯等。社区公建的配套设施十分齐全,有老年人活动中心、老年大学、老年俱乐部、多功能厅、营养配餐中心、社区医疗中心以及超市、邮局、银行等。社区配有紧急呼叫按钮系统、智能"一卡通"、室内红外线监控系统、定位系统等先进的智能化系统,打造智慧养老的典范。该项目既可作为出售型老年公寓,也可作为出租型老年公寓,突出旅游资源与养老服务的整合,促进了地方旅游经济发展,满足了老年人多样化、个性化的养老需求,已成为当地政府引导地产企业,推动"养老＋地产业"融合发展,完善产业链的重要成果。②

(5)"养老＋新兴工业"的融合发展。首先,要打造智慧医疗产业园区,通过大力招商引资,将国内外智慧医疗相关养老产品品牌制造商聚集起来,不断提升智慧健康养老的层次和水平;其次,要以龙头企业为引领,推进制药业、康养器械制造业的产业发展;最后,要突出地域特色,大力开发富有浓郁特色的涉老产品,做强、做大优势产业。例如,广西桂林市针对老年人群体以及亚健康人群,充分利用当地特产——桂林脆柿、金银花、银杏叶、罗汉果等药食同源药材,开发出具有地方特色的功能性制品、保鲜食品、果蔬汁、脱水食品、保健品等高附加值产品,重点发展了特色健康食品、保健酒类、健康饮品等系列产品。③

① 叶银宁,储伶丽,刘晓燕.乡村旅游、生态养生旅游、养老旅游融合发展探究——以西安市长安区为例[J].经济研究导刊,2019(21):160-162,179.

② 陈茵.产业融合视角下养老地产发展的实证研究——以福建省为例[J].华北理工大学学报(社会科学版),2021(5):30-35,43.

③ 张文菊.产业融合视角下的西南地区养生养老旅游发展战略研究——以广西桂林为例[J].南宁职业技术学院学报,2015(3):97-100.

（6）"养老＋现代农业"的融合发展。为促进养老产业与现代农业相融合,政府应推进城乡结合的脚步,使城乡同为一体,相互衔接,协调发展,建设生态养老和休闲农业相结合的"城乡融合型"新农村[①],老年人不仅能够吃到绿色健康的果蔬,还能实际参与到果蔬的培育、种植、采摘中,既锻炼了身体,又体验到采摘的乐趣,可谓一举数得。素有"长江第一湾"之称的云南丽江石鼓特色小镇,把旅居养老与休闲农业深度融合,开发出各类饮食养生产品。秉承"药食同源"的东方食疗理念,发挥石鼓镇中草药种植、高原有机农业等地域资源优势,大力发展绿色种植业、生态养殖业,开发出具有独特保健养生功能的生态健康绿色食品,还结合绿色生态观光、餐饮制作、食品加工体验以及农事体验等活动,使石鼓镇的绿色食品产业形成规模,产业链得到良性发展。[②]

总之,我国人口老龄化的日益加剧以及老年人养老服务需求的急剧增大,为养老产业带来巨大的市场前景。由于养老产业的社会公益性和微利性,单纯的养老产业发展"叫好不叫座",已面临诸多困难和难关,因此,在产业融合视域下,推进养老产业与其他产业的融合发展是非常必要和可行的。养老产业要得到长足发展,必须走出传统养老的"小圈子",与其他产业深度融合,实现优势互补,形成新行业、新模式、新业态。[③] 这种跨行业、跨模式、跨业态的跨界融合,将激发出新的市场供给,新的供给又会引发出新的需求,供给与需求的相互作用,必将形成良性循环,推动养老服务质量和服务水平的跃升,从而实现我国养老产业综合、健康、可持续发展的目标。

 拓展阅读

养老服务业的数字化转型

与其他行业相比,长期陷入发展困境的养老服务业借助数字化技术"取长补短",加速推进数字化转型,既能降低成本,提高资源配置效率,又能助其走出发展困境,具有双重叠加价值。

一、数字化转型是行业破局的时代选择

数字化转型是从转型对象的内在逻辑出发,以数据要素为核心,推动实现整体性、全方位、革命性转型发展。当下,不论是技术、政策还是市场层面,都预示着养老服务业数字化发展时代正全面来临。

技术层面,物联网、大数据、人工智能等技术已进入成熟应用的新阶段,为养老服务数据要素系统性及全闭环采集、流通和应用提供了有力支撑。政策层面,在"数字中国"战略的引领下,各级地方政府特别是北京、上海、浙江、深圳等地区相继推出数字化发展战略,为养老数字化转型提供了实践指导。

市场层面,在智慧城市发展浪潮的推动下,部分领域已经形成了数字化养老服务能力,如远程医疗照护、精准医疗、慢性病管理、快速诊断、亲情关怀、应急预警、紧急救助等,为养

① 苏昌贵,魏晓,刘雨婧,等.产业融合视域下健康养老产业发展研究——以郴州市为例[J].经济地理,2018(1):135-141.

② 刘小妹.文旅特色小镇产业培育中的旅居养老发展路径探索——以云南丽江长江第一湾石鼓特色小镇为例[J].住宅产业,2021(9):60-63,103.

③ 姚雪.推进大庆养老产业融合发展的对策研究[J].大庆社会科学,2021(8):129-133.

老行业整体数字化转型奠定了良好基础。

二、数字化转型的核心：实现养老服务业"三个转变"

数字化转型的核心是通过数字化变革，实现养老服务业"三个转变"。

（一）从碎片服务向整体服务转变

实现养老服务从碎片化向整体化转变，首先要梳理好养老服务事项、事项关系与服务流程、涉及的部门主体以及主体之间的业务责任边界。在业务上站位数字视角，挖掘与构建一批整体性养老服务场景，作为转变切入点，在技术上利用数字手段，构建服务事项、流程以及相关部门主体之间的紧耦合关系网络，打造养老服务业务数字化流转的中枢与总线。

（二）从粗放服务向精细服务转变

随着社会不断发展，人们生活水平不断提升，老年人越来越注重在接受养老服务过程中获得的尊重感、自我价值感，这对养老服务的精细化程度提出了更高要求。目前的养老服务偏向于供给视角，养老服务要向精细化转变，在做好及时、精确采集需求的同时，还需逐步做好老年人个人信息档案（画像）和养老服务资源档案（画像）建设，通过大数据技术，对供需双方信息及资源进行个性化分类、关联和分析挖掘，推动实现供需双方的精准匹配、对接以及服务关系网络的精细、动态管理。

（三）从被动服务向主动服务转变

这一转变的关键在于两方面：一是能够提前识别老年人相关的养老服务需求，从而实现精准、及时的服务供给；二是能够挖掘出老年人的潜在服务需求，如精神层面及个人生存发展层面相关的需求，潜在需求往往能够提升老年人群的幸福感与价值感。在向主动服务转变的过程中，要发挥全方位、全流程环节数据要素的驱动作用。比如，借助智能康养终端的监测和数据采集能力，利用大数据分析，提前预测预警，快速匹配和响应相关服务需求；基于老年人个人信息档案（画像）和日常需求信息的关联分析、深度挖掘，积极开发个性化增量服务新供给。

在实现养老服务业上述"三个转变"的过程中，养老服务数字化转型的关键，是要多方力量共筑数字化养老环境。一是政府侧要牵头强化相关标准规范，制定统一的数据接口标准，使得各参与主体能够从数字技术层面，更好地连接成一体化数字养老体系，促进数据汇集、共享、分析和应用。二是要积极调动社会各方力量参与投资建设，最大限度调动社会资本的积极性，实现政府投入和民间投入双管齐下、有效协同，才能保证转型长效、可持续。三是要加快消弭数字鸿沟，建立养老数字化转型培训体系，持续帮助从业人员学习数字化服务新知识、掌握新技能，更好地投身于养老数字化转型的实践工作中。以需求为导向，对现有数字化产品和服务进行适老化改造，围绕老龄群众需求，加快研发、设计适老化数字新产品，通过数字化转型，给老年人群带来真正的"数字红利"。[①]

三、养老服务数字化转型主要路径

在养老服务数字化转型的推进路径上，应立足于服务视角、需求导向、数据驱动，实现以业务需求牵引数据流、信息流，以数据信息流串联、反哺以及创新业务流，维护大数据时代下的养老消费者主权。

---

① 顾泳峰，周应龙. 养老服务业：数字化转型势在必行[J]. 上海信息化，2021(5)：22-25.

具体而言,围绕养老服务工作中产生的相关需求,沿着数据采集、流转、协同、共享和应用展开,分阶段、分步骤搭建数字养老体系,完成养老数据标准化建设,实现养老数据从获取到存储、计算、应用的完整链条,真正赋能服务创新和供给,满足老年人越来越个性化的养老需求。以数据要素驱动养老服务高质量发展,需要做好以下工作:

一是夯实业务数字基础支撑能力,即通过加快完善养老服务智能感知体系,逐步形成覆盖需求与供给两端的智能感知"一张网"。有效支撑老年人日常需求,特别是核心需求的采集与数字化供给,如日常生活照料、健康体征监测、政务服务办理等。

二是着力打造"老年人精准画像",融合人口库、居民健康档案等现有各类与老龄群众相关的数据库,从数据维度构建老年人个体精准画像,为"一人千面"的个性化服务打下坚实的数据基础。

三是搭建一体化数字养老服务平台,由政府主导,底层实现养老服务各相关数据的汇聚与协同流转,上层实现数字化为老服务能力的一体化统筹供给。

四是构建全领域数字养老应用体系,由企业主导,基于养老服务与监管标准、规则,释放市场主体活力,推进养老服务全领域的数字应用体系建设,深挖老年人精准画像和养老服务相关数据信息,推进养老服务数字产品的创新、多样化开发。[①]

 思考与讨论

1. 谈谈你对养老服务的认识。
2. 养老服务有哪些要素?
3. 请列举出你所知道的养老服务模式。你喜欢哪种模式,为什么?
4. 如何加强老年人权益保障?
5. 养老机构管理包括哪些方面?
6. 如何进行老年社区管理?
7. 养老产业融合发展的主要模式有哪些?
8. 怎样推进养老产业的融合发展?
9. 养老服务业的数字化转型有何意义?如何开展?

① 睢党臣,曹献雨.人工智能养老的内涵、现状与实现路径[J].新疆师范大学学报(哲学社会科学版),2019(2):111-119.

第四章 智慧健康养老总论

智慧是创造文化、获得幸福的原动力。

——[日本]池田大作

人口老龄化现象催生出的健康养老产业正逐渐成为促进中国经济发展新的增长点，"银发经济"的万亿级市场需求蕴藏着无限商机，为我国城市经济转型升级带来了机遇。作为对传统养老模式的一场革命，智慧健康养老将结合信息科技的优势与力量，为我国养老事业和养老产业面临的难题与困境提供新的思路和切实可行的实践道路。

第一节 智慧健康养老的概念与发展历程

智慧健康养老能有效实现医养结合、康养结合，能够实现减人增效、降低成本、扩大服务规模，实现规模经济和范围经济，得到了社会各界的热烈响应和关注。探讨智慧健康养老相关概念与发展历程，有助于准确把握智慧健康养老这一涉及多业务、多行业、多领域的经济发展方式，推动智慧健康养老更好更快地发展。

一、智慧健康养老的概念

为了弄清楚智慧健康养老的概念，有必要探讨一下健康养老、智慧养老、智慧健康养老、智慧健康养老服务的概念。

（一）健康养老

健康养老是养老服务供给的基础性的理论问题，对其本质内涵的理解决定着相关学术研究、政策制定、养老服务供给的方向以及路径选择。

1. 健康养老的概念评析

健康养老的核心在于健康，健康概念的内涵也就构成了健康养老概念的核心内涵。一旦健康概念的内涵改变，健康养老的内涵也随之变化。在我国的医疗卫生领域，目前可以用于建构健康养老内涵的健康概念主要有三种：一是生物医学的健康概念，即"无疾病则为健康"，该健康概念将所有疾病都归因于人的生理结构或功能出现了问题；二是世界卫生组织提出的健康概念，即"健康不仅仅是没有疾病和衰弱的状态，而是一种在身体上、精神上和社会上的完好状态"；三是自主能力健康概念，即"个体在面临社会、生理和心理挑战时的自我管理和适应能力"，如果个人拥有能够适应各自面临的环境所要求的自我管理和适应能力，那么就应该被定义为健康。

生物医学的健康概念过度注重生物医学方面的诊治，鉴于开创我国现代医疗服务业的基础就是生物医学,一般大众也认为健康就是"身体没毛病",所以在我国医疗服务领域,至今仍是生物医学健康概念占据主导地位。如果政策制定者用生物医学的健康概念指导健康养老,要求老年人达到生物医学的健康标准,这明显是不现实的。因为老年人多患有慢性病且很难治愈,仅用生物医学的健康标准容易造成过度治疗。此外,生物医学健康概念没有考虑老年人在心理上、行为上以及社会环境方面留下理论空间,容易导致"见病不见人"的问题。所以生物医学的健康概念既狭隘又过于理想化,不适合用来建构健康养老概念。

世界卫生组织的生物-心理-社会三维健康概念在生物医学健康观的基础上,增添心理和社会的维度,将人的健康从生物学意义扩展到了精神和社会关系方面,克服了生物医学健康观的狭隘片面性,更加全面地反映了人的精神和社会特征以及健康的基本构成,直到现在仍是获得高认可度的、权威性的健康定义。近些年,我国的卫生健康系统以及社会大众才开始重视心理和社会适应能力对健康的影响,因此这个健康概念也是一个建构健康养老概念的重要选项。但是,如果政策制定者使用世界卫生组织的健康概念指导健康养老,那其目标取向比生物医学健康概念还要高得多,不仅要求老年人的身体健康,而且要求老年人的心理状态和社会适应能力都处于良好的状态。然而,目前老年人不仅受慢性病困扰,也容易患上心理疾病,因此用更为严格的标准去要求老年人的健康显然不切实际,按照该健康概念来建构健康养老概念也严重脱离现实。①

20世纪末,有欧洲学者提出"能力健康"概念,在前几年有学者把它介绍到我国。能力健康概念衡量一个人是否健康的标准,是个人的身体状况和心理状况相互作用而形成的适应社会环境、履行个人义务、追求自我价值的状态是否健康。② 能力健康概念是在扬弃了"生物机能论"和"完全幸福状态"的健康概念的基础上逐渐产生、发展起来的,它不仅克服了前两种健康观念的缺点,而且更具有理论上和实践上的比较优势。能力健康概念的重要贡献是指可以通过提高老年人的能力而不仅仅是依靠有关生理和心理的治疗来提高健康水平的,但是该健康概念也存在不足,因为客观的事实是,随着年龄的增长,老年人无论怎么努力,其能力水平都会逐渐远离社会的要求,最终被划入不健康的一类、贴上不健康的标签。因此,该健康概念也不适合用于建构健康养老概念。

事实上,生物医学的健康概念、世界卫生组织提出的健康概念和自主能力健康概念这三种健康概念本质上都是以社会的需要作为标准的,即能达到社会需要的个体才是健康的个体,三者都没有考虑到社会环境是否适合人的生存和发展的问题,所以均存在片面性,不能很好地指导健康养老概念的建构。

2. 健康养老的内涵和基本路径

健康应是生物、心理和社会之间的一种平衡状态,是个人和其所处的环境之间处于相互支持、相互促进的和谐关系,个体的生理、心理、社会生存能力、社会环境状况以及社会化的自然环境等,都是相互交织、共同影响人健康状况的要素。因此,要判断人是否健康,既要从环境角度观照人适应环境的能力和状况,也要反过来从人的角度观照环境适应人的能

---

① 曹明倩,周业勤."健康养老"的政策内涵建构与路径选择[J]. 广西社会科学,2018(9):158-161.
② 周业勤. 能力健康概念及其启示[J]. 医学与哲学,2016(37):18-21.

力和状况。换句话说,衡量人的健康状况,不能仅仅以社会的需要为标准进行衡量,还要反过来以人的生存发展需要为标准去衡量社会,即通过人和社会的相向发展,实现人与环境和谐的状态,这个状态不仅是人的健康状态,也是社会的健康状态。这个健康概念与世界卫生组织的健康概念的不同之处在于前者认为人和社会应该相互适应,而后者则认为人应该适应社会,前者反映的是人和社会的应然关系,后者反映的是在现代市场经济社会中人和社会之间的实然关系。

基于此,健康养老应以"人与环境和谐"为指导原则,不仅要从老年人能否适应社会环境的角度出发,思考老年人的健康养老问题,而且也要从社会环境能否适应老年人的角度思考老年人的健康养老问题。"健康养老"也获得了全新的内涵,即延缓衰老、减少发病、减轻失能、减轻生理病痛和延缓生活自理能力的衰退,并通过提高老年人适应社会环境的能力和社会环境适应老年人的能力这两条相向的路径,促进老年人与社会环境的和谐共生。

一方面,可以通过教育、医疗和照护等手段,提高老年人适应社会环境的能力。新时代的养老将由生存必需型向享受型、发展型、参与型转变,教育则是开展"以学养老"的重要方式,为老年人打造美好的精神家园,帮助老年人树立新观念、学习新知识和掌握新技能,提升自己的能力,拥有良好的心态,从而更好地享受养老生活。随着年龄的增长,老年人不可避免地需要面对衰老、病痛和失能等问题,医疗和照护则能帮助他们减轻这些问题或延缓这些问题的发生,改善生理状况。

另一方面,需要从文化、社会组织和物质设施等层面,提高社会适应老年人的能力。养老文化是中国的传统文化,也是人类文化的核心元素之一,但市场经济的发展侵蚀了我国传统的尊老敬老文化。因此,需要进行文化建设,倡导尊重和关爱而不是歧视老年人群体,为老年人提供一个积极的社会文化氛围。社会组织则是老年人参与社会的重要媒介,要丰富社会组织形式,让老年人可以选择适合自己参加的组织,并重建自己的社会关系网络,实现老有所为和自我养老,创造属于自己的价值。最后,要以社区和养老机构为中心,加强物质设施的建设,方便老年人休息、锻炼和娱乐等,满足他们生理和心理上的需要。

综上所述,健康养老不仅对老年人的身心状态提出要求,还希望通过改造社会环境使之更加适宜老年人的发展和需要。"有作为"才会"有快乐",老年人也有归属、尊重和自我实现的需求。所以,新的养老理念要求我们加强老年教育,避免过度医疗和照护,创造适老的社会环境,充分尊重老年人的各种选择自由,让"老有所学""老有所为"以及"老有所乐"紧紧联系在一起,使老年人获得真正健康的养老生活。[①]

（二）智慧养老

关于智慧养老的基本概念,这里参照智慧养老知名专家左美云教授的相关研究,梳理如下。[②]

1. 智慧养老的由来

智慧养老的前身即"智能居家养老",最早由英国生命信托基金会提出,当时称为"全智

① 黄奕言,姜柏生. 健康养老问题分析与对策研究[J]. 医学与哲学,2021(9): 34-38.
② 左美云. 智慧养老内涵与模式[M]. 北京:清华大学出版社,2018: 3-5.

能化老年系统"，即老年人在日常生活中可以不受时间和地理环境的限制，在自己家中过上高质量的生活。"智能居家养老"指利用先进的信息技术手段，面向居家的老年人开展物联化、互联化、智能化的养老服务。其核心在于应用先进的管理和信息技术，将老年人与政府、社区、医疗机构、医护人员等紧密联系起来。要说明的是，国内当时的翻译是"智能居家养老系统"，而不是"智慧居家养老系统"，用得比较多的词汇是"智能化养老"或"智能养老"，不少学者在翻译"智能"时英文用的是 intelligent，而不是 smart。

2008 年 11 月，IBM 公司在纽约召开的外国关系理事会上提出了建设"智慧地球"这一理念。2010 年，IBM 公司正式提出"智慧城市"(smart city)愿景，希望为世界城市的发展贡献自己的力量。在智慧城市的大旗下，一系列"智慧"产物应运而生，如"智慧交通""智慧社区"等，在此背景下，很自然地在"智能化养老"或"智能养老"的基础上发展出了"智慧养老"的概念。然而，"智能养老"和"智慧养老"此时还是在交替使用中。2016 年，由智慧养老领域知名学者所著的《智慧养老探索与实践》出版，该著作是国内第一部以"智慧养老"命名的书籍，其内容对智慧养老的具体应用进行了探索与归纳。

智慧养老是智能养老概念的继承，又有如下三方面的发展。

(1) 智能更多体现在相关设备与配置的智能化，而智慧除了包含设备的智能化，也有"合适的"或"聪明的"养老模式的探索。

(2) "智能"更多体现在相关设备与技术的控制监测上，老年人是被动接受的，而"智慧"还包含老年人主动选择运用先进设备或技术，更多体现了以人为本、以老年人为中心的理念。

(3) 智能养老更多体现在相关设备与技术对老年人的支持和帮助上，而智慧养老除了帮助老年人，还要利用好老年人的智慧、最终为老年人打造健康、愉快、有尊严、有价值的晚年生活的含义。

2. 智慧养老的含义

在上述讨论的基础上，我们给出了一个智慧养老的定义。智慧养老(smart senior care，SSC)是指利用信息技术等现代科技技术(如物联网、互联网＋、云计算、大数据、人工智能、区块链等)，围绕老年人的生活起居、安全保障、医疗卫生、保健康复、娱乐休闲、学习分享等各方面支持老年人的生活服务和管理，对涉老信息自动监测、预警甚至主动处置，实现这些技术与老年人自主式、个性化智能交互，一方面提升老年人的生活质量，另一方面利用好老年人的经验和智慧，使智慧科技和智慧老年人相得益彰，目的是使老年人生活得更幸福、更有尊严、更有价值。

智慧养老更好地实现了养老服务从点对点、包对包到包对点的转变。所谓点对点的服务模式，即老年需要服务人员上门提供服务，例如需要服务人员一对一进行康复服务或者钟点工打扫服务等。点对点的服务模式具有很强的针对性，可针对老年人的个性化需求进行服务，但经济成本较高，而且需要较多的人力服务资源和专业的服务人员。[①] 包对包的服务模式是指将有相同需求的老年人集中在一起，为老年人提供统一的养老服务，减少人力成本，利于实现规模效应，但是服务的覆盖面小，较难满足老年人的个性化养老需求。而智

慧养老模式实现包对点的服务,也就是将相关技术运用到养老资源上,一边连接着个人,另一边连接着各式服务终端,即服务点连接服务包,再通过数据的分析,向老年人提供养老服务,减少了人力成本、提高了效率。[①]

智慧养老包括三个方面的含义,分别是智慧助老、智慧用老和智慧孝老,如图 4-1 所示。图 4-1(a)的智慧助老主要是物质的支持,智慧孝老主要是精神的支持;图 4-1(b)主要是利用老年人的经验、知识和技能。

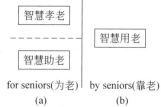

图 4-1　智慧养老的三个维度

（1）智慧助老。即用信息技术等现代科技帮助老年人,主要目的是增、防、减、治四个方面。增,即增进老年人的能力,如使用防抖勺可以帮助患帕金森症的老年人自主进餐;防,即防止老年人出现风险,如使用防跌鞋在感测老年人可能跌倒的时候给老年人的足部一个反向的力,从而降低跌倒风险;减,即减少老年人的认知负担,如养老服务系统自动挑选值得信赖的服务商或服务人员给老年人;治,即辅助老年人疾病的治疗,比如使用最简单的服药提醒器,可以提醒老年人按时服药。

（2）智慧孝老。即用信息技术等现代科技孝敬老年人。如果说助老更多是从设备、器材等物质方面给予老年人帮助,智慧孝老则主要是从精神层面给老年人提供情感和尊严的支持。孝是我们中国的传统文化。《孝经·开宗明义》篇中讲:"夫孝,德之本也。""孝"在汉字中是上下结构,上为老、下为子,意思是子能承其亲,并能顺其意。我国倡导的孝道的观念源远流长,殷商甲骨文中就已出现"孝"字。"教"字就由"孝"和"文"组成。挖掘好孝文化,做好智慧孝老,在世界智慧养老大舞台上大力彰显中国特色。

（3）智慧用老。即用信息技术等现代科技运用好老年人的经验、技能和知识。中国俗语说"家有一老,如有一宝",最直白的理解是老年人会帮助子女带孙子和孙女,或者协助做好家务。实际上,老年人所具有的一些独特的经历和感悟也会给子女和孙子、孙女很多建议和启示。对于一些具有专业技能的老年人来说,还可以为企业或社会贡献自己的知识和技能。智慧用老除了用信息技术支持老年人为家人提供帮助外(如老年人带孙子、孙女的视频可以传送到老年人的子女手机上,实现三方的轻松互动交流),还可以通过一些系统或平台实现代际知识转移,促进年轻一代的知识利用或知识创造。

目前养老行业主要做的是智慧助老,许多物联网企业、可穿戴设备提供商、健康监测设备提供商、养老信息系统提供商主要在这个领域,在此领域我们与国外差距不算大;智慧用老方面,我们和国外处于同一条起跑线上,这方面的用老平台和技术都是刚刚开始起步;智慧孝老有明显的中国特色,是未来我们可以进行文化输出的领域。总的来说,养老虽然是一个亘古不变的话题,但是智慧养老绝对是个有前途的新兴领域,值得理论工作者孜孜探求,值得实务工作者落地实践。[②]

①　龚娜.基于老年人健康需求的智慧养老服务平台构建研究[D].上海:上海工程技术大学,2020:12.

②　左美云.智慧养老内涵与模式[M].北京:清华大学出版社,2018:3-5.

（三）智慧健康养老

1. 智慧健康养老的内涵

现如今，老龄化趋势的加重为家庭和社会带来了巨大的养老压力，互联网＋在社会的各个领域均发挥着作用，那么"互联网＋养老"的出现无疑是缓解了社会的养老压力。使用智能技术优化老年资源分配和创新养老服务，是解决当前养老问题的必由之路，智慧健康养老应运而生。从传统的养老模式向智慧养老模式转变，不仅是单一养老形式的智慧化转变，而且是各个养老机构、医疗机构等之间的相互协调与促进的过程。智慧健康养老不只是注重运用技术手段满足养老需求，而且更加注重从身体和精神层面双重满足老年人日趋多样化、个性化的服务需求，具有广阔的市场发展前景。智慧健康养老服务充分利用现代科技，进一步推动了本处于分割状态的健康服务资源和养老服务资源的整合，拓展了服务内容。

工信部、民政部和前国家卫计委印发的《智慧健康养老产业发展行动计划》（2017—2020年）指出，智慧健康养老利用物联网、云计算、大数据、智能硬件等新一代信息技术产品，实现个人、家庭、社区、机构与健康养老资源的有效对接和优化配置，推动健康养老服务智慧化升级，提升健康养老服务质量和效率水平。可见，智慧健康养老应用智能信息技术，整合人、财、物、信息四大资源，实现养老需求与供给之间的精准对接，使老年人无论是在家庭、机构还是在社区都能够享受到实时、便捷、全方位服务，有效地解决传统养老模式中老年人诸多需求而不得的困境，提高了健康养老服务的公平性、可及性，智慧健康养老服务对于资源合理配置、提高服务质量与效率具有巨大的推动作用。

综合起来，我们可以给智慧健康养老下这样一个定义：智慧健康养老是一种智能化、网络化的新型健康养老模式。它利用互联网、物联网、云计算、大数据等信息技术将电子医疗系统和健康产品融合起来，通过智能产品设备，采集和分析人体体征、居住环境等各类大数据，将专业医疗机构、家庭、街道社区、社会养老机构的信息整合起来，进行综合化、智能化的分析处理，满足老年人在生活照料、安全健康、休闲娱乐等多方面个性化的需求。[①]

智慧健康养老的内涵主要体现在以下四个方面：①智慧健康养老是以现代信息技术为支撑，涉及大数据、物联网、互联网、移动计算、云计算、人工智能等技术的综合应用。②智慧健康养老服务的内容包含了传统养老服务的所有内容，即4＋N，4即生活照料、医疗服务、精神需求、紧急救助，N是指养老服务延伸内容。③智慧健康养老与机构养老、社区养家、居家养老等与传统养老具有相互兼容性，智慧健康养老突破了传统养老在时间、空间上的限制，同时又融在其他养老的模式之中。④智慧健康养老是一种现代化的商业模式，通过信息技术分析、预测老人各方面的需求，并能及时地响应，向老年人提供个性化服务，提高了服务效率和服务质量。[②]

2. 智慧健康养老与传统养老模式的比较

智慧健康养老与传统的养老模式相比较有几个方面不同，具体表现在以下方面。

---

① 刘潇雨.大连市西岗区智慧健康养老服务发展调查研究[D].大连：大连理工大学，2019：3.

② 刘会丽，牛玉霞，赵桃敏.基于大数据的智慧养老服务模式研究[J].科技和产业，2022(3)：157-161.

（1）技术手段不同。智慧健康养老运用的技术方法包含大数据、物联网、人工智能、移动互联网、云计算等信息技术，能满足随时随地养老需求，并能实时记录服务过程将相关信息传递到大数据中心；传统养老模式一般借助于企业管理软件、呼叫通信等技术，不能实时全程记录数据。[①]

（2）管理方式不同。智慧健康养老服务可以通过统一的养老服务信息平台，实现一站式、综合性管理，数据共享度高；传统养老模式多采用组织内部管理软件，建立客户档案，数据多在内部使用，与外部共享度低。

（3）服务方式不同。智慧健康养老服务可借助智能终端设备、网络通信获取需求信息和提供服务，响应速度快、效率高；传统养老服务则更多依赖人工和电话通信，服务响应速度慢，效率相对较低。

（4）时间限制不同。智慧健康养老服务能突破时空限制，可以随时随地获取各种养老服务；传统养老服务受机构、社区、居家不同养老模式的限制，获得有限的服务。

（5）商业模式不同。智慧健康养老服务可借助"平台（大数据中心）＋服务＋老人＋终端"运营模式，打通产业链上中下游，完成商业闭环，产业链条各环节关系紧密；传统养老服务多是借助平台发布供求信息，产业上下游之间关系较松散。[②]

二、智慧健康养老的发展历程

从实践层面看，我国智慧健康养老发展历史比较短暂，源于 20 世纪 90 年代的信息化，至今大体可分为三个阶段。[③]

（一）自主探索和碎片化发展阶段（2011 年以前）

这一阶段主要以市县为单位，在养老机构、社区居家养老服务领域各自展开，没有统一标准。早期主要是少数管理较好的养老机构自发开展的信息化建设。其后，不少地方依托社区信息化等进行居家养老服务嫁接，力图利用相关技术打破固有的时间和空间束缚，为老年人提供高质量、高享受的养老服务，在上海被称为"社区智慧养老"；在苏州沧浪区被称为"虚拟养老院"，即在社区内使用信息技术，让老年人所需服务直接到家；浙江省则利用宁波的 81890、嘉兴的 96345 公共便民服务平台，针对老年人服务需求和从事养老服务的供应商进行嫁接。

（二）统一部署和试点启动阶段（2011—2016 年）

2011 年，国务院在《社会养老服务体系建设规划（2011—2015 年）》（国办发〔2011〕60 号）中，要求"按照统筹规划、实用高效的原则，采取便民信息网、热线电话、爱心门铃、健康档案、服务手册、社区呼叫系统、有线电视网络等多种形式，构建社区养老服务信息网络和服务平台，发挥社区综合性信息网络平台的作用，为社区居家老年人提供便捷高效的服务"。全国老龄办等开展了中西部居家养老服务系统建设示范。2012 年，国家科技部制发

---

①　张丽，严晓萍. 智慧养老服务供给与实现路径[J]. 河北大学学报（哲学社会科学版），2019(4)：96-102.

②　刘会丽，牛玉霞，赵桃敏. 基于大数据的智慧养老服务模式研究[J]. 科技和产业，2022(3)：157-161.

③　董红亚. 技术和人文双维视角下智慧养老及其发展[J]. 社会政策研究，2019(4)：90-102.

《服务机器人科技发展"十二五"专项规划》，要求重点开发辅助高龄老人与残障人的服务机器人。2013年，国务院下发《关于加快发展养老服务业的若干意见》（国发〔2013〕35号）明确，"发展居家网络信息服务。地方政府要支持企业和机构运用互联网、物联网等技术手段创新居家养老服务模式，发展老年电子商务，建设居家服务网络平台，提供紧急呼叫、家政预约、健康咨询、物品代购、服务缴费等适合老年人的服务项目。"当年，全国老龄委成立"全国智能化养老专家委员会"，研究发展我国智慧养老服务事业与产业。2014年，国家发展和改革委员会、工业和信息化部、民政部等下发《关于加快实施信息惠民工程有关工作的通知》（发改高技〔2014〕46号）、《关于开展养老服务和社区服务信息惠民工程试点工作的通知》（民函〔2014〕325号），确定200家养老机构、450个社区为养老服务和社区服务信息惠民工程试点单位，要求通过试点，使"资源共享、协同服务、便民利民、安全可控"的社区服务信息化发展格局更加完善，社区公共服务、志愿服务和便民利民服务衔接配套的社区服务信息化体系更加健全。2015年，"互联网＋"写入政府工作报告，国务院下发《关于积极推进"互联网＋"行动的指导意见》（国发〔2015〕40号），"互联网＋养老"等概念迅速流行。国家发展改革委、民政部、商务部、卫计委等都下文要求运用互联网、物联网等技术手段，促进智慧健康养老产业发展；强调融入"互联网＋"行动，创新发展养老服务业，将信息技术、互联网思维、人工智能与居家养老服务机制建设相结合，积极开发信息开放平台、可穿戴设备等养老产品，提供人性化的、高效的智能养老服务。全国老龄办在全国推进"智能化养老试验基地"建设，批准筹建全国智能化养老和全国老龄智能科技产业园，并且出台《全国智能化养老实验基地规划建设的基本要求》和《全国智能化养老实验基地智能化系统技术导则》的智能化养老政策。这些政策措施说明，智慧健康养老开始上升到国家战略层面，智能化养老产品的研发和应用的步伐不断加快。特别是北京、上海、河北、浙江、江苏等地，利用"智慧城市"建设形成的网络，强力推进"互联网＋养老"，强化智慧居家养老服务。黑龙江省还制定了"互联网＋养老"行动计划。

（三）强力推进和专业发展阶段（2017年至今）

2017年2月，工业和信息化部、民政部、前国家卫计委联合印发《智慧健康养老产业发展行动计划（2017—2020年）》（工信部联电子〔2017〕25号）中，强调要利用物联网、云计算、大数据、智能硬件等新一代信息技术产品，实现个人、家庭、社区、机构与健康养老资源的有效对接和优化配置，推动健康养老服务智慧化升级，提升健康养老服务质量效率水平。到2020年，基本形成覆盖全生命周期的智慧健康养老产业体系，建立100个以上智慧健康养老应用示范基地，培育100家以上具有示范引领作用的领军企业，制定50项智慧健康养老产品和服务标准，打造一批智慧健康养老服务品牌；智慧健康养老服务质量效率显著提升。

2017年3月，国务院印发《"十三五"国家老龄事业发展和养老体系建设规划的通知》（国发〔2017〕13号），明确要求"实施'互联网＋'养老工程。支持社区、养老服务机构、社会组织和企业利用物联网、移动互联网和云计算、大数据等信息技术，开发应用智能终端和居家社区养老服务智慧平台、信息系统、APP应用、微信公众号等，重点拓展远程提醒和控制、自动报警和处置、动态监测和记录等功能，规范数据接口，建设虚拟养老院。"

不久，工业和信息化部、民政部、国家卫生健康委员会三部委办公厅又下发文件，在全国选定53家企业、82个街道乡镇、19个县为智慧健康养老示范单位。几年间，我国智慧健康养老呈现了政策供给较为密集、产业规模不断扩大、关键技术和智能产品研发不断突破、服务水平显著提高、应用试点示范效应良好等特点。2017 年至 2020 年,全国共评选出 167 家智慧健康养老应用试点示范企业、297 个示范街道(乡镇)和 69 个智慧健康养老示范基地。第七次全国人口普查数据显示,我国 60 岁及以上人口有 2.6 亿人,占比达 18.7%,老龄化进程明显加快。

2019 年以来,突如其来的新冠肺炎疫情席卷全球,针对老年人这一相对易感人群,又给智慧健康养老产业发展带来新的挑战和机遇。[①]

2021 年 3 月教育部关于印发《职业教育专业目录(2021 年)》的通知(教职成〔2021〕2 号)发布了职业教育专业目录(2021 年),将 1999 年大连职业技术学院首创的高职教育"老年服务与管理专业"的名称(该专业名称被列入之前教育部颁行的历次专业目录之中)更名为"智慧健康养老服务与管理专业",明确该专业旨在培养智慧健康养老服务与管理方面的专业人才。

2021 年 10 月工业和信息化部、民政部、国家卫生健康委员会又联合印发《智慧健康养老产业发展行动计划(2021—2025 年)》提出:到 2025 年,智慧健康养老产业科技支撑能力显著增强,产品及服务供给能力明显提升,试点示范建设的成效日益凸显,产业生态不断优化完善,老年"数字鸿沟"逐步缩小,人民群众在健康及养老方面的幸福感、获得感、安全感稳步提升。

智慧健康养老是一个庞大体系,是一个系统工程,是一种生活方式。我国智慧健康养老作为智慧中国的重要组成部分,将为我们带来不可预期的未来。

第二节　智慧健康养老领域、功能定位与类型

智慧健康养老作为信息社会养老方式重大创新的产物,为我国社会养老保障化解困境提供了新理念、新方向和新途径。[②]

一、智慧健康养老的四大领域

融合是智慧健康养老的生命,智慧健康养老不是一种新的养老模式,其本质是与传统的居家、社区、机构养老模式的有机融合,融合度越高,智慧健康养老就越有生命力。目前,智慧健康养老包括以下四大领域。

(一)智慧健康养老管理

通过搭建智慧健康养老综合管理平台,从各个方面共同合作,打造安全高效的智慧健康养老系统,这可以有效地优化管理,降低成本,提高效率。

智慧健康养老综合管理平台,可以根据应用场合、服务对象的不同划分成供应链管理平台、医护业务管理平台、终端监护管理平台、可视化数据分析管理平台等多个不同应用平

---

① 罗联上.浅谈数字化改革引领浙江智慧健康养老产业发展[J].杭州科技,2021(3):55-58.

② 豆小红.新时期我国智慧养老健康发展研究[J].湖南行政学院学报,2019(6):5-10.

台,所以运营时各个应用平台遵循"谁使用,谁管理"的原则。可以独立运营与维护,也可以引入第三方合作商,在管理授权的范围内提供专业的运营与维护服务。[①]

(二)智慧健康养老设施

近年来急速发展的智慧建筑、智能家居、智慧交通设施,可以真正实现居住和交通更加智能化、全龄化、无障碍化。

(三)智慧健康养老服务

通过智慧健康养老服务,不管在家还是在养老机构,老年人都可以通过新技术享受到更加专业、安全的健康养老服务,与此同时还可以减轻养老服务人员的照护负担,还可以基于人与人、人与物、物与物的全链信息精准需求,实现养老服务精准对接。

(四)智慧健康养老产品

智慧健康养老产品,即智慧健康养老智能终端,它是指嵌入现代先进技术的智能设备,以穿戴式、移动式、便携式、固定式、非接触式及无意识触摸式等,能够及时高效地为老年人提供全方位、多层次、多元化的养老服务。[②]

目前市场上这些海量养老终端产品,可以实现养老服务的及时互联。在老年人的各种养老服务需求中,老年人安全健康需求最为迫切,针对传统照护服务可能存在的不及时、不适老等问题,智慧健康养老将使老年人照护、健康管理、安全保护等服务更加及时、便捷、有效,大大地提升老年人养老生活的安全感、幸福感和获得感。[③]

二、智慧健康养养老功能定位

当前,我国老年人口数量急剧增加,老年人文化水平逐渐提升,这就使得老年人的需求呈现出多元化和个性化的特点,同时也对养老服务提出了更高的要求。为此要明确智慧健康养老的功能定位,积极探索新技术支持下的智慧健康养老的发展模式,明确发展目标,制定更加全面的保障性措施,以便能够为老年群体提供更加全面的智慧健康养老服务,智慧健康养老应坚持以下功能定位。

(一)嵌入功能

智慧健康养老的发展具备嵌入功能。嵌入功能主要包括"以人为本"的理念、需求导向理念、合作共赢理念等。[④]

一是智慧健康养老服务的发展必须要坚持"以老年人为本"的基本原则,开发各种产品的过程中充分考虑到尊重老年人自身的特殊需求、欲望等,突出老年服务的特殊性与个性化,并做好服务评价及相关标准的制定。

二是智慧健康养老实施的过程中要嵌入需求导向理念,例如:满足物质需求,包括家政服务需求、医疗护理需求、紧急救援服务需求、环境改善服务需求等多个方面的需求;满

① 陈志峰,刘俊秋,王臣昊. 智慧养老探索与实践[M]. 北京:人民邮电出版社,2016:72-76.
② 沈明辉,邹锐,李宁,等. 信息技术在智慧康养中的探索与应用[J]. 信息技术与标准化,2019(6):8-11,15.
③ 吴玉韶. 智慧养老既要"技术精度"更要"人文温度"[J]. 中国社会工作,2020(23):18.
④ 张飞霞. 智慧居家养老服务模式:实践与反思——以甘肃为例[J]. 邢台学院学报,2021(1):5-11.

足精神文化需求,包括精神慰藉、娱乐平台、文化艺术交流平台、社会交往、心理咨询、法律维权等。

三是嵌入合作共赢理念,政府坚持与其他养老服务机构进行合作,政府将职能适当转交给合作伙伴,激发政府合作机构以及社会主体的责任意识,提升智慧养老服务的整体质量。[①]

(二)赋能功能

向智慧健康养老进行赋能,主要是指借助养老服务系统及其各种功能,针对老年人的多元化及个性化需求,通过现实空间与虚拟空间相结合的方式来为老年人提供"一站式服务",以全天候、全过程、集成化、智能化的便捷性服务满足老年人的需求[②]。因此,对于智慧健康养老的建设和发展来说,其赋能的功能定位不仅仅是目的,同时也是结果,贯穿在智慧健康养老的整个发展中,助推各种智慧健康养老服务功能的进一步提升。

(三)增慧功能

智慧健康养老在发展的过程中具有增慧功能,而且增慧功能定位就是通过将人的智慧嵌入到健康养老服务的整个系统中去,并以此为基础开发出各种智能属性的健康养老服务产品,利用物联网、大数据、人工智能等新技术来将智慧元素注入,并将各种养老服务功能与智慧因素进行汇集与整合,让整个养老服务系统"增慧",为老年群体提供更好的服务体验,有助于智慧健康养老服务的需求与供给之间的科学化管理,促进结构性改革。与传统的养老服务模式相比较,智慧健康养老模式能够实现更多元化、全方位的服务方式,让老年群体可以根据自身特定的需求来选择特定的服务,个性化特点较为明显[③]。

三、智慧健康养老的基本类型

由于养老地点的不同,智慧健康养老也有很多不同的类型,如智慧健康居家养老、智慧健康机构养老、智慧健康社区养老、智慧健康虚拟养老。

(一)智慧健康居家养老

智慧健康居家养老,采用传感技术、无线传输技术、移动互联网技术等手段,对居家养老的老年人实行远程监控。监控其生活状态,比如生理指标、是否发生意外、是否有隐患;同时提供提醒服务,比如提醒按时吃药、活动;此外,可以在老年人身上配备具有 GPS 全球定位模块的设备,方便定位老年人,以防走失。

(二)智慧健康机构养老

智慧健康机构养老是指在养老院、老龄公寓等养老机构中,为老年人提供统一的信息管理,甚至可以将信息直接对接专业医疗机构。利用物联网等技术,为老年人提供多种助医、助餐、助浴、助娱等服务。智慧健康机构养老是未来养老的一大主体方式,适合喜欢有

---

① 范昭瑞,阳镇.智慧养老:智能社会下的未来产业新机遇[J].清华管理评论,2021(Z1):110-117.

② 彭聪.中国智慧养老内涵及发展模式研究[J].广西社会科学,2021(1):132-138.

③ 陈大庆,魏晨婧,赵强.发展多元智慧养老的思考[J].中国社会工作,2021(2):38-40.

同龄人做伴,或者完全没有自理能力的老年人。

(三)智慧健康社区养老

智慧健康社区养老是介于智慧居家养老和智慧养老院养老之间的一种养老模式。可以借助手腕式血压计、手表式 GPS 定位仪等设备,全方位监测社区内老年人的健康状况,并在紧急情况下,联网启用社区呼叫系统;可以在社区设立统一的呼叫中心平台,为老年人提供资讯服务,解决问题投诉;也可以在社区日托机构采用和智慧养老院一样的智能助医、助餐、助浴等系统,开展日间照料。

(四)智慧健康虚拟养老

智慧健康虚拟养老以虚拟养老院为主。2020 年 3 月国家发改委等部门联合印发《关于促进消费扩容提质加快形成强大国内市场的实施意见》,提出"支持发展社区居家'虚拟养老院'",为智慧健康养老发展提供了重大发展契机。

虚拟养老院的含义是老年人住在家中,接受社区提供的与机构养老一样的服务,它是没有建筑实体的"养老院"。虚拟养老院可以调动和运用社会上各类福利资源,让老年人在不完全脱离自身熟悉的生活环境下,也能够获得各类专业化的智慧健康养老服务和公共服务。

在提升智慧健康养老服务水平方面,虚拟养老院首先注重提升服务产品适用性,积极创造"老年友好型"产品服务。如加强电子产品的语言输入、健康码一键显示等功能,使老年人能够享受到智能化健康信息平台的简便性和电子智能设施的实用性,为老年使用者提供健全的售后服务,解决其后顾之忧。其次注重精神抚慰,拓宽多样化服务供应途径。将精神养老服务作为重心,把精神养老服务划分为精神抚慰与身心护理等多种形式。如通过智慧平台打造老年情感专线以及精神生活专题,增强老年群体内部的情感沟通,并为孤寡老年人提供定制化线上心灵慰藉等服务,在解决老年人个性化需求的同时顺应当下疫情政策,减少聚集,在为老年人的服务中融入人文关怀。①

第三节　智慧健康养老的相关理论

智慧健康养老的发展离不开相关基本理论的指导。纵观国内外关于智慧健康养老相关理论的研究,较为完整的有以下几种。

一、需求层次理论

美国心理学家亚伯拉罕·马斯洛在 1943 年出版的《人类激励理论》一书中提出需求层次理论。

马斯洛指出需求层次理论构成所需要的三个基本假设:一是人需要生存,个人需求会影响、激励个人行为,满足了的需求不能影响个人行为,只有未满足的需求可以影响个人行

① 黄博扬,王婧. 兰州市智慧养老发展问题研究——以虚拟养老院为例[J]. 公关世界,2021(22):40-41.

为。二是个人需求可以按照重要性、层次性进行排序，从简单的基本需求（食物、水等基本生理需求）到复杂的高级需求（如自我实现）。三是个人需求的满足是层层递进的，只有当某一级的需求得到满足后，才会递进至更高一级的需求，满足需求的递进发展成为个人努力的内在驱动。

根据马斯洛的需求层次理论，每个人有五个不同的需求层次（见图 4-2）。

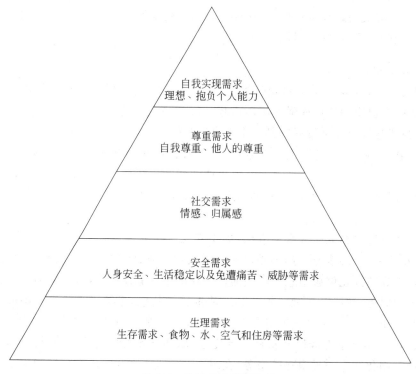

图 4-2　马斯洛需求层次论

第一层是生理需求。这也是五大需求中最基本的需求，是个人维持自身生存最基本的需求，具体包括饥、渴、衣、住、行等内容。只有当这些最基本的要求得到满足后，个人才会产生更高级的需求。

第二层是安全需求。个人作为有机体是一个追求安全的机制，追求个人需要保障自身安全，免于身体、财产、工作等受到威胁，具体包括人身安全、健康保障、财产所有性等内容。当这一层次得到满足后，就不再成为激励因素了。

第三层是情感需求。人们需要得到相互的关心、照顾。该层次的需求具体包括两个部分：一方面是友爱的需求，一方面是归属感的需求。这一层次的需求更加细致，具体包括了友情、爱情、宗教信仰等。

第四层是尊重需求。人们希望自身能够拥有一定的社会地位，能够得到他人和社会的认可。尊重又分为内部尊重和外部尊重，内部尊重是指个人能适应、胜任不同环境、自尊、自信且独立自主；外部尊重则是指有威信，受到他人的尊重。

第五层是自我实现需求。这是马斯洛五项需求最高级的需求层次。是指个人理想、抱负可以能够得到最大化的发挥。个人希望努力实现自身的潜力,让自身逐渐成为自己所想成为的人物①。

马斯洛需求层次理论已经得到广泛的认可,是各项行为科学研究的基础理论之一。显然基于马斯洛需求层次理论,可进一步探究老年人智慧健康养老服务的需求层次。老年人对医疗保健的需求仅是维系生理健康的基本需求,对生活照料的需求对应安全需求。智慧健康养老服务模式在保证老年人生理和安全需求得到有效满足的同时,运用新一代信息技术促使老年人融入现代社会,扩大社交范围,从而实现社交、尊重、自我实现的需求②。

总之,马斯洛需求层次理论有助于更好地了解老年人需求,在此基础上为老年人提供更加个性化、多层次的智慧健康养老服务,同时它也有助于更加科学地评价智慧健康养老服务。

二、福利多元主义理论

在对福利国家制度此起彼伏的批判声中,近年来,西方社会福利理论进入到价值多维的发展时期,福利思想流派纷呈。其中,福利多元主义理论于 20 世纪 70 年代兴起并在社会福利领域中占据了主要地位。在西方社会福利领域中,福利多元主义主要是指福利的责任由不同的部门分担,减少政府干预,强化市场、家庭和社会团体的作用。③

最早提出福利多元化观念的是蒂特姆斯(Titmuss R.),他在《福利的社会分工》一文中提出,社会福利由三种提供体系相互配合、维持运作,即社会福利(social welfare)、财税福利(fiscal welfare)和职业福利(occupational welfare)。福利多元主义(welfare pluralism)一词最早见于 1978 年英国《志愿组织的未来:沃尔芬登委员会的报告》,该报告指出,社会福利应维持多元体系,志愿组织应改善与扩张。而率先对福利多元主义概念进行系统性讨论的是约翰逊(Johnson N.),他在其代表作《转变中的社会福利:福利多元主义的理论与实践》一书中指出,不应视政府为提供集体福利的唯一来源,除政府以外,还有三个来源,即非正式部门、志愿部门和商业部门。约翰逊将社会福利资源分为:①公共部门,即各级政府与公共政策所提供的间接或直接福利;②非正式部门,即由亲属、朋友和邻里所提供的社会和医疗服务,及社区照顾与家庭照顾;③志愿部门,主要包括邻里组织、自助或互助团体、提供服务的非营利机构及压力团体、医疗或社会研究团体、协调资源的中介组织等;④商业部门,即企业所提供的职业福利和市场上的购买服务。约翰逊认为,对于不同的福利项目,有时会以政府提供为主,有时会以私人市场为主,有时则以其他福利来源为主,这将依据福利项目的特性而决定。

一些学者引用了约翰逊提出的福利多元主义概念,并将志愿部门改称为第三部门或非营利部门,泛指既非营利性的企业,也非政府机构的那些组织,认为第三部门参与社会福利既可以避免追求利润最大化与科层组织的缺失,又可以兼具市场的弹性和效率以及政府公

① 史青灵.智慧健康养老服务对老年人健康的影响研究——基于成都市金牛区的调查[D].成都:西南交通大学,2020:19.
② 孙月.重庆市九龙坡区居家养老老年人智慧健康养老服务购买意愿影响因素研究[D].重庆:重庆医科大学,2019:16.
③ 陈雅丽.城市社区服务供给体系及问题解析——以福利多元主义理论为视角[J].理论导刊,2010(2):13.

共部门的公平性和可预测性的优点。

福利多元主义的宗旨是福利的分散化和参与性，其最终目标是希望由政府、非正式部门、志愿组织和市场组织的合作关系来分散和缓解财政与经济危机。总的来看，福利多元主义理论强调的是一种福利供给的多元体系，即通过福利多元结构的安排，将由国家全面提供福利的模式转变为由社会多部门综合提供福利的模式，在多部门的参与下，实现由福利国家向福利社会的转型。

为了推动养老事业的发展，我国十分注重借鉴这一理论，早在 1986 年民政部就提出"社会福利社会化"发展目标，主张社会福利来源多元化。近几年，随着我国人口老龄化和家庭保障功能的弱化，老年福利问题日益严峻，尤其是针对高龄老人、失能老人、空巢家庭老人照顾的需求不断增加。依据福利多元主义理论，养老服务供给主体多元化，对社区养老服务发展具有积极意义：一是减轻政府负担。政府的责任在于做好顶层设计、建立制度规范与评估体系、必要的财政支持与监管等，而不是全程参与；二是提高社区养老服务质量。社区养老服务以维护社区老年人基本生活权益为出发点，满足不同层次老年人的需求，将无偿、低偿与有偿相结合，丰富服务项目、提高服务质量；三是整合养老服务资源。充分利用社区场地、有闲暇时间的人员等，开设社区老年活动中心或老年餐桌，吸引社区社会力量参与到老年服务当中。[①]

福利多元理论主张福利来源应该是由多方部门各司其职、协调配合，共同完成多元化的服务。同时，福利多元理论认为福利的来源应该多样化，政府、市场、公民等都应该参与进来。建设智慧健康养老服务体系，主要应该由政府在全社会进行广泛宣传引导，动员社会各界共同参与，并制定相关政策法规，细化准入标准，规范智能养老产品市场，加强智能养老产品研发，制定规范市场养老企业运营机制，鼓励社会各界共同参与智慧健康养老服务中。[②]

三、新公共服务理论

所谓"新公共服务"，指的是关于公共行政在以公民为中心的治理系统中所扮演的角色的一套理念，要求政府通过基于价值的共同领导，帮助公民明确表达和满足他们的共同利益，而不是试图控制或掌控社会新的发展方向。

20 世纪 90 年代末，以罗伯特·登哈特（Robert B. Denhardt）为代表的行政学者倡导的新公共服务理论，在对"以市场化为取向，推行绩效管理和顾客导向"的新公共管理理论的反思和批判中应运而生，主要追求"促进公共服务的尊严和价值，将民主、公民权和公共利益的价值观，重新肯定为公共行政的卓越价值观"[③]为终极目标。新公共服务理论主张政府的核心是服务，在公共组织管理和公共政策执行事务中，政府角色定位应由"掌舵"转变为"服务"，实现和维护公共利益。强调"重视人，而不只是生产率……"，要坚持以人为本和重

① 刘晓静，徐宏波. 社区养老服务产业化发展路径研究——基于福利多元主义理论[J]. 河北师范大学学报（哲学社会科学版），2013(9)：123-124.

② 刘潇雨. 大连市西岗区智慧健康养老服务发展调查研究[D]. 大连：大连理工大学，2019：4.

③ 珍妮特·V. 登哈特，罗伯特·B. 登哈特. 新公共服务——服务，而不是掌舵[M]. 丁煌，译. 北京：中国人民大学出版社，2010：3,18.

视人及其公民权,"从根本上来看,无论是就他们而言还是对我们来说,真正重要的不是我们所做的工作多么有效率,而是我们怎样促进了大家生活水平的改进"。① 新公共服务理论推崇公共服务精神,致力提升新公共服务理论的尊严与价值,重视公民社会发展与公民身份体现,重视政府与社区、公民之间的沟通与合作共治。②

新公共服务要求政府建立具有高度包容性的参与型管理框架,通过广泛的对话和公民参与来追求共同价值观和共同利益。在新公共服务理论中,社会管理的创新被孕育在更大的民主公民权和共同责任框架内,只要公民能够且愿意参与到社会管理中,政府就能够从中及时地发现潜在的社会风险和机遇,进而整合公众的智慧和能力,并解决存在的社会问题。政府必须通过授权的方式让公民共享权力,通过架设广泛可行的渠道让公民参与到政府治理中来,鼓励公民通过自己的方式处理身边的社会问题,而不是将根本处理不完的社会问题全都纳入自己的职责范畴。新公共服务理论强调要尊重全体公民的公共服务理想,要积极引导公众认识到公共服务是高尚和宝贵的,那么公众就会参与到社会管理中来,构筑"多点支撑,共治共享"的社会管理格局。③

新公共服务理念是建立在"政府失灵"和"志愿失灵"的基础上提出的,其所蕴含的人本主义、政府的责任和作用、服务意识以及以人为本的行政理念,对于我国智慧健康养老服务领域而言具有较大的启发意义。首先,在我国现有的条件下,养老服务,特别是智慧健康养老服务,不能也不可能由单个家庭或者是政府来承担,还必须依靠企业、社会组织、志愿者的多元参与,尤其是要发挥政府的作用,在建设智慧健康养老服务体系中,政府应当做好顶层设计,制定法律法规和监督评估标准来保障养老服务能够健康有序发展。其次,作为一种新的社会服务理念,需要重新界定政府、社会组织、企业、志愿者之间的角色定位和职责分工,才能保证新机制的平稳运行。最后,新公共服务理论的核心价值观念是追求公共利益,当使公民参与进去之后,在个人利益同公共利益息息相关的情况下,公民就能够按照公共利益去行动,所以在研究智慧健康养老服务如何发展时,应当充分听取老年人意见,调查研究老年人需求,才能使养老服务取得真正的实效。④

四、人力健康资本理论

1972 年,美国纽约市立大学教授迈克尔·格罗斯曼(Michael Grossman)在其著作《健康需求:一个理论与经验的研究》中,通过建立健康需求模型,将健康人力资本作为一种重要的人力资本形式,针对现代人力资本发展的过程,进行了开创性的研究。

格罗斯曼的人力健康资本理论对健康需求做出了以下假定:健康是一种消费品,也是一种资本,健康存量会随着时间而下降,因此需要对健康进行投资,维持健康资本的存量。

① 唐兴霖,尹文嘉. 从新公共管理到后新公共管理——20 世纪 70 年代以来西方公共管理前沿理论述评[J]. 社会科学战线,2011(2):178-183.

② 程仙平. 老年教育公共服务体系的构建逻辑与图景——基于新公共服务理论视角[J]. 河北师范大学学报(教育科学版),2019(7):96-100.

③ 孟令君,隗苗苗. 基于新公共服务、社会资本和社会支持网络理论研究养老志愿服务[J]. 社会福利(理论版),2016(6):32-34.

④ 刘潇雨. 大连市西岗区智慧健康养老服务发展调查研究[D]. 大连:大连理工大学,2019:4.

格罗斯曼认为消费者可以通过生产健康来补充健康资本的消耗,而消费者生产健康的主要生产要素是医疗保健服务。在经济学中,我们把这种过程定义为一个生产函数,也就是把投入(医疗保健服务)转变成产出(健康)的关系式。一个普通的个人健康生产函数采取下列形式:

健康＝H(遗传、医疗保健服务、生活方式、社会经济状况和环境……)

在这个公式里:健康是指某一时点的健康水平;遗传是指某一时点个人健康的遗传因素;医疗保健服务是指消耗的医疗保健服务数量;生活方式是代表一系列生活方式变量,如饮食和运动;社会经济状况是反映社会和经济因素,如教育与贫困的相互关系;环境是指环境变量,包括空气和水的质量。[①]

该函数说明了消费者个人可以对改善自身健康状况所需成本做出理性预期,并对不同健康水平投入的成本进行对比,以选择效用最大化的健康投入。

在格罗斯曼人力健康资本理论中,还进一步探讨了健康的影响因素。首先是收入对健康会产生影响,收入的增加会提高消费者对医疗卫生服务项目的购买力,进而改善消费者的健康状况。其次是年龄对健康产生影响,随着消费者年龄的增加,健康资本存量随之下降,为了恢复健康资本存量,消费者对医疗卫生服务的需求会增加。教育也会对健康产生影响,随着教育的提高,消费者的劳动工作从纯体力的形式开始转变升级,同时教育可以提高医疗服务的边际产出,高教育水平的消费者可以更有效率地利用现有的医疗、健康资源,以提高自身的健康状况。除此之外,生活成本,医疗保险,医疗卫生服务等均会对健康产生影响。

格罗斯曼人力健康资本理论可以用于解释智慧健康养老服务对老年人健康影响的内在逻辑与联系。依据理论,一方面,对于老年人而言智慧健康养老服务是为了提升个人健康资本存量的一种投资;另一方面,如果老年人增加智慧健康养老服务的投入最终产生了对健康的促进作用,也能够证明格罗斯曼人力健康资本理论中的健康投资是与智慧健康养老服务相互契合的。

格罗斯曼人力健康资本理论说明了个人经济社会特征、对健康的投入等因素会对个人健康产生影响。这不难推导出养老、医疗服务可以改善老年人的健康状况。因此包含医疗保健服务、养老生活照料服务、文娱社交服务、智慧化服务等的智慧健康养老服务,均可以改善老年人的健康状况,对老年人健康产生积极的影响。[②]

五、补偿性消费理论

补偿性消费理论起源于 1988 年,由学者哥容默(Gronmo)提出,他认为补偿性消费就是消费者通过购买一系列不同的产品,以补偿自己尚未实现满足的某些深层次心理需要的消费行为,例如渴望得到地位象征但是尚未实现的消费者,会通过购买能够显现地位的产品,从而补偿性地满足这些消费者对地位的追求。

补偿性消费理论被不断深化和拓展。1993 年格鲁纳特(Grunert)通过变量函数形式对

① 王晶,王小万. 健康资本:人力资本理论的新拓展[J]. 中国卫生经济,2008(5):44-46.

② 史青灵. 智慧健康养老服务对老年人健康的影响研究——基于成都市金牛区的调查[D]. 成都:西南交通大学,2020:18.

补偿性消费进行再解释,他认为人的需要可以通过若干的资源进行满足,而这些资源既包括与他们需求直接相对应的一类资源 x,还包括表面上与该需求没有关系的另一类资源 y,缺乏资源 x 的时候既可以通过获取该资源来满足心理需求,也可以借助资源 y 进行弥补,而以资源 y 来弥补的行为即是补偿性消费行为。补偿性消费的机制可以作为消费行为的一个重要视角,可以用来解释一些看似非理性或者不合理的消费动机或消费现象。

总体上,补偿性消费机制可以归结为三个层面:自尊威胁、控制感缺失、归属感缺失。[1]补偿性消费理论适用于研究老年人智慧健康养老服务购买意愿的心理依据。首先,老年群体迈入生命周期的最后阶段,各项身体机能的逐步退化使他们面临死亡威胁。通过购买智慧健康养老服务提升可健康成本,减轻死亡焦虑。其次,老年人年轻时社会经济发展落后,生产力低下,可供老年人消费的服务类型较少。智慧健康养老服务作为新型消费选择,在生活水平较高的条件下,通常会成为老年人的补偿性消费追求。最后,购买智慧健康养老服务有助于老年人融入现代社会,共享科技发展成果,从而获得社会归属感。[2]

六、人机交互理论

人机交互 CHI(computer human interaction),国际上也称 HCI(human computer interaction)。人机交互原则包括交互方法、交互技术、交互设备和交互软件。人机交互理论是基于认知,科学的反映用户感知的过程。通过以用户为中心的人机交互,研究用户的认知过程和规则,根据用户的认知特征(例如感知、记忆、思维、推理、反馈),提供一种交互式的方法来识别界面,建立符合用户个性化特征的交互模型。在智慧养老服务平台的构建上,人机交互理论的运用尤其重要,无论是智能产品的终端还是界面,它是老年人去体验新技术最直接的途径。人机交互,在人和机器之间,建立一种交互关系,让产品或是设备界面都更加符合老年人的生理特征,因而人机交互在智慧养老服务平台中扮演了非常关键的角色。

就智慧养老服务平台而言,人机交互理论以是老年人对智慧养老的认知反映。以老年人为中心的人机交互,提供符合老年人认知需要的界面,构建符合老年人个性化特征的交互模型,为老年人提供精准的养老服务,如图 4-3 所示。

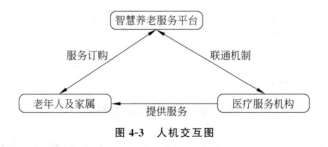

图 4-3 人机交互图

① 罗丽,曹兴华,覃建雄.补偿性消费理论视角下年轻群体旅游消费行为探讨[J].商业经济研究,2021(18):179-182.

② 孙月.重庆市九龙坡区居家养老老年人智慧健康养老服务购买意愿影响因素研究[D].重庆:重庆医科大学,2019:15-16.

在交互设计中,平台的构建者需要在"可用性""易于理解"和"方便使用"等各个层面满足老年人的健康需求。面对老年用户的各种需求,如何定义和选择设计方式,是设计师在交互设计实践中必须面对的问题。通过分析老年人的不同层次的健康需求,有利于指导交互设计实践,并使交互产品更好地适应老年人的需求。

交互设计应该优先满足老年人较低层次的需求,同时注重老年人高层次健康需求,为老年人提供良好的人机互动体验。老年人的健康需求通常会受到多种多样且复杂的因素影响。人机交互过程只是一部分,应在更大的范围内考虑老年用户的交互体验感。依据实际情况动态调整互动设计的相关概念和方法,以真正满足老年人的实际需求。[①]

七、感知服务质量理论

通过对顾客行为进行了多年研究,1982 年著名营销学家格罗鲁斯(Gronroos)提出"顾客感知服务质量"概念,这一概念将顾客的期望作为一个坐标,以顾客的感知来衡量服务的质量。他对顾客消费后的评价和消费前的期望进行了对比,提出了一个顾客感知服务质量模型,该模型说明了服务质量从本质上说是一种感知。一项服务的最终质量实际上是顾客把对服务质量的期望和亲身体验的经验质量进行了比较的结果,称其为顾客感知服务质量。顾客满意的感知服务质量至少应与期望质量相符合,或高于期望质量,而太低于顾客期望的感知服务质量则会导致顾客不满意。

顾客感知服务质量包括两个方面(见图 4-4):一是顾客的期望服务质量,在这一点上,每个人的期望服务质量是不一样的,这是由顾客需求、公共关系、口碑、企业形象、销售、营销沟通等因素决定的;二是亲身体验的经验质量,其中包括技术质量和功能质量。技术质量是指服务的结果,功能质量是指服务过程质量。[②]

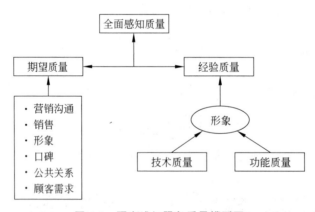

图 4-4　顾客感知服务质量模型图

如何提高智慧健康养老服务的质量是一个重要的课题,以感知服务质量理论为指导,通过计算老年人的期望服务质量和感知服务质量之间的差异程度,来评价智慧健康养老服务质量,老年人的实际感知值低于期望值,说明智慧健康养老服务质量低;实际感知值高于

① 龚娜.基于老年人健康需求的智慧健康养老服务平台构建研究[D].上海:上海工程技术大学,2020.

② 李晓军.顾客感知服务质量理论在公共图书馆服务创新中的应用[J].内蒙古科技与经济,2012(5):145-146.

期望值,说明智慧健康养老服务质量高。通过将感知服务质量理论引入智慧健康养老服务创新工作中,借鉴其先进的服务理念和方法,能够在智慧健康养老服务实践中取得良好的效果。

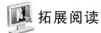 **拓展阅读**

老年人信息需求层次模型的构建与潜在应用

著名智慧养老专家左美云教授以马斯洛需求层次理论为依据,对老年人的需求进行层次化演绎,构建了一个老年人信息需求层次模型。在此基础上,从两方面探讨了该模型的应用。一方面分析IT/IS产品在满足老年人信息需求中所能发挥的支持作用,另一方面初步分析了老年用户的信息需求对IT/IS产品的影响。现对其相关研究介绍如下。

左美云教授率领的研究小组采用文献分析方法,对老年人的需求进行抽取和归纳,利用中国期刊全文数据库(以2009年9月9日数据为样本)进行检索,设置检索项为"篇名",检索词为"老年"和"需求"以及"老年人"和"需求",精确查找1980—2009年数据,累计检索出文献275篇;在Proquest数据库中,采用同样的方式累计检索出文献319篇。由于精力有限,研究者重点研读了中国期刊全文数据库中"电子技术及信息科学"和"经济与管理"子库中的40篇文献,以及在Proquest数据库中按照推荐的主题"老年人需求"和"老年人需求分析",以主题搜索的方式检索出的25篇有全文的文献。在阅读这65篇中外文献的过程中,从中提取关于老年人需求的关键词,如饮食、衣着、情感、护理等,并根据马斯洛的层次需求理论将这些关键词分为五类,分别是生理、安全、感情、受尊重和自我实现的需要。表4-1中列出了上述文献中出现频率较高的关键词。

表4-1 老年人需求层次分析表

层次	该层次累计频数	出现频率较高的关键词	归纳出的需求
生理	54	长寿、物质生活、饮食、衣着、保健品、交通便利、老年公寓、老年社区、老有所养、老年失能或残障、护理服务、长期护理、日常生活照料、陪护中心、丧偶独居、减轻儿女负担、异地养老、应急响应等	衣、食、住、行、受护理
安全	47	身心健康、看病、治疗、医疗条件、医疗保健产品、医学保健知识、医药费、医疗保障、可支配收入、经济保障能力、贫困风险、保健品消费质量、法律权益服务、子女虐待父母、养老机构、安全防护设施、政府救助、集体救助、社会保障、福利政策等	生命安全、养老安全、社会安全
情感	40	家庭温暖、爱情、温情、心理情感危机、孤独感、精神慰藉、精神赡养、心理健康、社会活动、宗教信仰、老年俱乐部、养老休闲、上网聊天、老年电视节目、社区文化、老年玩具、老年人旅游团、娱乐活动、精神消费等	亲情、友情、爱情、团体、信仰
受尊重	7	爱面子、自尊心、他人态度、体型、服饰、知识、修养、家庭地位、健康自评、"健康老年人"评选、社会歧视老年人、尊老敬老等	自我肯定、家庭/团体/社会地位
自我实现	18	完善自我、找工作、取得成就、老年大学、特长、与时俱进、知识竞赛、老年人事业、社会贡献、发挥余热、再就业等	掌握新知、创造价值

从筛选出的关键词中可以看出，老年人除了有着与一般人一样的需求外，由于老年人的生理机能（如听力、视力、语言能力、定位能力、记忆能力等）相对退化，还有一些相对突出的需求。我们在对上述文献进行分析的基础上，参照马斯洛的需求层次模型（见图4-2），对老年人的需求进行了分析和归纳（见表4-1），得到老年人的需求层次模型（见图4-5）。

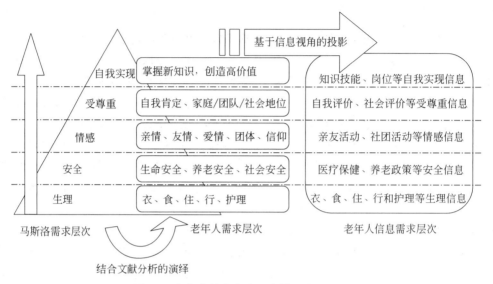

图4-5 老年人信息需求层次模型的分析过程

一、老年人信息需求层次模型的构建

研究者在老年人需求层次的基础上，根据投影的方法，从信息论的视角对老年人的需求层次进行投影，得到老年人信息需求层次模型（见图4-5）。总体而言，老年人的信息需求层次模型分为五层，以下是各个层次老年人的信息需求的简要描述。

（一）衣食住行、日常护理等生理信息需求

马斯洛需求层次理论的第一个层次即是生理需求，除包含一般人的生理需求如衣、食、住、行等方面的需要外，由于老年人自身存在一定的行动障碍或认知障碍，较难独立地保障自身的生命安全，因此老年人的生理需求还应该包含受护理的需求。相应地，老年人的衣食护理等信息需求是老年人最基本的信息需求。这一层次上的信息需求不仅包含有对衣食住行信息的需求，还包含对助老爱老、日托照料等各项护理服务的信息需求。帮助老年人有效地获取上述有关信息，可以使老年人及时有效利用社会提供的各种资源满足自己日常生活的需要，提高老年人的生活质量。

（二）医疗保健、养老政策等安全信息需求

马斯洛需求层次理论中的第二层为安全需求，对于老年人而言，安全需求具体体现在生命安全、养老安全和社会安全三方面（黄静，2008年）。其中，生命安全的需求具体地体现在对医疗保障体系的需求；养老安全即从制度和政策上保障老年人老有所养；社会安全则是指社会对老年人所形成的安全保障，如社会充分考虑老年人特殊需求的公共设施等。

医疗保健以及养老政策等信息需求是老年人的安全信息需求。老年人由于年龄等原因，生理和心理功能逐渐衰退老化，对医疗卫生的信息需求比年轻人更加丰富。同时，老年人经济收入有限、自我权益保护能力较弱,需要获得养老金等政策保障信息以维持日常生活,还需要了解保护老年人的法律信息以保障自身权益。

(三)亲友信息及团体活动等情感信息需求

对于一般人而言,马斯洛需求层次理论中的情感需求包括两方面的内容:一是爱的需要,包括友情、亲情和爱情的需要;二是归属的需要,即希望成为群体中的一员,并相互关心和照顾。事实上,老年人对于情感的需求要比一般人更为强烈。情感交流信息需求是第三层次的信息需求。老年人不仅仅需要来自于儿女、伴侣的信息,更需要来自朋友的近况信息。对于希望找到新伴侣的老年人,也需要针对老年人的婚介信息。同样地,为了使老年人有归属感,他们也需要其所关注的社会团体和宗教信仰的相关信息,比如社会新闻和社区、老年社团的活动信息等。

(四)自我评价、社会评价等受尊重信息需求

一般人受尊重的需求可分为内部尊重和外部尊重。内部尊重是指个人对自己实力充满信心、具有独立自主能力的需求;外部尊重是指个人希望外部对其尊重、信赖和高度评价。结合老年人的特点分析,其受尊重的需求具体地体现在四方面:老年人对自我的肯定、老年人在家庭中的地位、在所参与团体中的地位以及一般性的社会地位。

在信息需求层面上,老年人的内部尊重主要是指老年人的自尊,来源于个人对自己实力充满信心,这需要依靠自我评价的工具和信息;老年人的外部尊重是指个人希望外部对其尊重,这需要依靠社会评价的工具和信息。老年人可以根据自我评价和社会评价的信息调整自己的态度和行为,并且进一步提升自己的能力,使自己在家庭中的地位、在所参与团体中的地位以及一般性的社会地位得到保持或提高。

(五)知识技能和工作岗位等自我实现信息需求

这是马斯洛需求层次理论中最高层次的需要。老年人在实现个人毕生梦寐以求的理想或发挥个人所长为社会创造价值时,需要掌握新技能和学习新知识,以及相应的工作岗位,这就需要相应的知识技能和工作岗位等信息。老年人的知识和经验是宝贵的社会财富,社会应该整合多种资源,向有工作需求的老年人提供更多的工作岗位信息,使有工作能力的老年人能够找到自己发挥余热的空间。

目前,学术界对于老年人各个需求层次的关注程度是不同的。通过前面的文献分析(参见表 4-1 中各层次的累计频数)我们可以发现,目前国内外关于老年人需求的研究中,对于老年人的生理需求、安全需求这两部分基本需求关注程度很高,对于老年人的情感需求也非常关注,但是对于老年人的受尊重需求和自我实现需求关注较少。这说明老年人需求与满足的矛盾目前主要集中于前三个层次上,但随着经济和社会的发展,老年人生活条件的改善,老年人对于受尊重和自我实现的需求必将扩大,这一点值得进一步关注。

二、老年人信息需求模型的潜在应用

研究者分析老年人的信息需求模型,是为了探讨如何采用合适的信息技术或信息系统(information technology/information system,IT/IS)产品满足老年人的信息需求,以及探讨如何针对老年人信息需求设计相应的 IT/IS 产品。研究者假设老年人的信息需求满足后,将会促进老年人的满意程度。据此,研究者给出如图 4-6 的 IT/IS 提高老年人满足感的作用机制概念模型。图 4-6 中包括三个概念(construct),其中自变量是合适的 IT/IS 产

品,也即适合老年人使用的 IT/IS 产品,具体体现为 IT/IS 产品与老年人信息需求的匹配度、易用性、好用性和安全性四个观测指标;中间变量是老年人信息需求得到满足,也就是采用合适的 IT/IS 产品满足图 4-1 中老年人各层次的信息需求;因变量是老年人的满足感提高,这里的满足感指的是对自身和社会两方面的满足感。图 4-6 中的"+"是指正相关。

图 4-6 IT/IS 提高老年人满足感的作用机制模型

得到图 4-5 后,结合图 4-6 的思路,研究者从两方面对老年人信息需求模型进行探讨:一是 IT/IS 产品如何支持老年人的信息需求模型,使老年人信息需求得到满足;二是老龄化社会对 IT/IS 产品的设计会产生哪些影响?

(一)IT/IS 对老年人信息需求满足的支持

在快步走向老龄化社会的今天,IT/IS 将会发挥重要的作用,对老龄化社会产生积极的影响。具体地讲,IT/IS 可以从满足老年人的生理、安全、情感、受尊重和自我实现等信息需求角度出发,提供相应的信息技术以及信息产品,从而提高老年人的生活质量。IT/IS 对老年人产生的支持作用及相应的 IT/IS 产品如表 4-2 所示。

表 4-2 IT/IS 对老年人产生的支持作用

针对的需求层次	针对的信息需求	相关的 IT/IS 产品举例
生理需求	衣、食、住、行信息	老年生活信息网站、养老服务平台等
	护理信息	护理信息系统、信息化老年公寓、可穿戴设备等
安全需求	医疗保健信息	报警应急设备、建立老年人健康跟踪档案、远程医疗等
	养老政策信息	养老政策和保险网站
情感需求	亲友活动信息	电子邮件、微信群、陪聊机器人、生命历程数据库等
	社团活动信息	微信群、微信公众号、微信服务号、网络社区等
受尊重需求	自我评价信息	老年人自我评价网站等
	社会评价信息	老年人社会评价网站等
自我实现需求	知识技能信息	远程老年大学、老年教学软件、慕课、直播等
	岗位信息	老年人经验日志、技术论坛、老年人工作辅助工具、老年人再就业信息平台、老年志愿者系统等

1. IT/IS 产品对老年人生理需求的支持

老年人的生理需求主要是衣、食、住、行等基本需求和受护理的需求。目前,大多数养老企业提供的 IT/IS 产品主要是各种各样的养老服务系统,老年人可以通过打电话、上网等多种方式登录老年生活类信息网站或养老服务平台获得各种相关的服务,保障老年人的基本生存需求。另外,护理信息系统可以存储老年人的护理需求和护理进展情况,老年人还可以通过可穿戴设备提供身体信息,监护人可以通过相关系统或相应的手机 App(小程序应用)了解老年人的身体状况,及时了解老年人的需求。另外,IT/IS 产品出可以部署到老年人居住的公寓或社区,如建设信息化老年公寓和社区。

2. IT/IS 产品对老年人安全需求的支持

在生命安全方面,可以利用 IT 技术制造适合于老年人的报警应急设备,如带有报警功能的可定位手杖。这种手杖不仅可以在老年人意外摔倒或昏厥时发出报警的声音,更可以通过定位系统及时向老年人的监护人报告老年人的具体位置。在医疗保健信息的支持方面,可以通过医疗信息系统的建设和运行,建立老年人健康跟踪档案,完整地记录老年人以往的医疗信息和基本状况,为医生提供正确的治疗方案提供相关信息。还可以采用远程医疗,并通过互联网向老年人提供医疗服务信息,有助于为行动不便的老年人介绍居家诊疗服务。除了要给老年人提供各种老年人辅助器具和医疗机构的信息外,还可以通过互联网及时发布养老政策和保险的详细信息。

3. IT/IS 产品对老年人情感需求的支持

从满足感情交流的角度出发,一方面,互联网可以跨越空间的鸿沟,利用即时通信工具、电子邮件、微信群等方式将相隔异地的老年人与其亲友紧密地联系在一起;另一方面,IT/IS 产品可以突破时间的界期,通过生命历程数据库等内容,让老年人时刻可以感受到亲情、友情、爱情的存在。再者,从形式上,信息技术还可以丰富老年人与亲友的沟通方式,从单纯的声音到图像,再从动态影音到利用陪聊机器人等人机交互技术实现的老年人与亲友虚拟互动。从满足归属感的角度出发,网络的普及可以让那些不方便出门的老年人通过微信群、微信公众号、微信服务号,以及网络社区中互动的形式,了解社会团体和信仰的相关信息,并参与感兴趣的活动,从而增强老年人的归属感。

4. IT/IS 产品对老年人受尊重需求的支持

老年人期望受尊重,期望得到家庭成员、团体成员以及相关的社会公众一个好的评价。相关机构可以在互联网上开设老年人自我评价系统网站,根据科学的自我评价指标体系,老年人可以进行自助式自我评价。老年人所在的社区或团体也可以开设网上社会评价系统,实现互评机制。结果只有被评价的老年人自己能看到,但是评价者可以是多元的,老年人可以根据自我评价和社会评价的结果信息调整自己的态度和行为,树立正确的自我意识,增强自信心,并且通过学习进一步加强自己的能力,保持或提高在家庭中的地位、在所参与的团体中的地位以及一般性的社会地位。

5. IT/IS 产品对老年人自我实现需求的支持

IT/IS 产品不仅可以帮助老年人掌握与时俱进的技能,也可以为他们创造新的途径以完善自我。

(1) 普及老年人的 IT 教育,相关机构可以向老年人推荐他们喜爱的网站和远程老年大学,让他们掌握最新信息和知识,紧跟时代的步伐,也可以采用慕课和直播等新形式让有经验的老年人授课,让有学习意愿的老年人听课。

(2) 利用 IT 技术,开发一些与老年人从事工作相关的辅助工具、如老年人阅读器、老年人助听器、老年人网页浏览器等,降低一些工种的体力支出、增强容错性能,放宽职位对工作年龄的限制,合理、有效利用老年资源。

（3）可以考虑借助网络技术。为老年人创造或发现新的就业渠道,例如,可以建立老年人再就业的信息平台和老年志愿者系统,合理配置人力资源,达到老年人力资源的再利用。网络技术可以规避老年人行动上的弱势,同时可以发挥老年人经验丰富的优势,例如,可以通过网络上经验日志、技术论坛等方式汇集老年人的智慧,为社会创造价值,也满足了老年人发挥余热、实现自我的需求。

（二）老年人信息需求对 IT/IS 产品发展的影响

老龄化社会的到来为 IT 产业的发展带来了挑战也带来了机遇。研究者认为,针对老年用户越来越多的现实,IT/IS 企业和学术界需要从以下方面研究,来应对老龄化社会带来的挑战,把握其中蕴涵的机遇。

1. 挖掘并创造老年人的信息需求

可以预见的是,专门为老年人设计的 IT/IS 产品会逐渐增多,目前一般情况下老年人是被动适应 IT/IS 产品,而较少主动提出自己的需求,许多老年人潜在的信息需求可能仍然没有被发掘,这也是造成目前 IT/IS 产品在老年人中普及率较低的主要原因之一。因此,学术界和产业界需要持续与老年人的内调、挖掘老年人的需求,从而创造适应老年人需要的 IT/IS 产品。

2. 建立覆盖老年用户的信息系统

在老龄化社会到来的今天,信息系统建议不但要考虑技术架构或技术实现方式,更要从用户的角度关注用户构成的变化,在各类结算系统（如银行信息系统）的设计上,需要充分考虑老年人这个用户群体。准备升级改造或正在规划中的信息系统,应该在设计阶段注意考虑老年用户的使用行为和特点。相关单位还可以建立覆盖老年用户的信息系统,从而解决老年人增多带来的社会问题,例如,建立老年人的全国性档案信息库,打破由于区域划分而造成的信息壁垒,真正通过信息系统体系,用全局的眼光思考并解决老龄化社会所带来的种种问题（如异地养老问题）、从面加强对老年人的服务和管理。

3. 设计适用于老年用户的信息系统

老年人在听力、视力、反应速度、理解能力等方面都有所下降,无论是针对老年人的IT/IS 产品还是公众信息产品,在交互设计、界面设计上都必须考虑老年用户的上述特点。实际上,除企业信息系统的用户主要面向中青年外,电子商务、电子政务、电子社区三个领域中中老年人用户的参与是越来越多,所以,面向老年人的信息系统设计必然是一个研究的重点。国内已经有些高校和科研机构展开了相关的研究,如针对老年人的 IT 产品和计算机通用设备的设计研究。

4. 研究老年人采纳和持续使用 IT/IS 产品的影响因素

随着社会和企业对老年人的重视越来越多,面向老年人的各种 IT/IS 产品也越来越多。例如,各种各样的可穿戴设备、电子健康设备层出不穷,各种面向老年人的手机 App程序、涉老网站或平台越来越多,但是,很多产品或系统出现推出时市场活动热热闹闹、实际使用冷冷清清的局面。因此,除加强涉老产品的研发外,也要认真研究怎样让老年人采纳和持续使用这些产品。具体来说,要研究用得好的那些 IT/IS 产品为什么用得好？为什么有些老年人做不到持续使用？我们要认真研究其中的影响因素，为这些产品或系统的人机界面设计和运行机制设计提供参考。

当今，各方面的统计数据都表明，中国社会正在步入老龄社会。显然，随着老年人规模的扩大，IT/IS产品的用户构成将明显地改变。这种变化对IT产业而言，既是巨大的挑战，也蕴涵着巨大的机遇。无论是学者还是产业界，需要瞄准这个战略性的社会热点问题，针对老龄化社会条件下IT/IS产品的发展进行深入研究和实践。

（资料来源：左美云.智慧养老内涵与模式[M].北京：清华大学出版社，2018：22-26；左美云，刘勋勋，刘方.老年人信息需求模型的构建与应用[J].管理评论，2009(10)：70-77.）

 思考与讨论

1. 请谈谈你对健康养老、智慧养以及智慧健康养老的认识。
2. 智慧健康养老在我国的发展状况是怎样的？
3. 智慧健康养老有哪些类型？
4. 请查阅资料，列举出当前智慧健康养老研究的热点问题。
5. 智慧健康养老的相关理论有哪些？
6. 老年人有哪些信息需求？
7. 老年人信息需求层次模型有何应用价值？

第五章 智慧健康养老核心技术及应用

智慧养老要以养老服务为中心,其目的应该是从服务端去方便老人。养老是核心、是"皮",智慧是"毛"。技术手段易得,关键是要通过技术把养老服务体系搭建和完善起来。只有有了一块扎实的"皮",才能有鲜亮的"毛"。

——左美云(中国人民大学智慧养老研究所所长)[①]

目前和未来较近的一段时期内的智慧健康养老技术,是建立在近年来发展起来的一些基础技术之上的。这些技术在智慧健康养老中处于不同的层面,分别扮演着不同的角色。有些在前端直接和用户发生互动,有些则在后端,它们的存在并不直接被用户感觉到;有些是智能化的"耳目",是获得基础数据的关键;有些则是智能化的"大脑",提供实时、个性化的判断和决策;还有些是连接"耳目"和"大脑"的"神经",连续不断地在二者之间传递着信息;还有些为"大脑"运转提供源源不断的"能量"。[②] 这些技术与养老服务相结合,使养老服务更加便捷,更加个性化及人性化。智慧健康养老实现了老年人在家即可享受紧急救助、商品购买、健康管理、就医等服务,同时为机构养老、社区养老等养老领域提供高效的管理及多样化的服务,促进了养老服务业的快速发展。

本章主要介绍物联网、"互联网+"、定位技术、云计算、大数据、区块链等技术及其在智慧健康养老中的应用。

第一节 物 联 网

各种新兴技术对现代社会产生了重要的影响,其中物联网技术在社会各界得到了广泛的应用和推广,尤其是利用人与物之间的智能感知,能够在日常生活中为人们提供极大的便利。利用物联网技术的优势来开展智慧养老建设工作,能够进一步为老年人群体提供更加优质的服务。

一、物联网技术介绍

物联网的概念最早是由美国麻省理工学院的自动识别中心的凯文·阿什顿(Kevin Ashto)教授在 1999 年提出的。2008 年 IBM(国际商业机器公司)提出了智慧地球的战略;随后在 2009 年 8 月,IBM 又发布了《智慧地球赢在中国》计划书,这在中国掀起了第一个物联网热潮,大批物联网示范项目应运而生,虽然大部分项目并没有取得预期的效果,但可以

---

① 赵鹏飞,张晓琳."智慧养老"助力幸福晚年[J].法治与社会,2018(6):60-61.
② 王杰,董少龙.智慧养老技术及落地应用指南[M].北京:电子工业出版社,2021:72.

说完成了一次全国性的物联网知识普及教育。

近十年来,传感技术、通信技术和计算技术均有了长足的进步,并且价格也大幅度地下降了,这为物联网技术在养老中的应用奠定了较好的基础。

广义的物联网指能够使万物互联的所有技术,是一个动态的、不断拓展的领域;狭义的物联网通常指由传感网、通信网和后台处理器组成的"传感—传输—分析"三级传感信息处理系统。其中,传感部分在养老应用的场景中和用户直接发生互动,因此其产品化设计直接关系到整个系统是否能被老年人接受;传输部分依赖无处不在的无线网络,5G 技术的发展将使数据传输真正无处不在,并且高速可靠,将是对物联网普及应用的一个巨大利好;智能化的分析处理则包括对传感数据的分类、存储、分析和展示,通常都部署在云端。

物联网承载着感知世界的角色,是未来智能社会的基础之一。随着传感器价格、网络通信成本和计算成本的不断下降,物联网正在逐渐渗透到我们生活的方方面面,包括养老领域。①

从本质上来说,物联网技术就是把网络技术运用于世间万物之中,通过嵌入的方式赋予各种对象智能化的特性,推动人类社会与物理系统之间的整合。通过这种方式和技术,人们能够实现对各种机器设备和基础设施的实时监控,进一步提高管理生产和生活的效率,有效改善人与自然之间的关系。物联网技术的广泛应用对社会各领域工作方式的优化具有十分重要的意义。在传统社会中往往是将物理设施和设备与 IT 设施相互分离开来,形成了互联网与世间万物相互对立的情况。进入物联网时代,则能够形成统一的整合网络,将社会各领域的管理和运行,以及个人生活都整合在一起,从根本上实现万物之间的自动识别和信息共享,进一步提升信息交流的效率。②

二、物联网技术在智慧健康养老中的应用

近年来,许多地区开始将创新技术和物联网技术相结合,用来解决人口老龄化问题。例如,国家老龄办计划在全国推行"智慧养老"实验基地建设,并批准建立国家智能老年和国家老龄化智能科技产业园;河北发展基于"大数据"分析的"互联网＋智能养老"项目,为老年人提供良好的服务。③ 物联网在社区养老和家庭养老中的应用也被国内许多学者提出。例如,董少龙从政府管理和科学决策的角度出发,指出大数据、物联网等技术手段可以促进和规范老年服务业的发展。智能养老系统以物联网技术为基础,将传感器与养老机构、社区、家庭养老中的设备相结合,远程观察老年人的生活。同时,此技术涉及老年人生活的方方面面,如住房、饮食、娱乐、安全等,便于老年人的生活起居。④

(一)物联网技术在居家养老中的应用

随着年龄的增加,老年人身体功能逐渐变弱(如健忘、视力下降等),在生理和心理上逐渐居于劣势,智慧健康养老服务对于提高老年人独居生活质量、弱化衰老带来的失落和困

① 王杰,董少龙.智慧养老技术及落地应用指南[M].北京:电子工业出版社,2021:72-73.
② 鲍烨童.物联网架构的智慧养老世界[J].中国社会工作,2018,17(20):11-16.
③ 席恒,任行,翟绍果,等.智慧养老:以信息化技术创新养老服务[J].老龄科学研究,2014(7):12-20.
④ 张琪若,叶若好,孙靓.基于物联网技术的智慧养老[J].特区经济,2020(1):64-66.

扰有很大帮助,还能减轻老年人在经济、体能、心理方面的负担,有利于身心健康。物联网驱动的智慧健康养老模式可提供但不限于以下服务场景。[①]

1. 智能家居系统

传感器技术装置在老年人家居室内,用于监测室内的温度、湿度、一氧化碳含量等相关物理量,防止室内温度急剧变化对老年人的影响,还可以探测火灾、燃气泄漏等危急情况,为物联网提供监测数据。老年人可通过声音、手势等方式实现居家需求,包括开关门锁、控制家电、调节灯光亮度等日常操作。

2. 智能家居医疗

家庭内搭建智能家居系统,可实现老年人生命体征监测,基础健康数据(心率、体温、血压、睡眠状况等)随时掌控;设置吃药提醒,帮助独居老年人实现自我管理;公共区域视频联动监护,了解老年人居家情况;危急时刻自动通话呼救,第一时间保障老年人安全等。再搭配网络远程技术实现实时健康管理,可以使子女随时了解父母的健康状况。

3. 智能定位器

对于高龄老年人,尤其是搬离家乡与子女同住或患有阿尔茨海默病的老年人,不必害怕在其外出时出现迷路或走失等情况,定位技术可实时反馈老年人的动态位置,还可在老年人受到意外伤害的时候即时提供准确位置,方便实施救援。

4. 运动安全设备

老年人适合平缓温和的运动,锻炼时,可在运动装备中放置传感器,也可佩戴运动手环,方便监测老年人的心率、血压、心电图信息等,对老年人的运动安全进行实时监控;一旦发现指标超出安全范围,立即提示老年人降低运动强度,并适当休息。

5. 其他监测功能

可监测老年人是否正确服药、是否摄入足够的营养、睡眠质量好坏及卧床时间是否过久,同时将数据记录下来,作为医生评估老年人身体状况的参考。

（二）物联网技术在机构养老中的应用

为了进一步提高各地养老机构的服务水平和管理质量,就要积极运用物联网技术,并将其与养老服务机构经营管理工作有机结合在一起,这样才能满足社会养老需求,为促进建设和谐小康社会打下坚实的基础。物联网技术在养老服务经营管理模式工作中的应用具体体现在以下几个方面。[②]

1. 实时监控老年人人身安全和健康安全

由于地理位置的特殊性以及社会活动的多样性,城市老年人在人身安全和健康安全方面所面临的风险因素要远远高于乡村老年人。而城市养老服务机构虽然为老年人提供了优质、舒适的生活环境,但是在某种意义上也提高了老年病症的发病概率。由于我国人口众多,随着近年来工业企业的不断增多,城市空气质量远远低于以往,老年人若是长期处于

① 聂晓宇. 物联网助力智慧养老居家服务[J]. 中国自动识别技术,2021(6):64-66.
② 陆祖荣. 物联网技术应用于养老服务机构经营管理分析[J]. 管理观察,2018(24):74-75.

这样的环境下,势必会诱发各种常见疾病,如呼吸道病症、心脑血管疾病等疾病。另外,随着城市车辆的不断增多,给老年人的日常出行带来了很大的困扰,而城市一些老年人处于空巢状态,一旦发生意外情况,很难在第一时间发出求救信号,这也是当下一些空巢老人容易遭遇不测的诱因之一。因此,物联网技术应用在智慧养老服务机构中,就要充分考虑老年人的安全管理问题,能够实时监控老年人人身安全和健康安全,保证在第一时间预警老年人的需求与风险信号,这样才能为老年人的日常生活提供健康和安全的服务保障。

2. 满足老年人多方面需求

随着社会经济的不断发展,养老服务需求也变得越来越多样化。当前我国老年人在晚年生活中除了需要具备充足的日常生活资金,更多的是需要家人常伴左右。而在大多数城市,老年人的养老模式都集中在养老机构、家庭养老以及社区服务等模式下,因为很多城市老年人的子女要面临工作与生活两方面的压力,根本无法常伴在父母身边,所以家庭养老模式在当下城市养老功能上显得不足。而一些养老机构以及社区服务机构由于缺少专业服务人员、专项建设资金以及现代化服务理念等,达不到预期服务效果。所以,在运用物联网技术开展智慧健康养老活动时,相关服务机构就要根据老年人的实际养老需求,引入先进的服务系统和服务技术,以便可以从多方面满足社会养老需求,解决老龄化日趋严重背景下的养老问题。

3. 集成各种养老服务供给资源

众所周知,城市养老资源要比农村养老资源更为丰富,一般情况下,农村养老设施和资源都是以户为单位;而城市养老设施和资源相对于农村显得更为多样化、现代化,城市老年人生活区域多以社区为单位,且一些先进的社区还建有专门的社区医院、养老中心、社区服务中心等机构,这些养老资源和设施集中整合在一起,对当下老年人的养老需求十分有利。所以,物联网应用于智慧健康养老产业中,也必须以最大化的聚集优势资源为目的,既要设计多功能服务模块,如卫生服务功能模块、公共服务中心模块、居家生活帮助模块等,又要组建专业化养老服务队伍,不断提高机构服务质量和服务水平,以便可以最大程度的让老年人体会到幸福的晚年生活。

(三)物联网技术在社区养老中的应用

养老社区是专门为老年人建造的生活设施齐全、公用设施(如医院)配套完善的社区。它是供老年人集中居住及生活的场所,由专业机构负责服务和运营,并提供住户医疗保健、文化娱乐等全方位服务,以满足老年人基本的生活需求。

养老社区比其他居住社区更复杂。养老社区除具备一般居住设施外,还需具备包括医疗护理、文化娱乐、生活服务等适宜老年人的特殊室内设施、配套设施和室外环境空间。养老社区还要根据老年人的生理特征和生活需要,提供无障碍的居住环境、活动空间和求助系统。

养老社区智慧化系统建设要突出适用、安全、便捷、节能、舒适、现代化、数字化、智能化的特点。

物联网技术在实时跟踪老年人的活动轨迹,分析老年人的肢体活动特征,为老年人提供便捷的通行方式和便利的服务方面显得尤为重要。

物联网技术的在社区养老中的显著应用体现在两个方面,具体如表 5-1 所示。①

表 5-1　物联网技术在社区养老中的显著应用

物联网技术的应用点	功能规划	说　明
人身安全监护	人员定位	社区配置无线覆盖系统,每个老年人身上佩戴无线信号接收和发射装置,老年人在社区内的活动将被系统实时定位跟踪,方便老年人在需要帮助时,工作人员能找到他们的位置
	异常报警/求助	老年人感觉身体不适时,可通过随身佩戴的设备(紧急按钮)发送信息到监控中心,监控中心通过无线定位系统联动就近的摄像机,查看老年人的状况并迅速派人处理
生活便利	一卡通	老年人可使用一卡通开启门厅、电梯和门锁,还可使用一卡通在社区刷卡消费,免去携带现金的麻烦

总之,将物联网引入养老领域,着力打造更加高效的智慧健康养老产品,以服务老年人群体为导向研究和开发社会养老信息平台,针对当前老年人群体的特征不断优化和完善智慧健康养老服务是明智之举。借助物联网技术的优势,充分利用各种养老资源,在传统养老模式的基础上不断推动养老服务的新发展,必将使我国养老服务跃上一个新台阶。

第二节　互联网+

互联网的不断发展,深刻改变了我们生活的方方面面,拥抱互联网成为我国传统产业转型升级的一剂"良药"。在养老服务领域,互联网正在深刻地改变着我国的养老观念、养老模式,尤其是在解决养老服务信息不对称、养老服务资源离散化、养老服务管理部门碎片化等问题发挥着越来越重要的作用。可以说利用"互联网+"大力发展"智慧健康养老"已经成为我国顺应时代发展要求化解"银发危机"的新举措。②

一、何谓"互联网+"技术

近年来,全球从 PC 互联网进入移动互联网时代,互联网在各个领域发挥巨大作用,"互联网+"时代随之到来。"'互联网+'行动计划"在 2012 年政府工作报告中首次被提出后,"互联网+"的概念随之被提出并迅速流行,引发了社会各界的广泛关注,"互联网+"成为媒体争相报道的热门话题、企业跨界发展的新路径,尤其是对传统产业改造升级方面产生积极影响。2015 年 6 月 24 日,李克强总理主持召开国务院常务会议部署推进"互联网+"行动。国务院在 2015 年 7 月 4 日印发《关于积极推进"互联网+"行动的指导意见》,将"互联网+"上升至国家战略层面提出:到 2025 年,网络化、智能化、服务化、协同化的"互联网+"产业生态体系基本完善,"互联网+"新经济形态初步形成,"互联网+"成为经济社会创

①　张云平,黄河. 智慧养老实践[M]. 北京:人民邮电出版社,2020:21.

②　李长远."互联网+"在社区居家养老服务中应用的问题及对策[J].北京邮电大学学报(社会科学版),2016(5):67-73.

新发展的重要驱动力量。[①] 这一切都表明,互联网行业的发展成为改变传统行业的创新力量,其巨大的市场潜力也将通过各种"互联网+"得以释放。[②]

推动"互联网+"行动就是要在推动技术进步、提升实体经济创新发展以及与社会各领域深度融合方面发挥互联网的融合作用,最终目标是在经济社会各领域间形成以互联网为创新要素的经济社会发展新形态。企业界、产业界和政府部门对"互联网+"表达了来自各个不同领域的理解和诠释。通过梳理我们发现,以腾讯为代表的企业利用互联网实现创新发展,传统行业利用互联网的跨界融合实现产业升级,整个国家利用互联网推动整个社会资源合理化配置。可以说"互联网+"与传统产业的融合在宏观上形成了经济社会发展的新形态,在行业间构建了行业发展的新生态,向消费者提供了与时俱进的产品和服务。其实,"互联网+"对传统产业融合改造升级并形成新兴业态的例子已经屡见不鲜。例如,互联网与传统集市的融合形成了以淘宝为代表的网上商城新兴业态,互联网与传统银行的融合形成了以支付宝为代表的金融支付形态,互联网与传统书店的融合形成了以当当图书为代表的网上书店形式,互联网与传统红娘的融合形成了世纪佳缘新兴婚恋形式,互联网与传统交通运输业融合形成了以滴滴打车软件为代表的全新出行方式。养老产业也是传统产业之一,随着人口老龄化程度不断加剧,"互联网+"与养老产业的融合发展也备受瞩目。[③]

所谓"互联网+"就是指以互联网为主的整套信息技术(包括移动互联网、云计算、大数据技术等)在经济、社会生活中的扩散、应用过程。"互联网+"的本质是传统产业的在线化、数据化。"互联网+"技术应用的前提是互联网作为一种基础设施被广泛安装。"互联网+"中的"+"可以看作连接与融合,互联网与传统企业之间的所有部分都包含在这个"+"中。在技术上,"+"所指的可能是 Wi-Fi、4G、5G 等无线网络,移动互联网的基于位置的服务(location based services,LBS),传感器中的各种传感技术,场景消费中成千上万的消费,人工智能中的人机交互,3D 打印中的远程打印技术,生产车间中的工业机器人,工业 4.0 中的智能工厂,智能生产与智能物流等。

"互联网+"模式在第三产业的全面应用形成了诸如互联网金融、互联网交通、互联网医疗、互联网教育、互联网农业等新业态,而且正在向第一和第二产业渗透。[④]

二、"互联网+"技术在养老中的应用

在我国人口老龄化日益严重且养老服务发展滞后的背景下,将"互联网+"思维应用到社区居家养老服务领域,实施"互联网+社区居家养老服务"发展战略,创新社区居家养老服务供给模式,打破社区居家养老服务发展的瓶颈,是"互联网+"技术在养老中应用的集中体现。

"互联网+社区居家养老服务"发展战略核心是将互联网和养老服务业整合起来,以信息流带动养老服务,创造智能养老产业新业态。在"互联网+"的运用下,将互联网、物联网

① 国务院关于积极推进"互联网+"行动的指导意见[Z].2015-07-04.
② 于潇,孙悦."互联网+养老":新时期养老服务模式创新发展研究[J].人口学刊,2017(1):58-66.
③ 高菁."互联网+养老"产业发展现存问题和对策[J].社会福利(理论版),2017(3):7,18-20.
④ 张运平,黄河.智慧养老实践[M].北京:人民邮电出版社,2020:22.

和移动通信网融合，并与社区居家养老服务有机结合，充分发挥互联网的集成和优化作用，促使社会各方面资源进入社区居家养老服务，建立信息资源共享、业务协同和服务高效的社区居家养老服务供给体系，从而满足老年人多样化养老服务需求。

（一）"互联网＋"解决养老服务供需信息不对称问题

养老服务供需信息不对称和信息传递的滞后性，是目前社区居家养老服务供需不平衡的重要原因。我国社区居家养老服务供需不平衡的现象比较严重，养老服务供不应求和供过于求的情况同时存在。

通过调查发现，老年人在居家养老服务供给、服务需求和服务利用之间落差明显。与需求比例相比，供给比例总体较低，服务供给满足不了老年人的服务需求。精神慰藉类的服务需求大于供给比例达到了 22%。相对于供给水平，养老服务各项目利用水平也普遍较低，服务利用远远低于服务供给。其中，上门看病服务过剩比例最高，供给与利用之间的落差比将近 30%。[①] 养老服务供需信息不对称是造成这一矛盾的重要原因。社区居家养老服务链的供给、输送和利用三个阶段都存在信息交流不通畅现象，由于缺乏深入挖掘养老服务需求信息，再加上服务信息传递中的障碍，服务信息不能被服务对象所熟知和理解，导致服务供需不能有效对接，老年人部分需求反映不及时，得不到及时有效的满足；而另有一些服务因为利用率低导致资源闲置甚至浪费。

"互联网+社区居家养老服务"可以有效解决信息狭窄、封闭和流通不畅的问题，使养老供需相匹配。发展"互联网+社区居家养老服务"，发挥互联网低成本、及时性、开放性、兼容性的优势，实现养老服务供需信息的及时、无障碍传递与对接。例如，在四川成都，养老"关爱地图"通过互联网技术整合了各种养老服务信息，在养老地图上，人们可以清楚地看到成都老年人的基本信息，以及全市各类养老机构、社区日间照料中心等养老服务设施点位的布局情况和他们所提供的服务内容，[②]这就有效地解决了养老资源信息不对称的问题，提高了养老服务递送的效率和质量。

"互联网+社区居家养老服务"解决养老服务信息供求不对称问题，主要表现在两方面。一是服务需求挖掘方面。利用互联网的信息集成和挖掘功能，建立养老服务需求信息资料库，摸底调查老年人的需求，为每位老年人建立档案，以大数据、云计算为代表的数据处理技术深入挖掘老年人服务需求，将老年人的需求信息化，为政府购买服务的对象确定、费用补贴、服务项目确定等提供依据。二是供求服务信息交互方面。依托手机 App 平台和 PC 客户端，可以为养老服务供求信息提供交互的平台，内联辖区内有实际服务需求的老年人，外联社区养老服务中心、服务商和加盟企业，信息交互平台利用互联网、射频识别技术，将记录、统计及监控到的需求信息集中汇总并分别传输给外联为老服务团队，由其提供上门服务，促使养老服务供需有效对接、资源有效匹配。[③]

① 王莉莉.基于"服务链"理论的居家养老服务需求、供给与利用研究[J].人口学刊，2013(2)：49-59.

② 吴双."互联网＋养老服务"各地在行动[J].中国民政，2018(14)：53.

③ 李长远."互联网＋"在社区居家养老服务中应用的问题及对策[J].北京邮电大学学报（社会科学版）：2016(10)：67-73.

（二）"互联网＋"解决养老服务资源离散化问题

目前我国养老服务资源在服务主体、服务信息、服务项目等方面呈现出离散化的态势，养老服务资源缺乏有效的协调与统筹。[①]造成我国养老服务资源离散化主要有三个方面原因：一是养老资源归属不同社区，各个社区之间资源缺乏链接与整合。社区养老资源通常不对外开放，缺乏调配平台，养老资源无法在各个社区之间自由流动，导致资源浪费与利用效率低下。二是各个养老服务主体之间沟通、互动不足。社区作为养老服务多元合作的平台功能没有很好发挥，政府、社会组织、市场、家庭等多元主体之间互动不足、缺乏沟通，各主体掌握的软硬件资源尚未实现实时性链接。政府服务资源没有实现普惠化，而市场、社区和民间的资源进入养老服务动力不足，公私合作伙伴关系不稳定。三是养老服务项目采取分级分类的管理模式，难以实现资源的共享与合作。社区居家养老服务主要涵盖生活照料、医疗保健、康复护理、家政服务、精神慰藉等项目，不同行政管理部门主管不同服务项目。例如，民政部门负责生活照料、家政服务、养老机构、社会工作等；卫生部门负责医疗服务、保健、康复等；工商部门负责家政服务。这种条块分割型的管理体制，难以实现资源的共享与合作。

社区居家养老服务综合信息平台，可以实现养老服务资源的有效链接与整合。互联网与社区居家养老服务各领域深度融合，可以促进资源的优化配置。主要表现在以下三个方面。

1. 实现养老资源在各个社区之间的无缝链接

利用互联网工具和平台成立社区老年照顾协会或互助养老服务组织，开设社区居家养老服务网络论坛，充分挖掘社区内部养老服务资源，发展互助养老服务。通过养老资源调配平台，可以促进养老服务资源在各个社区之间自由流动。

2. 实现养老服务各项目之间的整合

将社区养老服务所需的照看护理、家政服务、医疗保健、社会工作、精神慰藉等资源整合起来，形成社区养老服务集成系统，合力支持信息化养老。

3. 推动养老服务主体由单一向多元转型

利用互联网平台链接政府、社会组织、企业和志愿者等多主体共同参与养老服务，定期、不定期发布为老服务、优惠政策、志愿者征集等信息，便于多种社会资源进入社区为老年人服务。[②]

（三）"互联网＋"解决养老服务管理部门碎片化问题

社区居家养老服务管理部门的碎片化，难以形成统一协调机制。管理层面上，我国社区居家养老服务行政分割、管理分治现象较为严重，决策和执行网络涉及老龄、民政、财政、

① 贾海彦，张红凤. 基于产权约束的基层养老服务资源优化配置研究[J]. 中央财经大学学报，2016(1)：16-22.

② 李长远."互联网＋"在社区居家养老服务中应用的问题及对策[J]. 北京邮电大学学报（社会科学版）：2016(10)：67-73.

卫生、社保等职能部门,养老服务部门化、部门服务单体化,导致社区养老服务部门条块分割严重,各部门间尚未形成共同决策和信息资源共享机制。[①] 政府购买服务信息化网络建设滞后,影响了网络协同治理的形成。政府购买服务的顺利推行不仅取决于资金是否到位、相关政策法规是否完善,而且还有赖于信息网络技术的支持。但是政府在推进购买社区居家养老服务过程中,购买方和服务提供方信息不对称,影响了公私合作伙伴关系的构建。另外,在政府养老服务外包的过程中,购买信息发布、购买政策咨询、服务量的核算、服务质量反馈、服务评估、社会监管等对完善政府购买服务至关重要。

提高社区居家养老服务管理的效率和效能,不仅需要变革政府行政管理体制,同时需要利用多网融合等信息化技术和手段,实现政府对养老服务管理的信息化、集成化。政府将大数据、移动互联网、云计算等技术运用到日常养老服务的管理中,以此提升服务管理的深度和水平,已经成为养老服务发展的趋势。其主要表现在以下三个方面。

第一,政府出资建设平等共享的养老服务信息平台,确定养老服务业务规范及流程,实现养老服务信息采集、信息沟通、回应、反馈等全程闭环式管理流程,有效地将自上而下的行政资源与自下而上的社区民间资源对接起来,不仅降低了管理过程的时间成本和资金成本,而且切实促进了社区养老服务的网络化治理,使政府购买社会居家养老服务更加公平和有效。

第二,政府政策与管理工具也可依托综合信息服务平台,达到其预期目的,如合同外包、服务券、税收优惠、补贴等。

第三,政府通过信息化技术能够对养老服务实施全程监控,信息平台产生的相关数据,可以为养老服务统计管理与效能考评提供重要依据,从而成为综合评价的重要指标。[②]

(四)"互联网+"打造养老服务新模式、新业态

由于互联网对我国养老事业的影响是全方位的、深层次的,所以我们应该对"互联网+"养老的内涵进行更加全面的认识。从理想化的养老服务供给来看,"互联网+"养老的核心应该是实现"应养尽养",具体来说有两个标准:一是养老服务的内容广泛,必须涵盖老年人需要的诸如生活照料、康复医疗、紧急救助、健康管理、远程医疗、精神慰藉等内容;二是服务对象的全覆盖,无论是低龄老年人还是中高龄老年人,无论是身体健康的老年人还是患有各类疾病的老年人,都能在真实或者虚拟的养老生态圈内获得相应的需求满足。

推动互联网和养老深度融合,实现"应养尽养",不仅要求我们从技术层面去认识,还应该从思维层面、政策层面、商业模式层面对"互联网+"养老模式进行全面深入的认知。如图 5-1 所示,"互联网+养老"模式就是要用互联网思维、技术和商业模式改造传统的养老产业和养老模式,把互联网元素融入养老服务产品研发、设计、生产、营销以及养老服务管理的每一个环节中去,打造养老服务新业态,提高养老服务的供给效率和质量,增强老年人的

---

① 翁列恩,王振,楼佳宁.集成化、信息化与标准化的居家养老服务创新研究——以杭州市上城区为例[J].公共管理学报,2013(3):1-11.

② 李长远."互联网+"在社区居家养老服务中应用的问题及对策[J].北京邮电大学学报(社会科学版):2016(10):67-73.

幸福感和获得感。

互联网和养老的融合是全方位的、深层次的，互联网技术、思维、商业模式、管理模式和养老的融合将会推动养老服务升级换代，提高养老服务供给的质量和效率。如图5-2所示，从横向来看，二者的深度融合涉及老龄产品、老龄服务、养老服务的管理模式、运行机制等方面；从纵向来看，二者深度融合将会对养老服务供给模式带来巨大变革，从养老服务需求端到供给端都会产生巨大变化。

图 5-1 "互联网+"养老模型

总的来看，积极运用互联网思维改变传统养老思维，大力发展互联网技术，推动互联网商业模式在养老场景的运用，构建全新的养老生态，人类的养老方式将会越来越智慧化，"互联网+"养老模式将会为解决我国当前的养老困局提供新的方向和路径。[①]

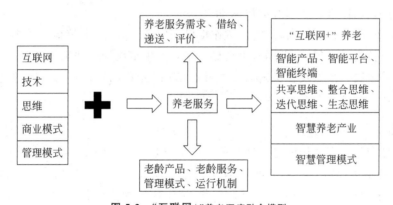

图 5-2 "互联网+"养老深度融合模型

第三节 定位技术

在智慧健康养老中，需要实现老年人的实时定位，也就是要实时了解老年人的位置，尤其是当老年人遇到紧急情况时可以及时救援，这无疑这离不开定位技术，尤其是室内的定位技术。

一、室内定位技术介绍

定位技术已有了多年的发展，现在广泛应用于商场、监狱等场景。目前使用较多的室内定位技术主要基于射频系统，如 Wi-Fi 定位、蓝牙定位、Zigbee 定位、超宽带（UWB）定位

① 孙建娥,张志雄."互联网+"养老服务模式及其发展路径研究[J].湖南师范大学社会科学学报,2019(3)：46-53.

以及 RFID 定位等。这些定位技术的比较如表 5-2 所示。[①]

表 5-2　不同室内定位技术的比较

定位技术类型	定位精度	成本	抗干扰性	采集工作	穿透性
Wi-Fi 定位	2 米	低	弱	无/较多	较高
蓝牙定位	30 厘米以上	低	弱	无/较多	较低
ZigBee 定位	1～2 米	较高	较弱	无	较低
UWB 定位	6～10 厘米	很高	强	无	高
RFID 定位	1～5 米	低	弱	无/较多	较高

（一）Wi-Fi 定位

Wi-Fi 是一种允许电子设备连接到一个无线局域网（WLAN）的技术，通常使用 2.4G UHF 或 5G SHF ISM 射频频段。定位算法可以分为基于测距的算法和基于非测距的算法，在 Wi-Fi 定位中较常使用的是基于非测距的算法。其中，基于指纹库的近邻算法最为常见，如最近邻法、K 近邻法以及加权 K 近邻法等。[②]

现有 Wi-Fi 覆盖程度较高，给定位工作提供了便利。Wi-Fi 装置数量越多，理论上基于指纹库的定位精度就会越高，但同时也会导致指纹库中指纹的前期采集十分耗时且对数据处理能力要求较高。虽然现在国内众多学者对 Wi-Fi 定位的算法进行了改进，但定位精度的范围大多还是在 2 米左右。[③]

（二）蓝牙定位

现在蓝牙定位大多使用的是低功耗蓝牙信标（BLE），每个 BLE 信标有其特有的 ID，在定位时信标会发送 ID 给终端，并在终端设备定位运算。[④] 蓝牙定位算法中较常使用的是 RSSI 测距方法和指纹定位方法，和 Wi-Fi 类似，此处的指纹定位也可以使用近邻法等算法。[⑤] 蓝牙定位的成本较低、功耗小，同时手机终端也配置了蓝牙模块。蓝牙定位的精度比 Wi-Fi 定位高，这使得蓝牙定位也得到了较多的应用。但蓝牙定位需布设大量的信标，若使用指纹定位，就需要去进行繁杂的指纹采集工作并需要有较强的数据运算能力。

（三）ZigBee 定位

ZigBee 技术是一种双向无线通信技术，其具有距离短、复杂度低、速率低、功耗低以及成本低等特点，通常是在远程控制与自动控制领域中运用。[⑥] 其不仅可以支持地理定位功能，还可以运用到各种设备中。ZigBee 网络可以适应多种网络拓扑结构，而且具有安全、可靠以及快速等优点，相关的网络设备主要有传感器节点、汇聚节点以及协调器等。

① 张陈晨，等. 室内定位技术在智慧养老中的应用研究[J]. 计算机应用工程技术，2021(15)：16-18.
② 张陈晨. 基于 Wi-Fi/UWB/气压计的室内组合定位研究[D]. 南京：东南大学，2018：15.
③ 樊伟. 室内定位技术研究与应用[J]. 信息与电脑，2018(10)：141-143.
④ 严志. 一种基于高斯和滤波的蓝牙信标室内定位算法[J]. 全球定位系统，2021，46(3)：94-98.
⑤ 谢恩德，洪毅. 室内定位方法综述[J]. 电脑知识与技术，2021，17(11)：231-234.
⑥ 张波. 我国居家养老模式研究综述与展望[J]. 四川理工学院学报(社会科学版)，2013，28(4)：10-14.

因为 ZigBee 技术弥补了无线通信市场在低速率、低功耗以及低成本等方面的不足,人们对其的关注与研究热情也大大提高。进入新时代后,随着网络技术的普及,ZigBee 技术逐渐被应用到了各个领域。同时,具备 ZigBee 功能的各种设备也逐渐出现在人们的日常生活中,极大改善了人们的生活方式。[①]

(四) UWB 定位

UWB 技术是一种采用 1GHz 以上带宽且无须载波的无线通信技术。基于 UWB 的定位大多基于接收信号时间法,即测量信号在收发节点之间的传播时间,然后通过计算得到距离,主要包含信号到达时间法、信号到达时间差法以及往返到达时间法。[②]

UWB 定位的成本较高,定位精度也较高,现在国内某公司定位节点的信号传输距离可达到 600 米。应用场景很大且定位要求较高的情况下选择 UWB 定位,能够得到较好的效果。

(五) RFID 定位

RFID(radio frequency identification)是射频识别技术,又称无线射频识别,是一种利用射频信号自动识别目标信号对象并获取相关信息的技术,它可通过无线电信号识别特定目标并读写相关数据。由于传统的定位系统不能满足室内定位环境和精度的要求,而 RFID 技术所具有的非接触,非视距,无须人工干预,以及可同时识别多个标签,操作快捷方便,定位精度高等优点,使其成为优选的室内定位技术。[③]

RFID 一般由标签(tag)、阅读器(reader)、天线 (antenna)等部分构成。其中,标签由耦合元件及芯片组成,每个标签具有唯一的电子编码,附着在物体上标识目标对象。阅读器是读取标签信息的设备,可设计为手持式或固定式。天线在标签和读取器间传递射频信号。

二、定位技术在智慧健康养老中的应用

现有养老模式主要有三种,即机构养老、社区养老以及居家养老。其中负责采集信息的终端有定位基站、定位信标/节点、床位压力传感器、视频采集器、健康监测设备以及智能手环等。这些终端会将采集到的信息发送到云数据中心,由云数据中心进行分析与处理,并将相应的结果发送给管理者。若有非正常情况,管理者可以及时预警。在这三种不同养老模式中所需具备的功能有所不同:在机构养老中,所需功能包含机构管理、安全系统、老年人监护、财务管理以及统计分析等;在社区养老中,所需功能包含服务管理、健康管理、老年人监护、智能呼叫以及统计分析等;在居家养老中,所需功能有档案动态管理、智能呼叫、老年人监护、视频关爱以及统计分析等。

在所有的功能中,室内定位技术可以用在多处:机构管理里面的设备和物品管理可以利用室内定位技术来获取所在位置,大型设备如床位、书柜等不常移动的家具类,可以设置

---

① 李天元. ZigBee 技术下的智慧养老定位管理系统设计与实现研究[J]. 软件开发与应用,2018(18): 66-67.

② 张陈晨. 基于 Wi-Fi/UWB/气压计的室内组合定位研究[D]. 南京:东南大学,2018: 15.

③ 韩美林,刘有耀. RFID 定位技术和常见算法比较[J]. 产业与科技论坛,2014(13): 89-91.

较长时间段刷新定位，而血压计等物品需要实时定位或较短时间刷新定位，这样需要拿取时可以节省精力与时间；安全系统和老年人监护中可以应用室内定位技术来确保老年人不会远离安全区域，特别是患有阿尔兹海默症的老年人，同时若监护系统发现老年人身体机能出现异常，可利用定位技术实时获取老年人位置，让因摔倒或慢性病而晕厥的老年人能够得到及时的救助；智能呼叫也是依赖定位技术来获取需要帮助的老年人的位置，其在社区养老和居家养老的模式中极为重要；老年人可能是独自在家或在社区走动，若遇到身体不舒服，在有意识的情况下及时寻求帮助，系统获取定位后及时通知管理人员，并呼叫救护车，能够缩短救护时间。

邓术芬针对智慧养老中的远程监控与定位进行了研究，并实现了活动轨迹实时显示、轨迹回放以及电子围栏越界报警。其将这些技术应用在智慧养老院中，实现的是小范围内的人员定位，但在社区养老模式上有可拓展性与局限性。可拓展性在于通过布设多个超宽带定位节点，可以实现社区范围内的人员定位；局限性在于投入成本相对较高。[①] 姚国勤等针对居家养老，利用蓝牙定位技术实现了老年人的离家判定和室内位置定位，其优势在于蓝牙定位的成本相对超宽带定位要低很多，且大范围的扩展具有可行性；其局限性在于定位精度没有超宽带高，且未涉及老年人离家后在社区内的定位。[②]

Wi-Fi定位技术也可应用在养老院和居家养老中，但由于其易受干扰导致精度较差且指纹采集工作量较大，相对超宽带和蓝牙，较少应用在实际养老院的场景中。国内现有的研究室内定位技术的公司有乾坤物联、清研讯科等，设计了智慧养老相关方案，实现了实时定位、轨迹回放、健康监测以及电子围栏等功能，但较少有针对社区养老所设计的方案。

若要实现针对社区的养老，除了上述已实现的功能以外，还需考虑在整个社区内定位时要用到的定位技术，无论是选择单一定位技术，还是考虑组合定位技术，都要对成本与精度进行衡量。

在为智慧养老平台提供位置服务的同时，室内定位技术如果能与大数据分析相融合，将会得到更有利于决策的结果。例如，在得到实时定位的同时，利用已有数据集分析并预测老年人现在可能在做什么；对老年人一天活动的轨迹进行分析，得出老年人喜欢去哪些地方，判断老年人的喜好；针对老年人在何地、遇到何人以及健康监测上的数据进行分析，计算出老年人当时可能的心理活动。

健康监测并不能只关注身体体征，还需要关注心理健康，从而更好地为老年人服务，使他们生活得更加快乐与幸福。[③]

对中小型养老机构中对老年人的监护需求，可以研究构建基于ZigBee技术的养老监护系统。系统主要包括老年人的健康监护和安全监护功能，传感器节点以CC2530芯片为核心，组建覆盖养老机构区域的无线网络，通过汇聚节点将传感器节点采集的数据经互联网传至数据管理中心，数据通过管理中心进行监测与分析，如果各项数据超出设定的安全

① 邓术芬.智慧养老院人员定位系统研制[D].成都：电子科技大学，2019：20-22.
② 姚国勤，俞晖，杨震.基于蓝牙技术的智慧养老监护系统的设计[J].电信快报，2017(7)：32-34.
③ 张陈晨，等.室内定位技术在智慧养老中的应用研究[J].计算机应用工程技术，2021(15)：16-18.

阈值系统将提示并通知护工,护工通过终端设备安装的 App 能够实时查看老年人的相关信息。[①]

由于 RFID 系统可通过射频信号自动识别目标对象并获取相关数据,识别工作无须人工干预,所以 RFID 可用于养老院和社区服务中。在养老院的各个场所中,如房屋、道路、围墙等位置安放 RFID 读写器,读写器会定时自动读取佩戴在老年人身上的电子标签上的 ID 信息,再通过以太网络以及相关集线器等中间设备把这些信息传到管理系统中。管理系统通过对照数据库就能查询到老年人的详细信息,有效地管理老年人的信息,最大限度地保障老年人的人身安全。[②]

RFID 系统,首先可以给老年人定位,及时掌握老年人的实时信息并对老年人的位置管理。例如:老年人走入湿滑的地方,要通过预警功能告知他;还有一些老年人有定向力障碍,常常毫无目的的四处乱走,容易出现意外,我们可以通过 RFID 技术通知附近的管理服务人员及时地采取保护服务。其次,可以求救服务。老年人感到不舒服或遇到什么困难时,可发出求救信号,那附近的管理服务人员收到求救信号后可以及时有效地给予帮助,以免意外情况的发生。最后,可以发挥滞留警醒的作用。老年人难免会出现昏迷摔倒等情况。当 RFID 技术定位发现老年人一直在原地不动时,便会发出预警信号,如果老年人未给予回应,则通知附近的管理人员进行照看老年人。[③]

第四节 云 计 算

一、云计算的概念和特点

(一)云计算的概念

随着大数据时代的到来,云计算作为信息技术未来发展的一大趋势、一种信息资源处理的新兴信息技术,对互联网及相关信息产业的影响日益密切。

云计算即把信息数据分解布置在大量计算机服务器群组成的资源处理池中,池中的各种应用系统再把信息数据转化处理成以计算能力、存储空间和软件应用等形式存在的各种网络服务,这些提供服务的网络称为"云"。用户根据自身需要通过网络终端获取这些"云"服务即可,而且无须安装相应的接收系统。云计算的基本原理可以说成,把大量数据的处理从单个计算机转移到设立好的计算机群上,由一个大型的资源处理中心统一管理这些计算机群,对有相关"云"服务需求的用户由这个数据中心按需要为其提供服务。

(二)云计算的特点

相比一般信息服务,云计算有以下几个显著特点[④]。

① 张钰,等. 基于 ZigBee 技术的养老监护系统设计[J]. 电脑知识与技术,2018(24): 51-53.
②③ 王静. 浅谈 RFID 技术在养老院老年人定位和预警方面的应用[J]. 电子技术与软件工程,2015(21): 131.
④ 赵炯. 基于云计算的养老服务信息化管理的探究[J]. 劳动保障世界,2015(S1): 162-164.

1. 信息规模庞大

一般的云计算管理系统都具有相当的规模,拥有几十万台至几百万台不等的服务器,而企业私有云一般也拥有数百上千台服务器。同时,"云"也能赋予用户前所未有的计算能力。

2. 使用方便,设备要求低

云计算支持用户在任意位置、使用各种终端获取应用服务。所请求的资源来自"云",而不是固定的且有形的实体。应用在"云"中某处运行,但实际上用户无须了解,也不用担心应用运行的具体位置。只需要一台上网的笔记本电脑或者一部手机,就可以通过网络服务来实现我们需要的一切,甚至包括超级计算这样的任务。

3. 安全性及高可靠性

用户数据存储在服务器端,应用程序在服务器端运行,计算由服务器端处理。其使用了数据多副本容错、计算节点同构可互换等措施,保障了服务的安全性和高可靠性,且使用云计算比使用本地计算机可靠。

4. 可共享性

云计算不针对特定的应用,在云计算的网络应用模式中,数据保存在服务器端,所有电子设备只需要连接互联网,就可以同时访问和使用同一份数据。即同一个"云"可以同时支撑不同的应用运行。

5. 按需服务和高扩展性

云服务作为是一个庞大的资源池,可以按需购买,同其他信息产品一样定价。同时,其服务内容也可以动态伸缩,满足应用和用户规模增长的需要。

6. 成本低廉

云服务系统投入只需要考虑硬件成本、管理成本和使用成本。由于"云"的特殊容错措施可以采用极其廉价的节点来构成云,"云"的自动化集中式管理也无须负担日益高昂的数据中心管理成本,"云"的通用性使资源的利用率较之传统系统大幅提升,所以,用户可以充分享受"云"的低成本优势,经常只要花费几百美元、几天时间就能完成以前需要数万美元、数月时间才能完成的任务。

二、云计算的服务模式和类型

(一)云计算的服务模式

根据美国国家标准与技术研究院(national institute of standards technology,NIST)的权威定义,云计算的服务模式有软件即服务(sofware as a service,SaaS)、平台即服务(platform as a service,PaaS)和基础设施即服务(infrastructure as a service,IaaS)三大类。

1. SaaS

SaaS 提供给用户的服务是指运营商运行在云计算基础设施上的应用程序,用户可以在各种设备上通过客户端界面访问这些应用程序。用户不需要管理或控制任何云计算基础设施,包括网络、服务器、操作系统、存储等。

2. PaaS

PaaS 提供给用户的服务是指云计算把用户开发的或收购的应用程序（例如 Java、Python 等）部署到供应商的云计算基础设施中。用户不需要管理或控制底层的云基础设施（包括网络、服务器、操作系统、存储等），但用户能控制部署的应用程序，也能控制运行应用程序的托管环境的配置。

3. IaaS

IaaS 提供给用户的服务是指云计算对所有计算基础设施的利用，包括处理 CPU、内存、存储、网络和其他基本的计算资源，用户能够部署和运行任意软件，包括操作系统和应用程序。用户不管理或控制任何云计算基础设施，但能控制操作系统的选择，以及存储空间、部署的应用，也能获得有限制的网络组件（例如路由器、防火墙、负载均衡器等）的控制。

（二）云计算的服务类型

按照部署方式和服务对象的范围，可以将云计算分为三类，即公共云、私有云和混合云。

1. 公共云

这是由云服务提供商运营，为最终用户提供从应用程序、软件运行环境，到物理基础设施等各种各样的 IT 资源。在该方式下，云服务提供商需要保证所提供资源的安全性和可能性等非功能性需求，而最终用户不关心具体资源由谁提供、如何实现等问题。公共云一般应用于个人用书、小型组织和中小企业等。

2. 私有云

这是由企业自建自用的云计算中心，相对于公共云，私有云可以支持动态灵活的基础设施，降低 IT 架构的复杂度，使各种 IT 资源得以整合、标准化，更加容易地满足企业业务发展需要，同时私有云用户完全拥有整个云计算中心的设施（如中间件、服务器、网络及存储设备等）。私有云则多为集团企业以及政府等采用。

3. 混合云

这是把公共云和私有云结合在一起的方式。用户可以通过一种可控的方式部分拥有，部分与他人共享。

三、云计算在养老中的优势

云计算是一种对 IT 资源的使用模式，是对共享的可配置的计算资源（如网络、服务器、存储、应用和服务）提供无所不在的、方便的、随需的网络访问。[①]云计算的核心内容是网络资源的共享和海量信息数据的整合，能够以较低的成本来解决海量数据的处理问题。云计算可以通过物联网和互联网连接，利用各种硬件及软件资源，随时帮助企业对海量信息进行有效的获取和分析，进而做出更加明智的决策。云计算的核心技术是自动化，它可以使用户在无须服务提供者介入的情况下，对资源使用的请求能够以自行服务的方式实现。针

---

① 朱近之. 智慧的云计算：物联网的平台[M]. 北京：电子工业出版社，2011：1.

对目前我国所面临的人口老龄化、居家养老难等问题,引入云计算可以带来以下优势。

(一)实时监控养老服务情况

通过云计算技术,构建老年人关爱系统,其受益者(包括老年人及其子女)可以在任何地点求助、查看,只需要通过一个移动设备即能实现;而系统管理方可以随时随地对老年人的实时状况进行监控,在提升养老服务质量的同时使养老服务的管理效率达到最大化。此外,在信息数据收集中,利用与计算技术的远程管理和数据传输功能,不仅可以加强对日常服务工作的监督和检查,而且能及时准确地把握养老服务的信息和数据,高效地完成对数据的加工处理与统计,并形成报表把数据传递出来。这样,为养老服务决策者进行政策决策提供信息查询与管理平台,建立一种新型高效的管理模式,提高工作的准确性及数据的共享性。[1]

(二)降低养老的成本

面对我国养老信息呈现爆炸式增长的现状,利用云计算以较低成本处理海量数据这一优势,养老机构引入云计算技术可以降低养老的成本。云计算技术的规模化效应为政府及社会节省了开支,解决资金投入不足的问题。养老面对的一个主要问题是"资源的共享"以及"信息的整合",这正是云计算的核心所在。因此,养老机构可将云计算引入养老模式,整合居家老年人及与老年人相关的一切要素,使其构成一个大的物联网。在实施过程中,云平台收录全部居家老年人的资料,利用云计算技术分类汇总和有效整合这些信息,并应用不同的云终端进行实时监控,处理老年人复杂化的、海量的服务需求,最大程度上方便老年人及其家庭,使他们准确获取信息,达到真正意义上的双赢。

(三)智能化地配置资源

云计算能够智能化地调配资源,使养老机构通过云计算构建完整的自动化的养老模式,减少对服务人员的需求量,节省了人力成本。同时,云计算的使用,并不要求使用者对其充分了解或者是IT精英,任何人都可以运用,它的广泛易用性大大减少了专业人员的需求量,可以用来解决养老模式中专业服务人员不足的问题。养老机构可以向大的云计算运营商租用相关设备,以便灵活地响应居家老年人的需求。这样,当需求增加时,养老机构可以通过加大租用量来节省时间和降低大量的基础设施投入成本。反之,当养老需求下降时,养老机构则可以减少租用,不用担心投资建设的设施闲置问题。云计算的弹性伸缩和自动部署特点为养老提供了弹性化服务,在降低成本的同时,也规避了资源闲置和浪费现象。

(四)提供一体化的居家养老服务

通过云计算在养老模型中的运用,养老机构可以将老年人及与他们相关联的各要素整合在一起,建立一体化的服务模式。一体化服务模式具有低成本、高效率的特点,能够更加充分地利用政府及福利机构所投入的资源,在更好地满足老年人需求的同时,不辜负政府及福利机构的期望。此服务模式强化了信息整合、资源共享的优势,能够使服务趋于规范

---

[1] 卢剑炜. 基于云计算的老人关爱系统的设计与开发[J]. 软件设计与开发,2016(5):82-83.

化、透明化。同时使老年人更易于接受和参与其中,也有利于提高老年人的参与程度及养老的社会化程度。[①]

四、基于云计算的养老模型中提供的云模块

如何将云计算应用于居家养老模式中,张亭、薛伟莲建立的基于云计算的居家养老模型,较好地满足了现有智慧健康居家养老的需要,具有较好的发展前景。该模型如图5-3所示,用户通过用户访问层的COP(convenient to old people,方便老年人)装置使用云计算所提供的各种服务。此装置集中了云计算的资源共享、信息整合、自动化、智能化等特点,同时又具有很高的安全性。COP外观如同iPhone手机大小,屏幕为触摸屏。其配置近似于iPad,易用且便于携带。结合老年人的实际情况,上面设置几个实用的触摸图标按钮,如养老金认证图标、红十字图标、120图标、购物车图标、迷宫图标、音符图标、爱心图标和学士帽图标等,分别代表不同的云服务功能。用户可以通过用户访问层的接口来选择需要使用的云服务。用户的请求由中间部分的各种服务提供支持,服务管理层对中间部分提供的各种服务进行管理。该层次包含业务管理和服务管理,提供了对所有层次云计算服务的管理功能,是云计算平台的核心支撑功能,也是评价云计算方案优劣的重要因素。

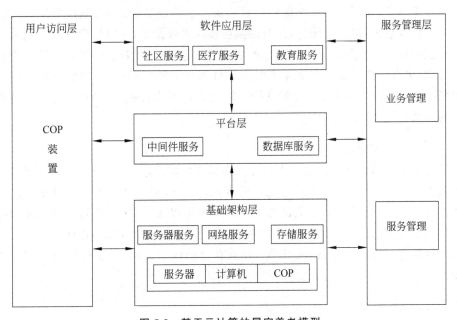

图5-3 基于云计算的居家养老模型

图5-3中的中间部分包含三个层次:基础架构层、平台层和软件应用层,这三个层次分别提供不同层次的服务。其中,基础架构层通过服务器、计算机、COP装置为系统提供服务器服务、网络服务、存储服务等;平台层则是对基础架构层的服务进行封装,使软件应用层可以使用更高级的服务来构建自己的应用;软件应用层为用户提供应用软件服务,是用

---

① 张亭,薛伟莲. 基于云计算的居家养老模型研究[J]. 中国管理信息化,2013(7):96-98.

户使用云计算的接口,具体包括社区服务、医疗服务、购物服务、定位服务、教育服务等。

基于云计算的居家养老模型中提供的各主要云模块如下。①

（一）社区服务云模块

利用 COP 的安全性、自动化和保密性等优势,可以为老年人提供更加完善的社区服务。社区服务云模块支持退休金认证、送饭送菜、清洁卫生、基本医疗、陪护聊天等切实贴身的服务。社区对辖区中的老年人信息进行统计、整合,为其进行网上登记,通过互联网实现网络化访问和自助式服务。这样,只需要很少的专业人员监控这个云计算平台,有效解决了专业人员不足的问题。另外,此模块提供的支持养老保险认证功能,通过为老年人设置登录账号、密码、指纹识别等技术,将云计算、云安全运用到社区的管理中,为老年人提供网上认证,确保退休金管理的准确、严密。

（二）医疗云模块

基于云计算的居家养老模型将区域医疗信息化解决方案引入,提供低成本、易管理、可按需灵活扩展的信息共享平台。此模式略去中间环节,将老年人与医院直接建立起互相帮扶的网络系统即医疗云。通过 COP 装置,当老年人点击红十字图标时,表示病情不是很严重,如感冒、头疼等,这可以由社区医疗提供服务。当情况紧急,如心脏病突发或者出现胸闷气短等症状时点击,可 120 图标,此时医院会接到求救信息,并根据信息的紧急情况派遣医疗小组或者派发 120 急救车。利用这种小装置将老年人的信息进行整合,统一交付于医院的云终端,更有效地满足居家老年人的突发性医疗需要。同时,此种做法比那些在社区建立服务平台、救护信息需求平台等进行中转的方式要节省很多时间,更有利于对病人进行及时的抢救。

（三）购物云模块

购物云模块利用云计算将老年人与各大商场超市信息进行全面整合,分别推送到商家和老年人的云终端上,形成一个信息完整的资源汇集池,对老年人的购物需求提供自动化管理和快速交付,及时满足老年人的需求。老年人可以通过 COP 装置的购物车图标与商店联系让他们送货上门,或者商店根据 COP 资源汇集池的记录情况,自动为老年人适时地提供物品及服务。商家可以引入云计算,建立自己的购物云网络,更好地满足有特殊需求的老年人。

（四）定位云模块

老年人随身携带的 COP 装置将老年人的信息有效地整合在一起,与老年人的儿女、联网的医院、社区等相互联系,方便其子女对老年人进行实时的远程监控,能够准确了解自己的父母所处的地理位置及其所处环境的安全情况。当老年人外出迷路的时候,只需点击迷宫图标,他们的子女们便会接到呼救信息,通过此技术子女可以及时确定父母的地理位置。

---

① 张亭,薛伟莲. 基于云计算的居家养老模型研究[J]. 中国管理信息化,2013(7)：96-98.

（五）娱乐交流云模块

该模型将娱乐交流功能引入老年人的日常生活中,更切实地为老年人提供适合他们交流及娱乐的环境氛围。通过网络把老年人联系在一起,为老年人提供有益于他们身心健康的娱乐交流方式,如养花、书画、垂钓、跳舞、旅游活动。娱乐交流云也可以将不能到现场参加活动的人覆盖其中,使他们通过 COP 装置的音符图标感受活动的快乐,如身临其境一般。与此同时,利用云计算的广泛性将老年人与其相关的人员整合在一起,老年人与他人能够随时联系,扩大了他们的娱乐交流范围。

（六）精神抚慰云模块

老年人也可以通过精神抚慰云与子女、他人在精神上互相安慰与关心。通过精神抚慰云将居家老年人集中起来,由专业人员提供网络咨询与心理抚慰,适时地向老年人传递积极乐观向上的精神。此外,社区或者其他一些组织可以利用这个精神抚慰云将老年人的信息和其他家庭的信息进行全方位整合及网络覆盖,使老年人能够看到其他人的需求,有能力的老年人便可以直接向有需求的家庭发出有偿或者无偿的帮助请求,这样老年人在为他人提供服务的同时,又可以愉悦自己的身心,达到年轻人和老年人互助的目的。

（七）老年教育云模块

教育云模块可以为老年人提供教育学习功能,使老年人更能适应时代发展的需要。此模块运用云计算的资源整合功能将老年人与不同的教育机构、保健组织等相联系,老年人可以根据自身的需要,通过点击 COP 上的学士帽图标随时与教育机构沟通,获得所需要的教育指导。此外,老年人还可以通过网络互相交流学习的心得体会,有效地帮助社会、社区更好地开展教育。将教育云模块运用到政府创办的老年大学等老年人教育机构中,能够满足更多老年人的学习需求,更有效地利用政府及社会公益组织的资金投入。[①]

第五节 大 数 据

大数据是由数量巨大、结构复杂、类型众多的数据构成的数据集合。大数据分析基于云计算应用模式,通过多源融合和数据挖掘技术,形成有价值的信息资源和知识服务。[②]

一、大数据的特征

2008 年以来,计算机业界组织"计算社区联盟"(computing community consortium),发表了一部有深远影响力的白皮书《大数据计算:在商务、科学和社会领域创建革命性突破》(*big-data computing: creating revolutionary breakthroughs in commerce, science and society*),标志着大数据进入主流社会的视野。大数据技术在云计算日渐成熟并得到规模化应用后于 2012 年开始了规模化的商业应用。这是一个新的数据共享、处理和使用

① 张亭,薛伟莲. 基于云计算的居家养老模型研究[J]. 中国管理信息化,2013(7):96-98.

② 张云平,黄河. 智慧养老实践[M]. 北京:人民邮电出版社,2020:39.

技术,通过涵盖所有数据来发现通常视而不见的、深层次的各种关联信息。①

大数据时代当然离不开"大"了,也就表明了在数据方面是非常广泛和规模较大的,在 10TB(1TB=1024GB)规模以上的数据量也就是我们通常说的大数据的基本概念了。相较于过去的数据来说,如今的大数据主要通过四个方面来进行规划:多样性、体量大、速度快、价值密度低。通常我们用四个 V(variety、volume、velocity、value)来表示。

第一个"V"就是 variety。面对种类繁多的数据,可以根据数据的结构来进行区分,可分为结构化和非结构化。我们常见的一些数据和一些网页数据都属于结构化数据,而非结构化,数据则是一些音频,视频等类的数据。我们如今使用的视频、图片、网络日志、地理位置信息等都是数据的具体显示,表现了数据的种类繁多,同时在数据处理起来也是非常复杂的。

第二个"V"就是 volume。数量较大,客户的内部数据是非常多的,用户化每一秒都可以输入许多的数据,还包含了 PB 数据,这样数据中 PB 化将成为一种常态现象。另外,非结构化的数据规模庞大并且不断增长,占了大数据总量的 80%~90%,相较于结构化数据增长了 10~50 倍,更是传统数据仓库的 10~50 倍。

第三个"V"是 velocity。数据是经常变化的,所以在得到数据时需要及时进行处理,结果也要尽快得出。这也是和传统数据分析有着本质上的不同。移动互联网、车联网、平板电脑、云计算、物联网、手机、PC 以及同样的传感器,都是基于数据的方式来得到应用的。②

第四个"V"是 value。数据的相关性不大,如果不对数据进行相关处理,那么得到的价值也就较低,可以称为价值密度低的数据。以视频为例,时间长的视频可能有效的数据只有一两秒,面对如此复杂多量的数据,如果还是依靠传统的 BI 数据库显然已经不适合了。

大数据离不开"多样化(variety)、大量化(volume)、快速化(velocity)、价值密度低(value)"这些显著的特征,数据中拥有这些特点,才是大数据。③

二、大数据在养老方面的应用

在我国,受经济发展等因素的影响,大数据应用的落地具有一定的困难,真正成功的大数据应用目前大多集中在电商等互联网公司。掌握海量数据的各个政府部门,仍然在艰难、缓慢地推进数据共享的有效机制。随着地方政府设立数据局的数量增多,使各个部门数据的互联互通,数据孤岛的现象将逐渐消失。

大数据在养老领域中的应用离不开政府的支持。目前,国家将发展大数据技术纳入国家发展战略,在政策层面给予大数据技术发展有力支持。大数据技术在推动互联网、金融、医疗、政务等方面发挥了非常积极的作用。在国家层面,以民政部门为例,民政部积极推动信息化建设发展,将大数据技术在社会救助、慈善福利、政府治理、养老服务等方面进行了积极探索,在智慧健康养老方面积极尝试,有力推动了"大数据+养老服务产业"的发展。

正是在国家政策的积极推动下,大数据技术提升迅猛,与"大数据+产业(行业)"相关

① 王杰,董少龙.智慧养老技术及落地应用指南[M].北京:电子工业出版社,2021:74.

② 宋晶晶.谈大数据在智慧城市研究与规划中的应用[J].山西建筑,2016,42(23):21-22.

③ 马力.大数据技术应用特点及在智慧城市规划中的应用研究[J].中外建筑,2018(8):86-88.

的解决方案开始不断涌现,诸如互联网、金融保险、企业管理、政务管理、电信、教育、医疗等众多行业。在此背景下,加上国家对健康战略的积极推动,"大数据＋养老"的解决方案也不断出现。这些大数据养老应用系统,运用先进的技术架构,通过数据交换共享、数据分析、数据挖掘等手段,构建标准统一、开放、共享、高效、安全、畅通的云服务平台,提供一系列养老医疗服务,为方便老年人生活、建设智慧养老服务平台提供有力的技术支持。[①]

目前,在一些地方上的养老的政策的垂直细分领域,大数据的应用已经开始落地,并显现出巨大的效应。其中一个例子是"北京通",即北京的养老助残卡,通过发行覆盖所有老年人的养老助残卡,以及制定基于这个卡的一系列针对老年人的优惠和补贴政策,使得此卡的使用率相当高,从而使北京市获得了老年人在衣食住行各个方面的大数据信息,以利于合理地配置公共资源,适应日益加剧的人口老龄化现状。同时,借助于老年人出行大数据,还可以发掘老年人消费的名种市场机会,充分发挥市场机制,促进养老产业的可持续发展。而微信大数据则提供了大量老年人社交娱乐的信息,为那些文化、教育和娱乐养老服务商提供了精准的需求信息。大数据在未来老年人生活的核心领域之一的健康管理上,将大有可为,为老年人优化自己的晚年生活提供科学依据。

由于我们正处于一个消费升级、社会转型的阶段,新一代老年人的消费习惯、生活需求都在不断地变化中,这些变化是很难从以往老年人群体的需求中总结出来的。大数据分析为我们提供了一个及时地洞察、捕捉老年人新需求的可能。[②]

大数据技术在推动养老模式发展方面的作用具体体现在以下几个方面。[③]

(一) 大数据技术改变养老服务方面"信息孤岛"现象

信息化程度低,缺乏合作交流平台,是目前各养老服务机构之间的技术现状。目前,虽然已经有部分养老服务机构涵盖了护理、家政、救助、维修、配餐、心理关爱等领域,数量和规模不小,但是分布较为零散,质量参差不齐;同时这些服务机构相互之间的合作交流较少,并没有进行信息互通造成了一定程度的资源浪费。这些状况的存在,使养老服务的公共数据共享成为一个难题,当然这一现状的存在和政府有关部门的数据开放有一定的关联,它们在数据拥有和数据使用方面存在不少障碍,技术操作方面还存在很多不足,例如不能将社区(地域内)居住环境、医疗机构配比、社区(活动、养老)中心数量及分布等老龄人群的公共数据实现有效的共享与互通,造成了各机构之间的"信息孤岛"现象的存在。这一现象的存在,一方面造成政府治理的困境以及负担,另一方面对养老服务机构以及老年人的医疗养老造成很多不便利的影响,不利于医养结合的养老服务产业高效、健康的发展。

利用大数据技术,可以在一定的地域范围内构建大数据云服务平台,各养老服务机构搭建本机构的大数据信息中心,实现各级机构的信息互联、接口开放,通过大数据挖掘技术与分析技术,将分散居住的老龄人口,遵循此大数据配置服务机构、医疗机构、社区活动等,并且记录下老年人使用这些机构服务的数据的情况,再加以分析、改善实现区域内信息的有效整合,方便信息的共享、查阅、监督、检查等。

①③ 荆爱珍,侯雨,齐彩虹. 基于大数据技术的医养结合养老模式研究[J]. 湖北科技学院学报,2016(10): 19-21,26.

② 王杰,董少龙. 智慧养老技术及落地应用指南[M]. 北京:电子工业出版社,2021: 75.

（二）大数据技术促进养老模式监管和政策导向改变

大数据技术促进了政府的信息化建设以及职能变化。以民政部门为例，大力推进省、市、县（区）三级机构的信息化建设，实现各级机构的信息共享，并实现有效监督。另外，为促进养老服务以及养老产业的发展，民政部门对以政府为主导的养老机构的入驻对象进行了严格限制（面向享受低保及特困老年人），将其他一些需要养老的对象推向社会组织或商业化组织，有效推动产业竞争，促进养老服务质量的提升。而这种转变，得益于大数据技术的快速发展以及大数据技术在推动产业发展的显著效果。

（三）大数据技术带动了养老产业的发展

目前，在大数据应用市场，不断涌现了与养老服务相结合的大数据应用及行业解决方案。虽然这些应用性能参差不齐，应用范围不广，以及囿于公共数据的封闭等，并未达到理想的效果，但是，不断涌现出的各类应用产品，以及市场竞争氛围的形成，为理念引领、技术促进、手段丰富等方面发挥了非常正面的促进作用。

（四）大数据技术促进老年人个性化需求的满足

大数据技术重在充分挖掘数据价值，通过分析、整合，发现行为规律，以应对个体需求。当前，我国养老服务机构和医疗机构的条件已得到极大改善，但老年人数量增长迅猛，这些机构能满足其基本的养老需求已不易。然而，老年人的个性化需求，诸如个性化医疗、个性化服务以及娱乐等精神需求，根本无法满足（在一些地区已经在积极尝试），而运用大数据技术则可以弥补老年人在个性化需求方面的不足。一方面，通过大数据挖掘技术，挖掘老年人的生活习惯、医疗数据，并充分将这些数据整合；另一方面，将这些数据进行定期与不定期的分析，总结其行为规律，就能为有个性化需求的老年人提供优质服务，在提高养老质量、减轻老年人所在家庭的负担方面提供诸多可能。例如，大数据驱动的居家和社区养老服务系统平台具有陪伴、健康、生活、娱乐和安全五个方面的基本功能，可以极大地满足老年人多方面的个性化的需求。陪伴功能主要是加强老年人与子女间的沟通、互动，使老年人时刻感受亲情温暖；健康功能主要是对老年人的身体状况进行跟踪监测，并对异常情况及时告警；生活功能主要是解决老年人的饮食、家政、出行、购物等日常起居问题，为老年人提供贴心的服务；娱乐功能主要是提供新闻、影视、戏曲、养生保健知识等，组织社区活动，增加邻里互动，从而丰富社区养老对象的文化生活；安全功能主要是保证老年人的居家安全，全方位监控来访人员以及家庭场所的烟雾、煤气等。

（五）大数据技术提高老年人的养老服务满意度

以移动互联网、物联网和云计算为代表的新兴信息技术给居家及社区养老救助体系的建设带来了前所未有的革命性影响：通过互联网可实现多方信息实时共享，快速反应，协同救治；可以颠覆传统的一对一、面对面的医学救治模式；突破传统医疗活动在时空上的限制；甚至可以改写老年人急性心源性卒中急救的临床路径，使得对大规模人群应用最新医学技术成为可能。在居家及社区养老服务模式中，采用生物特征识别、情感计算、机器视觉、语音语意识别等技术，通过各种终端传感设备对养老对象的语音、动作、情感、身体状况、既往病史等实时数据进行采集，建立基于云计算的分布式数据库，同时建立老年人重大疾病如心脑血管疾病、糖尿病、肿瘤等预测预警模型,采用深度学习技术对海量养老数据进行分布式数据挖掘,筛选高危人群,进行不同的智能预警,并采取干预措施,从而切实对降低老年人心脑血管疾病的发病率和死亡率产生了积极影响,为居家及社区养老对象提供更好的服务。[①] 可以说,大数据为养老服务满意度的提高提供了技术手段。

(六)大数据技术解决医养结合型养老模式中服务人员不足问题

数据显示,我国老年护理人员严重不足,护理人员的素质水平有待提高。虽然我国加强了高校在养老服务专业方面的建设,培育专业人员,但是市场缺口仍旧很大。而通过大数据技术,一方面通过建设信息化平台,提升护理人员的综合素质水平;另一方面刺激就业竞争,实现护理人员数量与人员质量的有效统一。[②]

由此可见,大数据技术在推动我国养老服务方面,尤其在推动医养结合的养老模式方面,优势明显且意义重大。大数据技术将为我国养老模式的发展带来新的变革,"居家养老＋医疗"等智慧养老模式将不断涌现。

第六节 区 块 链

区块链(blockchain)是分布数据存储、点对点传输、共识机制、加密算法等计算机技术的新型应用模式。从 2013 年开始,区块链技术开始广泛受到实业界的关注。2015 年,"区块链技术"成为网络热词,这一年也被称为"区块链元年",区块链技术迅速渗透到各个领域,受到了政府和社会的广泛关注。该项技术的应用也从数字货币领域逐渐向教育、医疗、公共服务等部门扩展,有望成为改变人类社会的又一项技术。国家互联网信息办公室2019 年 1 月 10 日发布《区块链信息服务管理规定》,自 2019 年 2 月 15 日起施行。将区块链技术与养老服务有效融合,探索智慧健康养老的新机制、新路径已成当务之急。

一、区块链的定义、发展阶段和特点

(一)区块链的定义

"区块链"一词源于中本聪的论文《比特币:一种点对点的电子现金系统》(*Bitcoin：A Peer-to-Peer Electronic Cash System*)。这篇论文提出了一种可信的、去中心化的电子货币系统,也就是我们熟知的比特币,而区块链技术正是此系统的核心技术。比特币能够在没有可信的第三方的条件下,没有信任基础的双方可以安全地在比特币网络中使用比特币进行交易。区块链的定义可以分为两个角度:从数据存储的角度来看,区块链可以理解为一种分布式的、去信任的账本数据库;从数据结构的方向来研究,可以认为区块链是一种基于时间戳的块链结构。[③]

① 齐城,刘道华,程守政.大数据驱动的居家和社区养老服务改革路径探索[J].华北水利水电大学学报(社会科学版),2021(10):108-114.

② 荆爱珍,侯雨,齐彩虹.基于大数据技术的医养结合养老模式研究[J].湖北科技学院学报,2016(10):19-21,26.

③ 宋伫阳,徐海水.区块链关键技术与应用特点[J].网络安全技术与应用,2019(4):18-23.

（二）区块链技术的发展阶段

从区块链技术的应用发展来看，它已经历了以下三个发展阶段。

1. 区块链 1.0 阶段

区块链 1.0 建立了一套基于密码学的分布式账本，提供了一套新的记账方法，和我们传统的记账方式完全不一样，它具备去中心化、不可篡改、不可伪造、可追溯的特点。它的主要的应用场景是支付、流通，典型的代表是比特币。但是，区块链 1.0 的缺点是应用面狭窄，不支持其他应用的开发，如写入智能合约功能等。

2. 区块链 2.0 阶段

区块链 2.0 与区块链 1.0 最大的不同就是在数字货币基础上加入了智能合约，可以在此基础上做其他的应用开发。区块链 2.0 的典型代表是以太坊。在区块链 2.0 中以太坊相当于一个基础链，一个底层的搭建。以太坊的计划是建成一个全球性的大规模的协作网络，让任何人都可以在以太坊上进行运算、开发应用层，这样就赋予了区块链很多的应用场景和功能实现的基础。以太坊最大的特点就是智能合约，其支持所有人在上面编写智能合约，即以代码形式定义的一系列的承诺合同。智能合约就是一套在不需要第三方的情况下还可以保证合同得到执行的计算机编程，是没有人能够阻止它的运行的一个计算机程序。这个计算机程序保证签订承诺合同之后，谁都不能反悔，只要条件达成，这个系统会自动执行合同中约定的条款，这就是区块链 2.0 新增的重要功能。区块链 2.0 也是有缺陷的，它无法支持大规模的商业应用开发。例如在交易速度方面，比特币的交易速度为每秒 7 笔，以太坊的交易速度为每秒不超过 20 笔，这很可能造成网络堵塞，使用户无法完成交易。

3. 区块链 3.0 阶段

区块链 3.0 是由区块链构造的一个全球性的分布式记账系统。区块链 3.0 能够对互联网中每个代表价值的信息和字节进行产权确认、计量和存储，从而实现资产在区块链上可被追踪、控制和交易。理论上区块链 3.0 会超越金融领域，进入社会公证、智能化领域。区块链 3.0 主要应用在社会治理领域，包括身份认证、公证、仲裁、审计、域名、物流、医疗、邮件、签证、投票等领域，应用范围扩大到整个社会。区块链技术有可能成为"万物互联"的一种底层的协议。[①]

（三）区块链技术的特点

区块链技术是一种全新的技术，被定义为一种去中心化、去信任化的基础架构与分布式计算范式，概括地说，区块链技术具有去中心化、去信任、不可篡改以及匿名性的特点。[②]

1. 去中心化

去中心化的特点是指构建系统的所有节点的权限是相同的，不像在中心化的网络中，当一个服务器权限高于其他服务器时，可以对其他服务器实行有效控制。基于密码学原理和共识算法，区块链的整个网络中所有节点具有相同的责任和义务，一旦某一个节点被破

---

① 王杰，董少龙. 智慧养老技术及落地应用指南[M]. 北京：电子工业出版社，2021：83-84.

② 叶楚豪. 试述区块链技术的特点及应用[J]. 决策探索(中)，2018(7)：81.

坏,不影响整个系统的运行。

2. 去信任

去信任是指所有的节点之间都是不需要相互信任的,基于对统一规则的认同,以及公开的数据和内容,节点之间无法欺骗其他节点,人为地干预在系统中不起作用,确保了每一个节点的自我限制,容错率较高。

3. 不可篡改

不可篡改是指一旦两个节点之间的数据交互发生以后,将会被永久记录,除非控制过半数的节点,否则,交互的路径和内容都被系统记录,无法篡改;同时,由于路径和内容均被系统记录,也可以很容易被追溯。

4. 匿名性

匿名性是指数据交互的双方由于不需要信任,彼此无法欺骗,所以节点之间也无须公开身份,所有的数据交互均在匿名的状态下进行分布式存储,系统对交互的双方数据进行了加密和保护,因此也具有一定的隐秘性与安全性。

二、区块链技术在智慧健康养老中的应用

区块链为解决养老中的一些难题提供了一个难得的、强有力的工具。通俗地讲,可将"区块链"视为一个分布式、去中心化的网络账本或云端数据库。其以计算机编程技术、密码学技术、大数据技术等现代技术为基础,完成虚拟货币的网络交易,以及相关数据信息的点对点传输与新区块链生成。从本质上看,将区块链技术融入智慧健康养老体系的构建当中,是大数据时代解决人口老龄化问题、优化社会养老资源配置的新思路和新方法。区块链技术在智慧健康养老中的应用主要体现在以下几个方面。①

（一）区块链技术在养老数据管理中的应用

在智慧健康养老体系中,老年居民的健康、行为、财产等数据是一切养老服务的实施基础,因此必须做好养老数据在传输、存储、应用等过程中的管理。具体来讲,区块链技术在养老数据管理中的应用,主要表现在以下两个方面。

1. 保证养老数据的管理高效性

存储载体的容量与数据信息的使用效率密切相关。现阶段,受惠于网络技术的不断演进,各类存储设备的数据容量已有较大增长,但仍存在不同程度的存储极限。一旦养老数据在传统数据存储模式下达到相关设备的容量阈值,整体智慧健康养老系统的运行负荷将急剧上升,甚至趋于崩溃。此时,将区块链技术融入养老数据的存储管理当中,可有效规避这一隐患。在区块链技术的支持下,用户的健康、行为等数据都将被纳入到分布式的存储和管理区块当中,从而通过调动国家乃至世界范围内的闲置存储空间,避免存储极限的形成。同时,基于区块链技术去中心化的特点,不同区块、节点中的养老信息都是可独立验证、可平行同步的,这进一步保障了智慧健康养老系统的调度效率。此外,在去中心化的技

---

① 徐志广. 区块链技术在智慧健康养老的应用[J]. 科学技术创新,2020(12):169-170.

术特点下,各类智慧养老行为并不需要大量冗余信息、烦琐流程的参与,因此还可在较大程度上降低整体养老平台的交易成本。

2. 保证养老数据的管理安全性

健康智慧养老涉及大量老年居民的个人账户、行为动线、健康水平等隐私信息,所以必须具备良好的数据安全性。将区块链技术应用到健康智慧养老领域,可充分满足这一性能需求。一方面,区块链技术具备高等级、多层次的加密技术支持,可通过身份认证、访问监控、密钥识别等多种方式,实现养老数据的严密保护;另一方面,区块链技术的数据库架构为去中心化,无法被网络窃听或外部侵袭,有效地避免了养老数据被盗取、篡改、破坏的风险。例如,阿里巴巴与江苏省常州市政府于 2017 年 8 月合作开展的名为"医联体+区块链"的智慧型医疗项目,正是通过区块链技术实现了医疗领域下用户信息的隐私保护,这为健康智慧养老的数据安全管理提供了坚实的借鉴基础。[①]

(二)区块链技术在养老金融领域中的应用

通常来讲,当居民处于"养老"这一阶段时,其金融行为的重心并非积累财富或创造财富,而是将现有财富转化为可用资源,以此满足老年生活的各类需求。同时需要注意的是,受到我国文化传承的影响,多数老年人不仅要实现现有财富的价值最大化,还想要为后辈留出一定量的财富。由此可见,与养老观念相对独立的西方国家相比,我国的养老金融行为往往更加复杂。但与这一复杂情况相冲突的是,老年人在金融领域往往缺乏正确的判断力与广阔的投资视野,故而存在一定的行为风险。此时,将区块链技术融入养老金融领域,为老年人财富的精细化管理创造了可能。

在区块链技术的应用下,健康智慧养老系统会结合所处区域、既往消费行为、当前财富积累量等多种大数据信息,对老年用户的投资预期、财富理念、养老方式做出分析,并据此生成精细化的投资建议与支出规划。同时,随着医养结合、候鸟式养老、旅行式养老等新型养老模式的兴起,健康智慧养老系统还可依托区块链技术构建出多元化、交互化的移动养老金融平台,从而在提高老年人养老生活质量的同时,实现老年人现有财富的价值最大化。

(三)区块链技术在养老安全保障中的应用

当人步入老年后,其脏器功能、记忆能力、身体素质通常会随着年龄的增长而下降,使得其居家生活、户外旅行中的健康安全很难得到保障。因此,如何实现养老安全等级的提升,也是健康智慧养老系统在建立初期就必须考虑的重要问题。将区块链技术应用到户外服务与行为管理中,可较有效地保障老年人的健康安全。例如,可将搭载有高精度卫星定位系统的终端设备与区块链数据库结合起来,对老年人的户外行动轨迹、实时位置变化进行精准跟踪。例如,当老年人陷入危险境地或遇到个人难以解决的情况时,可触发终端设备的 SOS 警报系统,以此作为健康智慧养老平台相关服务人员的行为依据。再如,可将区块链技术与物联网技术相结合,对老年人的居家环境进行全面监测,一旦健康智慧养老系统通过区块链数据感知到居家环境存在水、气、电、外来人员等方面的安全隐患,便会及时

---

① 庄伊婷,朱欣雅. 基于区块链技术的社会资源合力养老新模式[J]. 金融经济,2019(10):25-27.

发出报警信号,提醒相关服务人员对老年人的生命财产安全做出保障。[1]

(四)区块链技术在公共养老服务中的应用

目前,我国政府提倡并推行"9064"的现代养老模式,即做到90%左右的老年人居家养老,并享受社会化、公共化的养老服务;6%的老年人通过购买社区服务实现养老,获取到充足的有偿养老资源;4%的老年人进入养老院、老年医养中心等专业机构当中,享受集中式、规模式的养老服务。但无论是上述哪一种养老方式,都需要公共资源、社会服务的有效参与和协助支持。但从现实情况来看,资源配置效率低、社会接受程度弱、设施配置尚未完善以及老年人缺乏主观消费意愿等多种因素,严重影响着公共养老服务的效率和质量。

面对上述局面,将区块链技术应用到健康智慧养老当中,可基于大数据的海量化分析优势,实现社会资源的最优化配置,进而达成养老服务需求、供给与利用的有机平衡。例如,政府可通过区块链的数据信息,对老龄办、街道办、卫生局等相关机构的工作落实情况做出全面了解,并明确相关养老资金的具体流向,以此保证公共服务资源有的放矢、"到户到人"。同时,还可通过发放"养老币"这一虚拟货币的方式,吸引志愿者、公益组织等其他资源主体加入公共养老服务当中,从而有效缓解养老资源的供给压力,为老年人及其照料者的实际需求提供充足支持。

总之,区块链技术在健康智慧养老体系的构建中具有重要价值。在区块链技术分布式、去中心化的应用特点下,养老信息的存储、传输与使用都将更为安全。同时,将区块链技术与物联网技术、卫星定位技术等技术类型相结合,可大幅提升养老服务的综合水平,充分保障老年人的养老安全与生活质量。[2]

第七节　人工智能

人工智能技术是引领社会进步和产业发展的重要力量,人口老龄化加速、养老服务需求增加,均促进了人工智能与养老服务的融合。

一、何谓"人工智能"

"人工智能"(artificial intelligence,AI),是研究、开发用于模拟、延伸和扩展人的智能的理论、方法、技术及应用系统的一门新的技术科学。人工智能旨在通过机器实现人类智慧,并帮助人类解决各种各样的问题,人工智能的实现,需要涉及计算机科学、控制论、信息论、神经生理学、语言学、心理学等多个学科,人工智能通过模拟人类显性智慧的能力,能够远远高于人类的工作速度、工作精度、工作耐力,协助人类处理各种各样的问题。[3] 需要先赋予机器一定的推理能力,然后才能实现人工智能具体应用。人工智能具体应用的实现过程是,先具有大量优质的应用场景数据集,然后使用大量的数据对算法模型进行训练,最终

①　洪阳.国内智慧养老行业问题探究及对策[J].通信企业管理,2019(5):68-69.
②　徐志广.区块链技术在智慧健康养老的应用[J].科学技术创新,2020(12):169-170.
③　梁迎丽,刘陈.人工智能教育应用的现状分析、典型特征与发展趋势[J].中国电化教育,2018(3):24-30.

机器进行运算做出具有类人智能的判断、决策和行为[①]。人工智能随着大数据和云计算技术的不断成熟取得了突破性进展，语音识别、数据挖掘、自然语言处理、模式识别等领域取得飞跃性突破，并且已经进入实践领域[②]。可以设想，未来人工智能带来的科技产品，将会是人类智慧的"容器"。人工智能可以对人的意识以及思维的过程进行模拟。人工智能不是人的智能，但能像人那样思考，也可能超过人的智能。[③]

近些年，人工智能在应用上取得了令人惊叹的进展。在世界范围内引人注目的人工智能应用包括苹果个人助力Siri、亚马逊聊天机器人Alexa、特斯拉电动汽车操作系统、亚马逊在线交易人工智能、预测观众观影爱好的Netflix、预测听众音乐爱好的Pandora、居家环境控制系统Nest、波士顿动力的人工智能驱动的机器狗、人工智能辅助的医疗诊断、手术机器人达·芬奇等，不胜枚举。

在我国曾经引起极大关注的AlphaGo——人工智能驱动的围棋选手，在2015年10月以5∶0击败了当时的欧洲围棋冠军樊麾，这是计算机程序第一次击败职业围棋选手，标志着人工智能在棋类应用上达到了一个新高度。2016年3月，AphaGo以4∶1击败了韩国围棋选手、围棋世界冠军李世石，并且获得了第一个授予计算机的围棋九段称号。2017年底，AlplaGo Zero问世，它不再延续前人的围棋经验路径，而是通过自弈，在实践中学习摸索，开辟了一条全新的道路。

二、人工智能养老

（一）人工智能养老的内涵

人工智能养老是人工智能与养老服务相结合而形成的一个新领域。在人工智能养老中，养老服务模型、领域知识模型和养老对象模型是其核心。养老服务模型主要包含养老服务过程中涉及的专业知识、技能及方法；领域知识模型包括养老服务过程中要涉及的专业知识体系；养老对象模型展现了人机互动情况，通过老年人行为信息、身体及情绪状况可反馈其养老服务需求。养老服务模型和领域知识模型通过养老对象模型的反馈情况，调整模型中的知识体系和技能方法，进而形成一个动态的、完整的、丰富的模型体系。人工智能养老建立在大量的养老场景数据基础之上，并利用这些数据对养老服务模型、养老领域知识模型和养老对象模型进行训练，然后机器通过高运算能力做出合理的行动，满足养老需求。虽然目前人工智能养老发展并不完善，但是通过养老场景收集的大数据，再进一步进行数据挖掘和深度学习，人工智能养老将会取得巨大进步。人工智能养老可实现如下目标：一是能够有效应对人口老龄化给经济社会生活带来的问题；二是优化养老社会环境，提高老年生活质量。换言之，人工智能养老重在通过人工智能技术可以更全面、更深入、更微观地了解养老服务对象，为养老服务对象创造良好条件，并高效服务于养老对象。

---

① 朱海龙.智慧养老：中国老年照护模式的革新与思考[J].湖南师范大学社会科学学报，2016(3)：68-73.

② 睢党臣，曹献雨.人工智能养老的内涵、现状与实现路径[J].新疆师范大学学报(哲学社会科学版)，2019(3)：111-119.

③ 王杰，董少龙.智慧养老技术及落地应用指南[M].北京：电子工业出版社，2021：77-78.

人工智能养老内涵如图 5-4 所示。①

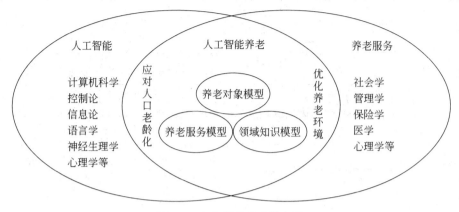

图 5-4　人工智能养老的内涵

（二）人工智能养老的发展现状

人工智能养老在实践领域已经进行了诸多探索，涉及服务种类包括生活照料、医疗护理、精神慰藉及紧急救助四类，生活照料服务涉及洗衣、穿衣、吃饭、购物、扫地等，医疗护理服务包括健康知识咨询、康复指标检测、身体指标检测、身体护理等，精神慰藉服务包括心理咨询、聊天、爱好、交友、与子女联系等，紧急求助服务包括自动报警、远程监控及可穿戴设备的开启与关闭等。人工智能产品有日常助手型、医疗看护型、精神关爱型和安全预防型四类，产品涉及智能开关、智能灯光、智能家居、扫地机器人、智能电器、机器人医生、智能护理机器人、智能穿戴设备、陪伴机器人、老年人智能心理专家系统、人机交互产品、智能疾病监测、智能生活状态监测、智能特殊情况监测等，所应用的技术包括模式识别、自然语言处理、专家系统、图像处理、智能控制、深度学习、情感计算及神经网络等，具体如表 5-3 所示。人工智能养老尚处在发展的初级阶段，产品仍呈现重复化的现象，技术还有待进一步研究，使用范围还较狭窄，人工智能的数据在数量和质量上还存在一些问题。②

（三）人工智能养老的优势和劣势

1. 人工智能养老的优势

人工智能养老的实现，将极大地解决传统养老痛点，具体体现在如下几个方面。

（1）有助于提升失能、半失能及空巢老年人的养老生活质量。传统养老对腿脚不方便的老年人非常不友好，人工智能养老通过语音识别，无须起身，即可开灯、开电视、开空调、开关窗帘，不仅如此，还能通过人工智能工具实现语音购物、手机充值、叫外卖。阿里的"天猫精灵"就是人工智能养老的典型案例，这将在较大程度上便利失能、半失能老年人的生活。人工智能养老还可通过使用智能可穿戴设备和智能远程监测设备，加强健康监测和安防监护，避免空巢老年人出现意外。智能机器人的出现，能够帮助失能、半失能老年人进行

①②　睢党臣，曹献雨. 人工智能养老的内涵、现状与实现路径[J]. 新疆师范大学学报（哲学社会科学版），2019（3）：111-119.

表 5-3　人工智能在养老领域的发展现状描述

服务种类	服务内容	人工智能产品种类	人工智能产品示例	人工智能相关技术
生活照料服务	洗衣、穿衣、吃饭、购物、扫地等	日常助手型	智能开关、智能灯光、扫地机器人、智能家居、智能电器等	模式识别、自然语言处理、专家系统、图像处理、智能控制、深度学习、情感计算、神经网络等
医疗护理服务	健康知识咨询、康复指标检测、身体指标检测、身体护理等	医疗看护型	机器人医生、智能小助手、智能传感器、智能护理机器人、智能穿戴等设备等	
精神慰藉服务	心理咨询、聊天、爱好、交友、与子女联系等	精神关爱型	陪伴机器人、老年人智能心理专家系统、人机交互产品、三维虚拟影像等	
紧急求助服务	自动报警、远程监控、可穿戴设备的开启与关闭等	安全预防型	智能疾病监测、智能生活状态监测、智能特殊情况监测	

翻身等日常护理和康复训练等专业护理。以上这些优势是传统养老所无法比拟的,这将在较大程度上提升失能、半失能及空巢老年人的养老生活质量。

（2）有助于提升养老服务的精准化水平。人工智能养老可通过智能传感器记录、收集老年人相关居住环境及身体健康等各种数据,这些数据不仅是进一步提升人工智能养老效率的基础,而且有助于建立养老对象微观数据库,每个老年人有自己的急救卡,通过扫描二维码就能了解老年人相关基础信息及健康信息,有助于进行个性化的精准治疗。不仅如此,人工智能养老还可通过养老金融专家系统和养老健康专家系统,因人施策,解决老年人养老金融服务和养老健康服务方面的问题,人工智能还能参与到智能评估中,针对老年人过去的行为进行评估,这将有针对性地满足养老服务需求。

（3）有助于缓解老年护理专业人才短缺的状况。我国老年护理专业人才严重短缺。目前我国养老护理人员普遍年龄大、学历低、流动性大,护理能力离"专业"二字还有很大差距。老年护理人才常常因照顾老年人工作强度高、工资待遇低、社会地位低等原因而选择更换工作,人才流失严重。随着人工智能养老产品的不断升级,喂饭、翻身、导尿、鼻饲、换药、洗澡、康复等工作将能顺利完成,未来人工智能机器人可为老年护理提供一半以上的劳动力,这将有助于缓解老年护理专业人才短缺的状况。

（4）有助于一定程度上满足老年人精神生活的需求。人工智能情感陪护类产品,通过"互联网＋人工智能技术",可以实现语音指令、表情交互和人机互聊,这在一定程度上可以缓解老年人寂寞的状况。老年人可通过人工智能产品满足个人爱好,充实个人生活,有助于在一定程度上满足老年人精神生活的需求。

2. 人工智能养老的劣势

人工智能养老的劣势主要体现在以下几个方面。

（1）人工智能的理性与人的感性之间的冲突。随着机器学习算法的不断发展与进步,计算机借助强大的存储与运算能力,不仅能够完成简单重复性的体力劳动,也会对复杂事物进行相应的评估与判断,人工智能在处理许多感知及认知任务,如图像识别、语音识别、人脸识别等方面,由于其庞大的内存及运算能力,具有一定优势,但是人工智能并不能模拟人类的创造力与想象力,人类是具有逻辑思维能力、想象力、创造力和自我意识的,[①]这是人工智能依靠再强大的数据集也无法具有的感性,而人始终是情感的动物,老年人更需要人与人之间的情感交流,人工智能无法满足老年人渴望与朋友、与家人之间的沟通和交流的需求,目前的人工智能更多的是从物质需求方面满足老年人的生活,对于老年人的精神慰藉也大多停留在为老年人空余时间"解解闷儿"的程度。目前的智能服务机器人没有人类的情感,即使有一天人工智能可以和人类进行感情互动,也不如老年人儿女们那一张张生动鲜活的脸庞。目前使用人工智能的老年人往往一开始对智能机器人比较好奇,但是时间一久,就丧失了与机器人交流的兴趣。

(2)人工智能养老会造成养老服务领域一定程度的结构性失业。人工智能机器人在操作能力和执行能力上,由于其强大的工作速度、精度和耐力,帮助人类解决各种大小的问题。在养老领域,可以帮助老年人解决很多生活照料、医疗护理、精神慰藉及紧急护理的问题,比如扫地、开关灯、开关窗帘、购物、康复指导、身体指标检测、翻身、心理咨询、聊天、下棋、自动报警、远程监控等工作,这将导致过去从事这些工作的人员就业机会减少。在养老服务领域,专业护理人才紧缺,但是家政人员供应较多。随着机器人、人工智能技术的成熟,生产成本逐步降低,用户需求的范围扩大,大量原来从事老年人日常生活照料的人员会出现过剩的状况,而人工智能领域则会催生出许多高技能性的工作。[②]

(四)人工智能养老服务系统架构

人工智能养老服务系统通过学习老年人医疗护理知识、老年人照料专业技能、老年人需求、养老场景等大量专业领域数据,通过感知系统对老年人的行为信息、身体及情绪状况进行计算并推断老年人所需服务。人工智能系统处理信息过程类似人类思维,其通过数据库知识进行思考并做出决策,根据不断获取个体数据来调整模型中知识体系和技能方法,形成动态、完整和个性化模型体系,[③]满足老年人养老需求。据睢党臣、刘星辰研究,完整的人工智能养老服务系统是由仿生感知层、基础资源层、核心算法层、实际应用层组成的四层技术架构,如图5-5所示。[④]

第一层是仿生感知层。仿生感知层作为人工智能系统处理信息和执行命令的基础,是智能系统与外部世界交换信息的窗口。仿生感知层核心技术是机器视觉技术、智能识别技术、语言处理技术、传感器技术和情景感知技术。机器视觉技术作为人工智能系统的"眼睛",通过多只"眼睛"对整个养老场景进行实时观察,传输所"看到"的信息至后台进行分析处理;智能识别技术识别人、物品,主要用来对老年人及所处环境进行标识并建立场景模型;语言处理技术能够识别服务需求者语言,能够与老年人进行交流互动并明确其需求;传感器技术通过感知亮度、温度、声音、气味、位移等信息来采集老年人及环境信息,评估老年

---

① 龚怡宏.人工智能是否终将超越人类智能——基于机器学习与人脑认知基本原理的探讨[J].人民论坛·学术前沿,2016(7):12-21.

② 睢党臣,曹献雨.人工智能养老的内涵、现状与实现路径[J].新疆师范大学学报(哲学社会科学版),2019(3):111-119.

③ 罗定生,吴玺宏.浅谈智能护理机器人的伦理问题[J].科学与社会,2018(1):25-39.

④ 睢党臣,刘星辰.人工智能居家养老模式构建[J].重庆社会科学,2020(7):6-19.

人实时状态和居住环境;情景感知技术根据当前收集到的个性化数据对老年人行为习惯进行更深层次"了解",从而更精准地提供养老服务。通过仿生感知层,智能系统能以语言形式与需求者沟通,养老场景实时状况及老年人需求能够被全面感知,如图5-6所示。

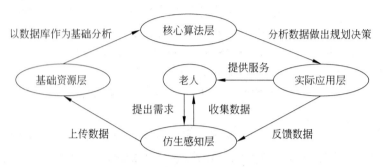

图5-5　人工智能养老服务系统架构

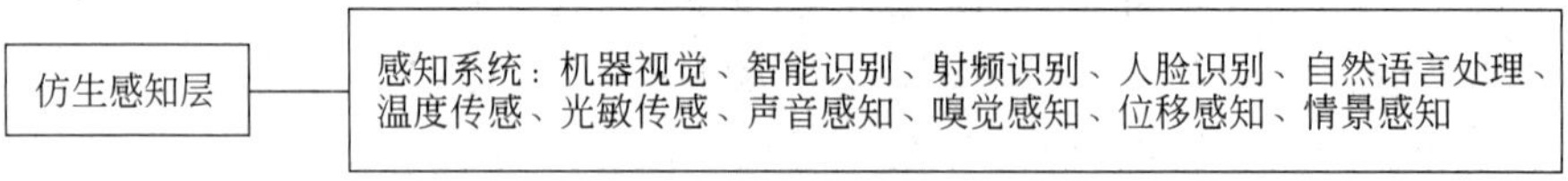

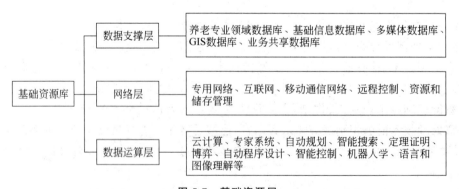

图5-6　仿生感知层

第二层是基础资源层。基础资源层承担信息传输、记忆储存、信息分析计算等类人脑功能。基础资源层由数据支撑层、网络层、数据运算层组成。数据支撑层包括养老专业领域数据库、基础信息数据库、多媒体数据库、GIS数据库、业务共享数据库等信息数据库,使得人工智能系统掌握海量"记忆",以便全面应对所需处理信息;网络层负责信息传输,通过专用网络、互联网、移动通信网络、远程控制等各种网络将感知层传递的有关老年人信息并进行汇集、交换和传输,类似人类神经网络的功能;数据运算层通过云计算、专家系统、机器人学、自动规划、语言和图像理解、智能搜索、博弈、自动程序设计等技术配合感知信息和已储存"记忆",以此实现信息处理,如图5-7所示。

图5-7　基础资源层

第三层是核心算法层,利用机器学习、深度学习进行模拟人类思维逻辑以解决问题。机器学习即通过决策树、贝叶斯网络、聚类分析、K-means算法、EM最大期望算法等模拟和推测人类思维逻辑。随着计算能力飞跃和海量数据出现与储存,深度学习算法在21世纪取得飞速进展，能够模仿人类大脑视觉系统，成为目前人工智能领域主要运用的算法，也有潜力拟合老年人思维逻辑，从而更精准地理解老年人需求，如图 5-8 所示。

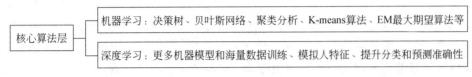

图 5-8　核心算法层

第四层是实际应用层，即人工智能的最终服务提供形式。将养老服务通过实际应用层接入人工智能系统，老年人通过人工智能系统获得自己所需服务。实际应用层通过智能家居系统、智能照料系统、智能健康管理系统、老年人智能心理专家系统、监测呼救系统为老年人提供生活照料、医疗健康、精神慰藉、紧急救助等服务。实际应用层可以通过服务老年人来记录和存储老年人日常生活数据，通过对这些数据处理和分析，实施精准化的决策来服务老年群体，如图 5-9 所示。[①]

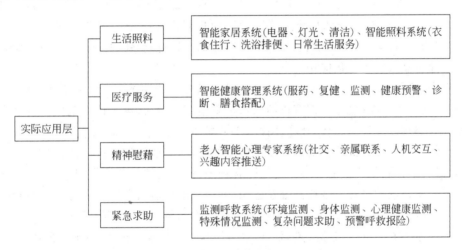

图 5-9　实际应用层

随着人工智能技术的发展，人工智能养老是一种值得深入研究探索的养老新模式，它为解决"银发浪潮"下养老服务产业存在的问题提供了新方案。虽然目前人工智能养老发展并不完善，但是通过各主体通力协作，人工智能将会在我国养老服务中发挥巨大作用。

第八节　机　器　人

机器人被誉为"制造业皇冠顶端的明珠"。随着人口预期寿命的增长和生育率的下降，人口老龄化问题日益严重。为了更好满足养老需求，养老机器人的使用逐渐进入人们的视

---

①　睢党臣，刘星辰．人工智能居家养老模式构建[J]．重庆社会科学，2020(7)：6-19．

野,成为当前研究和产业发展的热点。

一、何谓"机器人"

机器人(robot)是综合了机械、电子信息、人工智能、生物医学、仿生学等多种学科的自动执行工作的复杂智能装备。它既可以服从人类指挥,又可以执行预先编排的程序,也可以根据以人工智能技术制定的原则纲领行动。它的任务是协助或取代人类的工作,如生产业、建筑业,或者危险的工作。

在古代文献里就有类似于机器人的描述,例如,《列子·汤问》记载了巧匠偃师献给周穆王一个伶人(歌舞机器人)的故事,流传下了"偃师造人,唯难于心"的典故。根据 2018 年在中国科技馆展出的"古希腊科技与艺术展",证实 200 年前的古希腊就有"机器人",其用水、空气和蒸汽压力作为动力。

现代机器人的出现要晚很多,世界第一家机器人公司是由乔治·德沃尔(George Devol)和约瑟夫·F.英格柏格(Joseph F. Englbeger)于 1956 年成立的 Unimation 公司。1959 年,他们发明了世界上第一台名为 Unimate 的工业机器人。1961 年,美国万能自动化公司(Unimation 公司)生产的世界上第一台工业机器人在位于美国新泽西州特伦顿市的通用汽车公司安装运行,用于组装汽车的门、车窗把柄、换挡旋钮、灯具固定架等汽车部件,开始了工业机器人的规模化应用。

近年来,机器人在工业领域和家庭领域都已经有了普遍的应用。无论是加工生产线上、大型的仓库还是在手术室,都有机器人从事着精细并持久、重复性的工作。机器人不仅可以完成人类难以胜任的工作,还往往比人工的成本更低。

波士顿动力公司的机器狗自问世以来广受关注,随着项目的改进,它的功能越来越强,动作越来越复杂,它们不仅能够轻松地越过各种障碍,还能够相互协作,共同完成任务。

用于家庭领域的机器人也逐渐普及起来,其中扫地机器人是应用最为广泛的家用机器人。在人形机器人方面,日本无论是在技术上还是在市场应用规模上都国际领先。索尼公司于 1999 年推出的 AIBO 机器人是第一台以陪伴为目的的宠物机器狗;本田公司于 2000 年发布(非销售)的 ASIMO 则是以陪伴娱乐为主要功能的人形机器人。①

二、机器人在养老领域的一般应用

目前,直接应用于养老的机器人主要分为两大类:陪伴机器人和服务机器人。陪伴机器人不一定是"人形",它们的主要功能是满足老年人的情感需求和提醒、娱乐等"非接触式"的日常生活辅助需求;服务机器人的主要功能是为某一类老年人提供身边的"接触式"的日常生活辅助服务,如到冰箱里拿一罐饮料或协助穿鞋等。

具体地说,陪伴机器人是一个能够给老年人一定情感回应的或日常生活活动提醒与组织等的信息系统或玩具,其形态可能是一个智能音箱、一只电子宠物或者一台平板电脑,也可能是一台能做一些简单交流的人形机器人。当老年人用触摸搭讪的形式与陪伴机器人交流时,便会获得带有一定情感的反馈。服务机器人通常是一个能够行走的"躯体",上面

---

① 王杰,董少龙.智慧养老技术及落地应用指南[M].北京:电子工业出版社,2021:81.

配备能够做一些简单动作的机械手臂等,用以协助老年人完成一些简单的但老年人难以自己完成的动作。

当前,在我国能够独立(在无人监督的情况下)为老年人提供服务的机器人的普及面临着一些非技术的、不易逾越的障碍。独立服务的机器人的使用场景常常是和老年人独处,在没有其他人监督的情况下独立地为老年人服务。这实际上存在一定的风险。比如,在机器人与老年人独处时,如果老年人发生了意外,则很难确定是老年人自己发生了意外还是由机器人导致的意外。因此,无论是本地开发的机器人,还是外部引进的机器人,都需要在一个真实的环境里对它们进行试验、示范,以建立可展示的样板。但是,考虑到目前的社会认知、法制环境和保险业的现状,很少有养老服务机构愿意承担尝试使用机器人的风险,也难以用保险来控制和化解这一风险。

间接地应用于老年人群体的机器人则有很多种类。在医疗领域、类似于达·芬奇的精密手术机器人能够降低老年人手术的风险,有利于改善老年人的晚年健康。而另一类是不局限于老年人,但大量应用于老年人的、能够进入人体内的微型机器人或纳米机器人,比如美国德雷塞翁大学与瑞士和韩国的 11 个机构的研究人员正在联合开发一款能够清理血管壁上斑块的微型机器人,用以取代目前的放置心脏支架和心脏搭桥手术等的心血管病治疗方式,将大大提高治疗的成功率、减少治疗后的恢复时间。

目前,有一个养老机器人领域的应用逐渐崭露头角,就是服务于高龄老年人特别是失智老年人的有一定智能的机器宠物。它们通常有一个可爱的、毛茸茸的、比较真实的外观,能做一些简单的交流,会对抚摩做出一些肢体或语音的反应。实践证明,这类机器宠物能够协助放松高龄老年人的心情,激励老年人的交流活动,甚至起到一定的陪伴作用。

最后,智能化和外骨骼的结合有着极大潜在发展空间,我们期待着辅助出行和助力型机器人的出现,给年老体衰或因伤病导致行动受限的老年人带来福音[①]。

三、养老机器人的优势与功能设计

现在已经从信息技术时代(information technology,IT)进入了数据时代(data technology,DT),未来将进入机器人时代(robot technology,RT),届时养老机器人将在养老服务中发挥重要作用。养老机器人是依靠超强计算能力、存储能力、通信技术,利用人工智能、大数据技术为老年人提供日常照料和生活需求的服务型机器人。[②] 养老机器人可以对老年人进行全方位的照顾和陪伴,符合老年人的消费需求特点,具有广阔的市场前景。[③]

(一)养老机器人的优势

1. 有助于实现对老年人的日常照护

养老机器人可以帮助老年人做饭、扫地、洗衣等,提高老年人的生活质量,尤其是对于失能、半失能等行动不便的老年人。当子女不在身边时,智能机器人可执行抱起、喂饭、洗

① 王杰,董少龙.智慧养老技术及落地应用指南[M].北京:电子工业出版社,2021:81-82.
② 刘珊,兰智高.养老服务机器人的技术发展趋势[J].计算机测量与控制,2019(1):1-6.
③ 张嘉昕,张宇帆.我国机器人产业成长途径与前景对策[J].商业研究,2012(8):16-19.

头等功能代替子女照料老年人,可以减轻子女的负担。同时,养老机器人还具备检测健康状况、记录生活轨迹等功能,当这些数据信息发生变动时,可及时将老年人的信息传递给子女、社区服务中心等,以便随时关注老年人的健康状况,防止老年人发生意外情况,提升老年群体生活的安全性。

2. 有助于实现精准化养老服务

养老机器人是人工智能和大数据的有机结合,对于医疗保健、饮食健康等知识储存量大,老年人可针对自己的健康状况通过语音识别向机器人提问,由机器人给予相应的建议,求医更加方便,减少医院排队时间长、路程远这类麻烦;同时养老机器人可利用智能传感器、智能手环等将老年人的健康信息录入,并对数据信息进行评估分析,通过对老年人健康状况评估,给予每位老年人个性化的精准服务。

3. 有助于满足老年人的精神需求

养老机器人能够通过录入老年人的年龄、性别、日常爱好等基础信息,利用心理学等知识综合分析老年人性格特点,在与老年人进行聊天时,针对不同老年人的性格进行回答,给予老年人更好的交互体验;同时,对于空巢老年人或患有阿尔茨海默症、精神病等弱势老年人给予一定的心灵治疗;在通信技术方面,养老机器人可利用摄像、通话功能,在老年人思念子女时,拨通子女电话或进行视频沟通,缓解老年人的孤独感,给予老年人一定的精神慰藉。①

(二)养老机器人功能设计

以往服务于老年人群体的机器人功能都较为单一,通常为简单的照护型、陪伴型等。作为服务于老年人群体的智能机器人,功能设计应符合老年人的生理与心理需求,操作应以简单方便为原则,并朝着多功能的方向发展,以此满足老年人多方面、多元化需求。②

1. 养老机器人总系统功能设计

智能养老机器人贴合老年人实际需求,功能板块包括日常照护、文化娱乐、情感陪护、安全保健、多种功能。养老机器人总系统模型如图 5-10 所示。

2. 日常照护子系统功能设计

日常照护功能是养老机器人最基本的功能,满足老年人在饮食、卫生、日常起居的需求,特别是为失能、半失能老年人提供照护服务,提高老年人生活质量。日常照护子系统模型如图 5-11 所示。

3. 安全保健子系统功能设计

老年人群体的健康状况是最不容忽视的部分,安全保健子系统可以实时检测老年人的情绪状况、身体状况,及时获取老年人的健康信息,并发送给家人,为老年人的健康保驾护航。安全保健子系统模型如图 5-12 所示。

---

① 钱艺倩. 基于人工智能的养老机器人功能设计及发展研究[J]. 智能计算机与应用,2020(7):292-293,296.
② 张思锋,张泽滴. 中国养老服务机器人的市场需求与产业发展[J]. 西安交通大学学报(社会科学版),2017(5):57-58.

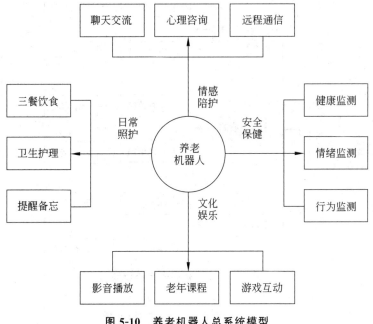

图 5-10　养老机器人总系统模型

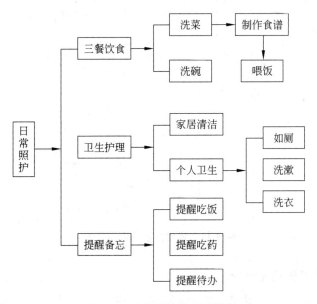

图 5-11　日常照护子系统模型

4. 情感陪护子系统功能设计

老年群体最需要和最缺乏的就是亲人的陪伴与关怀,情感陪护功能能够让老年人与养老机器人进行交流,在老年人心理不适时给予一定的心理咨询,给予老年人心理慰藉。情感陪护子系统模型如图 5-13 所示。

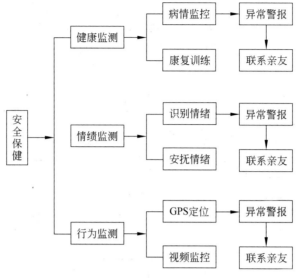

图 5-12　安全保健子系统模型

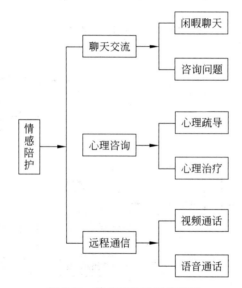

图 5-13　情感陪护子系统模型

5. 文化娱乐子系统功能设计

文化娱乐功能通过游戏、影音、课程学习等,实现"老有所乐""老有所学",满足老年人的精神文化需求和休闲娱乐需求,提升其幸福感。文化娱乐子系统模型如图 5-14 所示。

科技的发展与进步,使得人工智能、机器人在未来具有广阔的发展空间,面对中国日益严峻的老龄化形势,多功能的养老机器人也将成为未来老龄社会不可或缺的一部分,为老年人群体提供更加优质的生活,缓解老龄化带来的一系列社会服务问题。①

----

① 钱艺倩. 基于人工智能的养老机器人功能设计及发展研究[J]. 智能计算机与应用,2020(7):292-293,296.

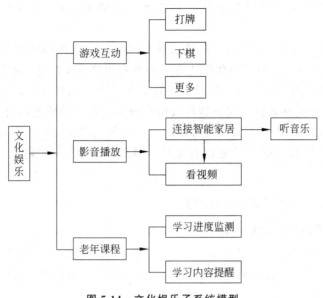

图 5-14　文化娱乐子系统模型

第九节　可穿戴设备

可穿戴设备是一种可以安装在人、动物和物品上,并能感知、传递和处理信息的计算设备。可穿戴设备基于可穿戴技术的发展,[①]20 世纪 60 年代,麻省理工学院的研究人员就提出了将传感器、无线通信等嵌入日常衣着中,来支持更多的交互形式。21 世纪,随着互联网的发展,可穿戴技术实现了与互联网的结合,产生了可穿戴设备。2012 年,以 Google Glass 为代表开启了智能化终端新的形式。2013 年是可穿戴设备的崛起之年,三星智能手表 Galaxy Gear、咕咚智能手环、360 儿童卫士等设备的发布,标志着互联网时代硬件创新进入新的阶段。2014 年,索尼和苹果等多个的企业进军可穿戴设备市场。[②] 已有的可穿戴设备主要集中于运动健身、娱乐社交和医疗监测领域。[③]

就目前来说,可穿戴设备仍处于探索发展初期,随着科技的不断创新发展,动作传感、语音操作、虹膜扫描等技术不断被开发应用到可穿戴设备上,促使可穿戴设备与用户间的交互方式不断创新。[④]

一、可穿戴设备在养老中的作用及其局限

可穿戴设备可以记录大量人体健康数据和环境监测数据,可以对各个时间点的数据进行比对并预测,还可以将数据发送给私人医生、社区、医疗部门等相关人员和机构。可穿

① 封顺天. 可穿戴设备发展现状及趋势[J]. 信息通信技术,2014(3):52-57.
② 肖笛. 可穿戴设备与人的融合[J]. 科技与创新,2015(10):95-97.
③ 许露,江洪. 可穿戴设备发展现状与问题对策研究[J]. 新材料产业,2014(12):63-67.
④ 王月娟,杨丽娜,李木子. 浅谈可穿戴设备引入养老领域的设计需求[J]. 中国卫生产业,2019(15):180-182.

戴设备的这些特点恰好可以适应老年人日常生活的健康监测、行为分析及出行定位等需求。

从可穿戴设备产品本身来说,可穿戴设备的随身特性对产品在舒适性、安全性、耐用性、稳定性以及交互方式的便捷和准确性等方面具有很高的要求。[①] 可穿戴设备的设计和使用方式必须与老年用户群体的生理及心理特征相符合。从可穿戴设备的数据化和网络化来说,可穿戴设备能够大量地挖掘和释放用户身体与行为的数据信息,不仅使身体信息可视化,而且能够提供及时的反馈和交流。这对于老年人健康的监护和行为分析与跟踪意义重大。而这种监护和跟踪应该通过合适的方式被人接受,保护隐私、尊重人格且准确可靠。

(一)可穿戴设备在养老中的作用

1. 老年人生活和健康的监护助手

可穿戴设备可以为老年人在日常生活、健康监护和出行定位三个主要方面提供服务。在日常生活中防止意外跌撞事故;在健康方面对特定的生理指标进行 24 小时监护,记录生理数据;在出行方面,可定位以便家人了解老年人所处位置。

2. 让子女安心,减轻抚养老年人的精神压力

对具有自理能力的老年人来说,可穿戴设备是为了"以防万一",使子女更放心地让老年人独自生活和外出,减轻抚养老年人的精神压力。

3. 减轻社区养老服务机构的压力

通过网络化管理,及时了解老年人状况,有针对地掌握老年人的健康状况,从而指导医疗保健。

4. 增强老年人自信,提高生活质量

可穿戴设备是一种利用现代科技为老年人服务的典型工具,使老年人获得更多的安全保障,满足他们自立自强的生活愿望。

(二)可穿戴设备的局限性

可穿戴设备作为一种新兴的移动终端,存在一定的局限性,目前尚未被老年人广泛接受。老年人与可穿戴设备之间仍存在着较大不熟知感。[②]

1. 老年人难以快速接受可穿戴设备

老年人对科技的恐惧。人对未知事物存在天然的恐惧。[③] 老年人陈旧的知识结构和日益减弱的思维能力导致他们难以理解新兴科技,难以使用和驾驭电子信息产品,从而本能地产生了科技恐惧感。

2. 老年人生活和行为方式难以改变

可穿戴设备多以眼镜、手环、手表、戒指等随身佩戴方式出现,会改变人的生活和行为

---

① 孙效华,冯泽西. 可穿戴设备交互设计研究[J]. 装饰,2014(2):28-33.

② 徐娟芳. 可穿戴设备在居家养老服务中的设计策略[J]. 包装工程,2016(6):125-128.

③ 刘胧,杨瑜,孙涛. 基于人机交互的老年人产品设计[J]. 工业工程,2010(5):89-94.

习惯。人的习惯难以改变,对安置在身上的异物更存在排斥感。老年人经历了漫长岁月,形成了固有的生活方式和思维模式,对新事物的接受更加缓慢和困难。可穿戴技术应该让人对可穿戴设备产生一种属于自己的自然延伸感,不应需要人去适应或强迫进行新的行为。

3. 可穿戴设备本身还存在一些问题

尚未做好面向老年人的准备,在设计上为追求时尚,顾此失彼,缺乏对老年人需求和生理心理特点的考虑。可穿戴设备功能相对独立,缺乏相应的服务体系支撑。

要突破以上局限性,使可穿戴设备真正服务于老年人,并且自然地融入老年人的生活方式,就需要使可穿戴技术让人对设备产生一种属于自己的自然延伸的感觉,不应需要人去适应或强迫进行新的行为。

二、可穿戴设备引入养老领域的策略

要想将可穿戴设备普遍应用到养老领域,应着重考虑到以下两个方面。[①]

(一)进行接触点分析

按照为老年人设计可穿戴设备"日常生活、健康监护、出行安全"的三大服务需求,细化每项服务内容,然后根据可穿戴设备本身的"时间、提醒、通信、报警、监护"等基本功能,通过列表形式寻找接触点,可穿戴设备与居家养老服务需求之间的接触点分析如表 5-4 所示。在各个服务模块中,根据所需功能的必要性标注。其中,●代表完全必要;◎代表部分必要;○代表不必要。需要指出的是,各项服务存在并行情况,功能也是多项同时存在,只是在重要程度上有所区分,从而为设计中操作的方式提供参考。另外,通过这种方式寻找功能与服务内容之间的关联性。

表 5-4　可穿戴设备与居家养老服务需求之间的接触点分析

功能	日常生活				健康监护	出行安全	
	起居	三餐	活动	睡眠	指定生理指标	导航	定位
信息(1)	●	●	●	●	◎	◎	◎
信息(2)	◎	○	○	○	◎	◎	○
提醒(1)	◎	◎	◎	○	◎	○	○
提醒(2)	○	○	●	●	●	○	○
通信	●	●	●	●	○	●	●
报警	●	●	●	●	●	◎	◎
监护	◎	◎	◎	◎	●	◎	◎
娱乐	◎	◎	◎	○	○	○	○

---

① 徐娟芳. 可穿戴设备在居家养老服务中的设计策略[J]. 包装工程,2016(6):125-128.

表 5-4 中的各功能解释如下。

信息：①时间，屏幕上显示当前日期和时间；②生活信息，天气预报、空气质量等。

提醒：①在完成每天固定的一些动作，如起床、早餐、服药等之后点击"确认"，并在家人端显示；②在监护过程中出现运动过量、生理指标异常等情况的提醒。

通信：可直接切换到与常用联系人的通话功能。

报警：异常情况报警，老年人可取消，若不取消则自动联络家人或社区；提醒得不到回应后的动作。

监护：记录运动状态、能量、生理指标等。

娱乐：音乐、收音机、互动游戏等。

通过接触点的分析，可穿戴设备基本功能与老年人服务需求之间建立可见的重要性关联差异，从而明确在不同情形下，可穿戴设备可提供的必要功能与不必要功能服务。这种功能的整理和简化是为了在提供必要服务的基础上，适应老年人对科技产品的掌握能力和接受度，使产品尽量多地提供帮助，尽量少产生干扰。

（二）讲究设计策略

通过对可穿戴设备与老年人之间关系的分析和接触点的整理，得到适用于老年人的可穿戴设备的设计依据，作为具有普遍意义的功能布局的参考。与此同时，可穿戴设备作为能为老年人服务的新兴产品，首先应该设计出"被老年人接受"的产品，走进他们的日常生活，为他们提供切实有效的保障和服务。在此基础上，才能逐渐产生产品的黏性，使产品在居家养老服务领域得以持久发展。[①] 因此，为老年人服务的可穿戴设备，应从使用方式、使用过程、功能需求等方面来制定相应的设计策略。[②] 根据老年人的特点，为老年人生活和健康服务的可穿戴设备应遵循以下基本设计策略。

1. 佩戴方式简单

考虑到老年人视觉和精细操作能力下降，适应老年人的可穿戴设备产品在佩戴过程中应简化步骤，尽量不出现精细动作，减少细微辨识差异，并且无须过多用力。应考虑到手抖，对细微差别的识别力较弱和容易摔落等各种情形。佩戴方式应简单易行。

2. 佩戴后少干扰

随身佩戴的可穿戴设备可具有各种形式以满足不同需求，但总体应以较小的体积随身佩戴。在佩戴过程中，应减少对老年人的信息提示和干扰，遵循和适应老年人惯有的生活方式，而不是要求"人适应产品"，以此来提高老年人对产品的接受度。

3. 提供必要的功能

根据接触点的分析，在不同情境下提供必要的功能，且操作简单，适合老年人的交互方式。如紧急情况的响应，在紧急情况下自动联系家庭成员和社区，但老年人可主动关闭紧急联系，以防错误的警报发生。

---

① 辛向阳. 交互设计：从物理逻辑到行为逻辑[J]. 装饰，2015(1)：58-62.

② 郑林欣，张帅. 基于老年人生理衰退的产品设计[J]. 包装工程，2007(10)：188-189.

4. 个性化的设置

根据不同的居家养老环境和用户特征,可设置不同的功能服务特征或提供不同的模式选择,以适应多样化的需求。如针对老年人慢性病多发的状况,在研发设计方面,应考虑呼吸、血压、血氧、心率等指标的准确监测设计。

5. 具备关闭和重启功能

为防止设备故障和错误的提醒,应具备简单的关闭提醒和重启功能。老年人的"科技恐惧感"常常来自对产品的"不可驾驭",或在操作过程中复杂的交互方式使得老年人对功能难以理解。当遭遇困惑难以解决时,关闭与重启往往是人们的常用之举,因此在设计中应充分考虑故障的自动修复能力以及关闭重启方式的简单易行。

6. 具有稳定的物理特性

具有防水、防撞、持久的电力等稳定的物理特性。作为随身佩戴的物品,在老年人生活中应做到"不易被破坏"。同时,也应保持持久的使用时间,避免经常充电带来的麻烦。

7. 产品"黏性"的考虑。

除了让老年人容易接受可穿戴产品外,也应从长远考虑产品的黏性。这就需要从提供帮助的持久性、有效性,以及使用中交互的顺畅性方面进行设计,使产品真正成为老年人生活的助手。[①]

8. 提高监测结果评测标准

可考虑将老年人特色可穿戴设备纳入医疗器械领域,这样可以统一质量标准且方便监管,有利于提高可穿戴设备获取的数据可信度及改善可穿戴设备市场质量参差不齐的情况。

9. 建立统一的健康监护系统或平台

每一位佩戴者生成一个单独账号,生成连续、可追踪的数据。系统可以通过无线设备与穿戴设备相连,将智能手环、智能手表等可穿戴设备获取的数据传输到后台系统分析,并提供信息整合服务。期待有更好的产品可以通过互联网将老年人在家中的日常活动建立专属档案,并对其行为模式和身体数据进行分析,如果检测到发病前期症状、紧急状况,由可穿戴设备将即时信息反馈或发出警报给佩戴者本人、亲属或社区,从而使老年人在遭遇突发状况时能够得到及时有效的救治和帮助。[②]

总之,可穿戴设备在人口老龄化日趋严重的背景下,具有很高的社会价值和科技价值。可穿戴设备对老年人的健康和监护可以起到重要的作用,可以适当解决当前"空巢老人"患慢性疾病、突发意外等很多养老问题,减轻家庭和社会的负担,缓解当前社会下养老的难题。通过对老年人特征及可穿戴基本功能与服务需求接触点的分析,得到可穿戴设备功能设计的依据,并提炼出若干条设计策略,为服务于养老的可穿戴设备产品设计提供参考,使老年人能切实享受到可穿戴技术进步所带来的福祉和生活上的便利。

① 徐娟芳. 可穿戴设备在居家养老服务中的设计策略[J]. 包装工程,2016(6):125-128.
② 王月娟,杨丽娜,李木子. 浅谈可穿戴设备引入养老领域的设计需求[J]. 中国卫生产业,2019(15):180-182.

拓展阅读

智慧养老既要"技术精度"更要"人文温度"

智慧养老虽然好,但也不是万能的,要防止"智慧不养老,养老不智慧",避免技术至上、炫技术、炒概念,做表面文章,因为技术再好,也代替不了养老服务特有的人文属性。比如很多地方都建设了智慧养老信息平台,但是普遍存在着"重线上轻线下,重显示终端,轻客户终端"等问题,做出来的显示终端是用来给人参观看的,大屏幕跟作战指挥室一样挺气派,但是这充其量只是一个呼叫平台,与114的功能差不多,老年人需要的是更多实实在在的线下服务。再比如,这些年市场上研发生产了很多智慧养老可穿戴设备,但大多市场反响不好,根本原因是厂家在技术上下了很多功夫,却很少考虑老年人使用的真实感受,致使这类产品成了"智慧不养老"的创新产品。

养老服务是一种基于人道、人文和人权的理念,本着服务的宗旨,在国家与社会的支持下实现共享共治的一种运行模式,强化人文视角,有利于提高智慧养老技术的温度。要在全社会形成共识,无论技术多先进,都不是万能的,落实到"最后一公里",一定需要人去完成,需要和老人进行人性的对话。对技术使用过程中带来的伦理问题,要明确子女照护和技术照护的职责边界,实现共赢效果。针对老年群体对网络环境存在的未知性和不确定性的担忧这一智慧养老服务普及的最大阻力,针对智能设备应用开发存在的难以跨越"银色数字鸿沟",除继续加强技术开发外,要切实抓好科普,通过社会组织,组织志愿服务人员或通过家属亲朋,开展入户宣传和指导,或通过开办免费培训班等方式,提升老年人运用科技产品的能力。

养老的本质是服务,而养老服务的最大特征是人本,人对人带有情感的近身服务是其基本形式。所以,再先进的技术都不可能代替情感、代替近身服务,智慧养老既要有技术的精度,更要有人文的温度。

(资料来源:吴玉韶.智慧养老既要"技术精度"更要"人文温度"[J].中国社会工作,2020(23):18;董红亚.技术和人文双维视角下智慧养老及其发展[J].社会政策研究,2019(4):90-102.)

思考与讨论

1. 智慧健康养老的核心技术有哪些?
2. 物联网技术、"互联网+技术"、定位技术在养老服务中有哪些应用?
3. 云计算技术、大数据技术、区块链技术在智慧健康养老服务中有哪些应用?
4. 请谈谈人工智能、机器人在养老服务中的应用。
5. 如何更好地将可穿戴设备引入养老领域?
6. 为什么说智慧养老既要技术精度更要人文温度?

第六章　智慧健康养老产业发展

智慧养老会有更好更快的发展,能为我国养老难题的解决提供一个新的模式,能让老年人生活的更快乐,更有尊严,更有价值。

——《智慧养老50人论坛倡议书》①

为应对人口老龄化与失能化加剧趋势,健康中国战略的大健康观念与全生命周期管理对健康养老服务提出了新的要求与方向。智慧健康养老立足于老年人群体个性化健康需求,将大数据、物联网、智能终端、云计算等现代信息技术运用到老年人群体健康养老服务过程中,为应对人口老龄化与失能化加剧趋势提供了新思路和新方向,对提高健康养老资源利用效率、调整健康养老服务供需结构及实现健康老龄化具有现实意义。

第一节　智慧健康养老产业透视

随着科技飞速发展、人口老龄化不断加速以及人民生活水平稳步提升,单靠传统的养老服务已经无法全盘满足老年人多元化的养老需求。目前,我国养老产业发展处于由"传统人工养老"向"智慧健康养老"逐渐过渡的阶段,智慧健康养老服务能够助力居家养老、自我养老、社区养老、机构养老、异地养老等多种养老模式实现新跨越。其核心是在现有养老服务模式的基础上融合现代科学技术,以补足传统养老服务模式存在的短板,实现与老年人群体的实时沟通交流,用最低的人力和时间成本,满足老年人多层次、个性化的养老需求,优化地区间资源配置,实现多层次的养老服务供给。②

一、智慧健康养老产业的概念

智慧健康养老产业围绕养老产品和养老服务开展各类社会经济活动,是在传统养老产业基础上深度融合、应用信息技术孵化出的新兴产业形态,具有较强跨界特征。由于产业具有较强新颖性,目前产业的定义也没有一个统一的标准。

《智慧健康养老产业发展行动计划(2017—2020年)》指出,"智慧健康养老利用物联网、云计算、大数据、智能硬件等新一代信息技术产品,能够实现个人、家庭、社区、机构与健康养老资源的有效对接和优化配置,推动健康养老服务智慧化升级,提升健康养老服务质量效率水平"。

这里,我们认为智慧健康养老产业是将以互联网、物联网、云计算、大数据、设备终端为

---

① 智慧养老50人论坛.智慧养老50人论坛倡议书[J].中国信息界,2016(1):44.

② 蒋金泰,等.我国智慧健康养老发展模式研究——基于上海的典型案例[J].产业创新研究,2021(15):30-34.

代表的现代科学技术,与个人、家庭、社区、养老机构、医疗机构、养老服务资源等进行有效对接和优化配置的新型业态,产业始终秉承以智慧居家养老为主、社区和机构养老为辅的产业理念,破除"数据鸿沟",为老年人提供更智能、质量和效率更高的养老服务。① 它是健康养老和科学技术高度融合产生的新业态。智慧健康养老产业的内涵如图 6-1 所示。

图 6-1 智慧健康养老产业的内涵

二、智慧健康养老产业的特征

我国的智慧健康养老产业的特征主要是正处于黄金发展期,以及智慧性、公益性,微利性等。②

(一) 处于黄金发展期

我国的智慧健康养老产业始自 2012 年。2017 年 2 月,国家三部委联合发布了《智慧健康养老产业发展行动计划(2017—2020 年)》,这是我国第一个国家级智慧养老产业规划,标志着我国智慧健康养老产业迎来发展的黄金期。随着 5G 时代的到来,万物互联的智能生活得到网络保障,智能终端产品变得丰富多样,人机交互方式也因 AI 技术的发展而产生新的转变,这为养老服务的精准化、智能化、人性化升级提供了有力保障。

(二) 智慧性

智慧健康养老产业的智慧性,建立在物联网、云计算、移动互联网、大数据等新一代信息技术的基础上。具体表现为三个方面:健康数据收集存储、智能系统智慧化决策以及服务从供给端精准投放到需求端。通过这些信息技术,一方面,可以高效挖掘市场的潜在需求,起到引领市场的作用,达到"精准决策";另一方面,利用诸如智慧终端、机器人和 3D 打印技术服务于养老产业,能够解决养老市场人力资源匮乏的问题。

(三) 公益性

截至 2019 年年末,中国 60 岁及以上老年人约有 2.5 亿人,其中半数以上老年人为中低收入群体;预测到 2025 年年末 60 岁及以上老年人将超 3 亿人,其中的中低收入老年人将超 2.1 亿人。③ 对于中低收入的老年人群体,客观上要以非营利性的老年服务产业来帮助他们安度晚年。因此,养老和一般的家政服务不一样,家政服务是纯粹商业化的,追求利润;但养老更多的是公益性的,和教育有些类似,不是纯粹的商业活动。智慧健康养老的本质仍是养老,其第一属性应是公益性,市场化只能是其次要属性,应当服务于公益性的功能与属性。此外,智慧健康养老不等同于高端化养老。智慧化是为了整合养老产业各种服务资源而采取的手段,为老年人提供质量优良、价格适度的养老服务才是其根本目标。

(四) 微利性

养老产业是微利行业,这是业界共识。一方面,智慧健康养老产业本质上仍是养老产

① 清华大学互联网产业研究院. 智慧养老产业白皮书 2019[EB/OL].[2021-03-02].http://www.199it.com/archives/1071190.html.

②③ 蒋金泰,等. 我国智慧健康养老发展模式研究——基于上海的典型案例[J].产业创新研究,2021(15):30-34.

业,并且要在传统养老产业的基础上投入智慧化建设的成本,因此利润更加微薄。目前,公建民营的养老机构多是通过政府补贴,这样才能保证一定的利润,保证养老服务的标准和质量。另一方面,随着科技的高速发展,智慧健康养老产业的进入门槛越来越低,近年来,从其他行业转型而来的智慧养老企业数量呈爆发式增长,市场竞争越来越激烈,使得行业利润率迅速降低。

三、智慧健康养老的产业链

智慧健康养老产业链主要涵盖上游的智慧健康养老硬件制造、中游的智慧健康养老服务运营商、下游的智慧健康养老终端场景。[①]

上游产业产品主要有可穿戴设备、日常智能服务设备、便携式监测设备、自动式监测设备。

中游产业主要服务有生活照料、健康管理、学习娱乐、人文关怀、护理服务等。

下游产业主要有居家养老、社区养老、机构养老等养老场所。

四、智慧健康养老产业的竞争格局

目前,我国智慧健康产业主要集中在华中、环渤海、长三角和珠三角等沿海发达地区。北京、上海、广州、深圳等发达城市智慧健康养老产业发展水平远高于中西部地区,城市智慧养老产业水平优于城镇、农村地区。智慧健康养老产业自身行业内高端养老机构、高端养老社区的智慧化程度高于基础型福利院、普惠型养老院、一般社区。

发达地区智慧健康养老产业中的政策引领、服务设施、供给主体、供需对接平台、服务水平、人才队伍等方面都获得较好较快的发展,已形成具有区域特色、产业联动的产业集聚基地,产业上下游协同发展比较完善。例如,北京市出台了一系列养老服务法规,加强顶层设计,鼓励社会力量参与智慧健康养老产业,完善养老服务体系,扩大养老服务供给,为老年人提供就近的居家社区养老服务。上海市将"智慧养老"定义为养老服务全面升级的引擎,全面使用信息技术提高养老服务供给的效能,在国家智慧健康养老试点示范、产品及服务推广目录征选工作中,上海市入选的产品、服务项目在全国名列前茅,上海市长宁区入选首批国家智慧健康养老应用试点示范基地。浙江省在 2019 年打造了一个全省统一的智慧健康养老服务大数据平台——"浙里养"平台,形成了一套政策管理的新体系。山东省除了积极参加国家级智慧健康养老应用试点之外,在 2020 年 1 月开展了自身的省级智慧健康养老应用试点评选工作,层层扩大智慧健康养老产业影响力。

未来二三十年,我国智慧健康养老产业将更快地融合科技元素,提供更为舒适、安全、便捷、全面的功能服务。进一步深化互联网、大数据、人工智能、云计算等应用的智慧健康养老设备开发商或软件商将会更具竞争力,为居家、社区、机构等上门提供的智慧健康养老服务将会继续率先发展,社会资本投资的商业化、专业化、高端化的智慧健康养老社区将更受欢迎。[②]

① 赵璐.城市社区智慧养老健康服务平台服务设计体系研究[D].成都:西南交通大学,2017:12.
② 荆玲玲,王海晶.共享经济理念下我国智慧养老服务供给优化研究[J].山西农经,2021(2):11-12.

五、智慧健康养老产业的变化趋势

我国智慧健康养老产业萌芽于 2010 年,随着产业的不断发展,其商业模式、技术应用、服务方式等也不断发生变化。我国智慧健康养老产业变化呈现以下三个趋势。[①]

一是产品制造智慧健康养老产业设备制造商,由单纯的产品生产转向产品研发、制造、销售、维护、终端一体化发展。如乐普医疗、鱼跃医疗等是国内健康器械龙头企业,已布局打通心电设备、POCT[②]、血糖仪、血压计等新一代智慧设备到养老院、康复中心、家庭、医院、社区等的应用链条。[③]

二是智慧健康养老产业信息平台提供商,由单个机构、单个功能转向多个机构、多个信息化平台、多个区域、多功能的互联互通。如深圳和而泰研发的 C-Life 智慧养老服务平台,联通了老人、子女、养老机构、医疗机构、健康智能产品等,具备"数据、计算、服务、知识"等多方面功能,实现用户重点关注的夜间监护、睡眠质量、心率、呼吸率、血压、血氧、心电、体温、尿湿等 20 多项指标的全面、实时、动态监测、分析计算。[④]

三是智慧健康养老产业综合服务提供商,由简单养老照料服务转型为全面的人机综合服务提供者,通过智能硬件、信息化系统、金融服务等,为用户提供涵盖生活、托幼、健康管理、健康监测、康复诊疗、护理照料、产品设计、资金管理、文化旅游、宗教信仰等全面的养老服务。如安康通组合云计算中心、各类信息管理系统、专业化服务团队等元素,向用户提供紧急救助、安全预警服务、居家助老、生活、健康管理、照料护理、适老化改造、健康咨询、慢病管理、医疗康复等服务,成为"管家型服务提供者"。[⑤]

第二节 智慧健康养老产业的发展现状和问题

智慧健康养老产业一头连着民生保障,另一头连着产业发展,既是造福老年人群、补齐民生短板的民生事业,也是拓展消费市场、培养经济发展新动能的重要载体。特别是智慧健康养老产业涉及领域广、产品形态丰富、跨界特征显著,是构建国内大循环的重点产业发展方向和政策着力点。

当前,我国智慧健康养老产业迈入新的发展阶段,进入从规模增长向质量提升的重要窗口期。

一、智慧健康养老产业的发展现状

近年来,随着新一代信息技术和健康养老资源的不断融合,我国智慧健康养老产业得

---

① 肖喜银,等.我国智慧健康养老产业未来发展预判[J].社会与公益,2021(4):85-90.

② POCT:即时检验(point-of-care testing)指在采样现场即刻进行分析的临床检测及床边检测,可以省去标本在实验室检验时的复杂处理程序,快速得到检验结果的一类新方法。

③ 刘思奇,等.积极老龄化背景下老年人数字健康素养现况及对策研究[J].护理研究,2021(2):250-254.

④ 丁倩雯,江智妍,周泽炯."互联网+"背景下智慧养老模式构建[J].山西农经,2020(23):34-35.

⑤ 黄瑶.智慧养老破解"三重三轻"方能渐入佳境[J].中国社会工作,2020(23):16-17.

到快速发展。除了如前文"智慧健康养老发展历程"所述的政策支持体系不断完善外,其发展现状还突出表现为如下两个方面。

（一）产业发展模式初具雏形

当前,虽然智慧健康养老产业仍处于产业发展的起步阶段,但随着近年来各地区和相关企业的大力探索创新,新模式、新业态持续涌现,产业发展模式初具雏形。目前已形成的智慧健康养老发展模式主要包括基于远程技术的智慧健康养老模式、基于智能家居的智慧健康养老模式以及基于多方参与的医养护一体化智慧健康养老模式。[①]

1. 基于远程技术的智慧健康养老模式

该模式依托智能手表、体征监测仪等智能终端设备实时监控老年人行动、安全和健康数据,并及时提供预警干预和有针对性的延伸服务,实现医、养、护资源与老人需求的有效联结。

2. 基于智能家居的智慧健康养老模式

该模式将智能科技运用到老年人居住环境和生活细节,让老年人不离开自己熟悉的环境,"足不出户"即可享受各类健康养老服务。相较于传统的居家养老模式,基于智能家居的智慧健康养老模式是一种兼容并蓄的养老模式,它既能满足老年人对"家"的需要,同时又能提升老年人的生活质量和便捷性,在一定程度上减轻老年人对家人的依赖,让老年人享受到人工智能所带来的便捷服务。

3. 基于多方参与的医养护一体化智慧健康养老模式

该模式是以社区或街道为依托,将辖区内医疗机构、养老公寓、志愿组织、行政机构等部门的涉老资源和业务有机整合,打造线上线下精准对接、资源共享、方便快捷的"医养护一体化"养老综合体。而将上述部门整合的关键就在于开发居家和机构养老数字信息化管理平台。

（二）企业和社会资本逐步介入

随着老年人口基数不断增加所形成的巨大的养老消费需求市场,智慧健康养老被认为是下一个"风口"和"金矿",投资价值日益凸显。特别是在国家利好政策的引导下,互联网科技企业、传统制造企业、医疗健康企业、大型险企等各类市场主体开始涉足智慧健康养老领域,开启投资和产业布局。

以腾讯、小米、京东、58同城、饿了么为代表的互联网科技企业依托自身业务模式,利用人工智能、物联网等前沿技术开发出各类助老、适老应用场景,为老年人群体提供高质量智慧健康养老服务。同时,中兴、海尔、美的等传统家电制造业巨头也开始纷纷试水智慧健康养老。另外,平安、泰康、人寿等保险企业也逐步进军智慧健康养老市场。[②]

二、智慧健康养老产业存在的问题

现阶段智慧健康养老产业虽有一定基础,但在发展过程中仍面临诸多问题,只有认清

①　张博. 供给侧视角下社会资本参与智慧健康养老服务供给研究[J]. 兰州学刊,2021(3):171-184.
②　黄清峰. 新发展阶段我国智慧健康养老产业发展的时代要求与路径选择[J]. 延边党校学报,2021(4):71-76.

这些发展中的问题并致力于解决这些问题,才能构建更加完善的智慧健康养老服务体系,推动智慧健康养老产业的发展。

（一）缺乏顶层设计的统筹,统一标准缺失

国家政策和地方法规的出台,引导着智慧健康养老产业的发展,但在产业发展上缺乏顶层设计的统筹。产业发展总体上受到体制和传统思想约束,缺乏监管、政出多门等都是束缚企业的技术合作和市场拓展的因素,[①]这给智慧健康养老产业同其他产业技术合作带来困难,给市场拓展也带来了阻碍。从政府管理角度来看,智慧健康养老产业分为三个部分并分属于三个部门,"智慧"属于工信部管辖,"健康"属于卫健委管辖,"养老"又属于民政厅管辖,但最终都是旨在解决社会"养老"问题。政出多门导致部门之间监管不足,资源分数,管理体制不畅。同时也因没有明确的政策文件指导而使相关政府部门出现职责、利益之间的矛盾与冲突,政府部门之间、政府与企业之间也容易出现沟通不畅,造成养老资源的浪费。

智慧健康养老产业属于"朝阳产业",但是针对智慧健康养老的产业标准和信息化标准却缺乏指导性的政策文件。智慧健康养老产业尚未出台统一的行业标准和有效的行业监管,智慧健康养老服务的质量参差不齐,制约产业的发展与融合。[②] 信息化标准的缺失造成各企业搭建的养老信息平台之间数据交换的障碍,企业之间难以对接数据信息,数据共享难;同时也不利于老年人健康数据的采集、存储和挖掘,影响企业后期对智慧健康产品与服务的研发与推广。服务过程中的数据呈现明显的多源的结构性和跨时空特性,给多源异构数据的有效获取与数据融合都带来很多困难与挑战。[③] 由于没有统一的数据和行业标准,由此产生的多种问题均会阻碍智慧健康养老产业的发展和推广。[④]

（二）智慧健康养老供给不足,供需错位

当前我国处于人口老龄化持续快速增长阶段,老年人口数量急速增加,然而智慧健康养老产业供给却远远跟不上人口老龄化的进程。我国的养老床位供给还存在不足,养老产业仍需巨额资金来填补现有缺口。另外,由于智慧健康养老产业的特殊性,准入门槛相对较高。当前政府依然是我国智慧健康养老产业的主要买方,在社会资本介入不足的情况下,仅仅单纯依靠政府投入显然不能够满足速度日益加快的智慧健康养老需求,这些都促使智慧健康养老产业供给不足困境的加剧。

虽然伴随着人口老龄化形势日益严峻养老需求不断地扩大,但是市场上仍然有大量的智慧健康养老机构始终处于亏损状态。我国智慧养老产业发展过程中存在供需错位的现实困境。

从供给方面来说,由于智慧健康养老产业还处于发展初期的起步阶段,技术与产业的成熟度还不高,智慧健康养老产业发展机制不健全,供给产品比较单一,服务产品尚不丰

---

① 郑俊亮.我国社区公共智能养老服务平台构建[J].中国市场,2017(2)：142-145.

② 张雷,韩永乐.当前我国智慧养老的主要模式、存在问题与对策[J].社会保障研究,2017(2)：30-37.

③ 华中生,刘作仪,孟庆峰,等.智慧养老服务的国家战略需求和关键科学问题[J].中国科学基金,2016(6)：535-545.

④ 韦艳,徐赟.智慧健康养老产业发展的困境与路径——以陕西省为例[J].西安财经大学学报,2020(6)：37-45.

富,而且由于缺乏对市场进行精准的调查细分,提供的产品或者服务超出广大老年人群众的消费能力或者不被认可接受。从需求方面来讲,由于受我国传统观念、文化水平、生活习惯、身体状况等多种因素影响,老年人对智慧养老服务的认知度及使用能力较低,在养老消费理念和消费能力上也存在着明显的不足。

通过对当前智慧健康养老产业供需双方的对比可以发现,显然智慧健康养老服务与产品的供给与需求之间脱节、不匹配,智慧健康养老服务及产品的供给不能够满足需求;同时智慧健康养老需求也不能够与供给相适应,供给与需求之间存在错位,这更加重了当前形势日益严峻的人口老龄化问题。①

(三)信息不通畅,难以共享

智慧健康养老产业并不是独立存在的,它是由多个部门共同组成的,包括医疗卫生部门、民政部门、公安部门、人力资源和社会保障部门等。造成智慧健康养老信息难以共享的原因主要有以下四点。

一是各个部门目前无法建立一个比较有效的沟通机制,所以无法实现信息的互联互通,也不能保证信息交流的及时性,使各个部门之间形成了严重的"信息孤岛"。正因为如此,智慧健康养老产业在构建的过程中就无法实现信息数据的整合与统一,在信息共享这一环节就出现了问题,使得智慧健康养老产业难以顺利发展,也很难得到大面积的普及。

二是通过研究发现,造成这一现象还有一个重要的原因,就是大部分养老信息都涉及老年人的隐私,许多老年人还没有对新兴的智慧健康养老产业完全信任,对于信息的共享并不支持,这也阻碍了智慧健康养老产业发展。

三是由于我国智慧健康养老产业处于刚刚起步阶段,还没有对其完全认可的不仅仅是需求一方,还有供给一方,即政府部门。由于相关部门并没有对智慧健康养老产业发展的优势、前景和特点进行有效的宣传和普及,政府部门之间也不愿意进行信息交流。

四是我国当前还没有对信息的安全进行严格和有效的保护,并且缺乏相应的技术人才和手段。

正是以上四点原因,造成了智慧健康养老产业信息难以共享的情况。②

(四)产业发展不充分,商业模式欠佳

我国智慧健康养老产业发展不充分,协同推进机制尚未形成。从产业经济学的视角来看,智慧健康养老产业是一个产业集群的概念。同时,在新一代信息技术迅速发展和老年人群体养老需求不断升级的带动下,智慧健康养老产业将会衍生出更多子产业,形成一个以健康养老为主题,以信息技术为驱动力,涉及医疗健康产业、养老产业和信息技术产业等多领域的产业集群,构建起完整的智慧健康养老上、下游产业链。从我国智慧健康养老产业发展的实践来看,它是在全新的技术环境和社会环境下产生的,因此没有成熟的经验、模式和路径可循,且产业发展周期较短,尚处在产业发展的初期阶段,产业发展不充分。尚未形成良性互动、利益合理分配的发展模式以及协同推进机制;智能技术、医疗健康、养老服

① 张博.智慧健康养老产业发展困境与出路——基于有效供给视角[J].兰州学刊,2019(11):179-188.
② 孙子雯.有效供给视角下智慧健康养老产业发展问题分析[J].边疆经济与文化,2020(4):33-35.

务三者之间的融合度不高;上、下游产业链条较短,产业联动效应较弱,还未能结合成一个整体系统、形成集群和规模优势。[①]

目前智慧健康养老的商业模式也存在问题。随着我国人口老龄化问题的日益凸显,发展智慧健康养老产业已经成为一种必然的趋势。既要保证智慧健康养老产业能够稳定、可持续发展,就必须借助市场的力量推进产业发展,又要增加社会资本的份额,在商业模式下充分发展,只有这样,才能保障健康养老产业的发展。到目前为止,我国智慧养老产业投资占比最大的就是政府,产业发展极度依赖于政府的资金投入,这既造成了资金渠道单一,使得政府的财政压力巨大,严重地阻碍了我国智慧健康养老产业的发展。由于智慧健康养老产业是伴随我国老龄化的实际情况所衍生出的产物,要想维持其稳定可持续发展就必须依靠市场的力量,换句话说,就是将重心放在民间资本介入上,鼓励企业加入促进产业的发展。由于我国智慧健康养老产业市场机制还不够健全,收益点和目标也不够明确,资金投入之后的回收期也很长,所以大部分民营企业不愿意对养老产业进行投资,造成了社会资本介入严重不足的情况,影响了商业模式的健全和发展。从供给的角度来看,由于各地区经济发展状况存在较大的差异,这种差异也使得商业模式无法顺利发展,严重地阻碍产业的发展。[②]

(五)关键核心技术缺乏,产品与需求契合度不高

首先,核心关键技术缺乏,制约产业向价值链高端发展。信息化和智能化关键核心技术是智慧健康养老产业发展的基础和保障。虽然当前各类针对老年人群体实际需求开发的智慧健康养老应用场景层出不穷,但企业对基础研究重视程度还不够,缺乏重大原创性成果。具体而言,一方面,我国智慧健康养老产业核心技术过于依赖进口。在应用场景所依靠的处理器芯片、高精度传感器、基础软件等核心环节和关键技术方面受制于人,技术短板问题突出,制约产业向价值链高端发展。另一方面,部分从国外引进的智慧健康养老技术和产品未在充分考虑国内老年群体使用能力、生活习惯和购买力实际的基础上加以吸收、改进和应用,某些终端产品操作复杂且使用成本高昂,这使得大部分老年人无法自行熟练使用或无力购买。

其次,智能健康产品与服务同老年人群体的实际需求契合度不高。当前,智慧健康养老企业对各类涉老产品与服务场景的开发热情很高,但现有的产品与服务,同老年人群体特殊的实际需求之间的契合度不高,市场呈现明显的"叫座儿不叫好"的现象。具体来说,一是部分企业奉行技术至上的理念,过度追求物联网、云计算、AI、区块链等新技术的使用,而对老年人群体最直接、最迫切的现实需求满足不够,智能技术和现实需求存在一定程度的脱节,陷入"智慧不养老"的怪圈。更有一些企业炒作某些技术概念,善于玩花样,制造噱头,甚至打着高科技的幌子进行诈骗,破坏商业环境。二是"重产品、轻服务"的问题突出。随着智慧健康养老产业的快速兴起,市场上针对老年人群体开发的"智能穿戴""智能监测""智能医疗"等各类产品越来越丰富,但是产品的日常使用功能介绍、后续维护保养等服务

---

① 黄清峰. 新发展阶段我国智慧健康养老产业发展的时代要求与路径选择[J]. 延边党校学报,2021(4):71-76.

② 孙子雯. 有效供给视角下智慧健康养老产业发展问题分析[J]. 边疆经济与文化,2020(4):33-35.

跟不上,导致产品的使用功效大打折扣,影响老年人对智慧健康产品的信任度。[①]

(六)智慧健康养老技术粗放发展,诱发技术伦理悖论

科学技术的飞速发展,一方面给人们带来了巨大的便捷与益处,另一方面技治主义、工具理性、功利主义俨然成了现代社会的主流思想和价值观,价值理性、人文精神被遮蔽了,地位日渐下降,技术的突飞猛进使得传统的道德观念、人际伦理、法律关系日益面临挑战。比如智慧养老发展过程中整合技术被广泛使用,为老年人群体提供了高效和优质的服务,与此同时,智慧养老等现代模式在很大程度上取代了传统的家庭子女养老模式(成年子女赡养老年父母),使得家庭养老模式中家庭成员之间的血缘关系维系、伦理道德责任和亲密角色关系大为削弱。而家庭亲情、血缘关系在中国人的思想意识、文化传统、人际互动中非常重要,现代社会家庭的经济功能、赡养功能虽然日趋弱化,但情感依赖、情感慰藉功能仍很有必要。亲情关系的维系需要家庭成员之间频繁紧密的互动,老年父母特别是当前我国大量正在和即将老去的独生子女父母从子女的交流互动中更多的是获得情感的寄托与满足,而智慧养老虽然可以借助可听可视的即时通信网络(线上)技术使得老年人与子女沟通、互动成为可能,但毕竟不是面对面的交流互动,中间隔着机器和媒介,难以取得面对面的深度交流互动照料效果。家庭中融洽的亲情关系、尊老爱老孝老美德具有浓厚的伦理道德意蕴,是家庭稳定的黏合剂,也是良好社会秩序的基础。智能化技术及其应用系统虽然能够高效地发挥照护老年群体的作用,至少从表面上来看是有效率的,然而技术无疑是没有温度的,缺乏人性温暖、人文关怀,难以产生心灵深处的归依感。况且,当前的老年人群体是 20 世纪 60 年代以前出生的人群,他们的思想观念较传统,家庭意识浓厚,内心渴望能够享受和儿孙厮守一起的天伦之乐,特别是独生子女的年老父母,如果子女不在身边则更加孤独寂寞,老年人虽然具有一定的接受新技术系统和使用新智能技术产品的能力,但多数情况下是被动的、无奈的,是为了能减轻子女负担而自愿做出牺牲,选择与子女分居两地,多数老年人虽然能够得到经济的、物质的、医疗的、社交的种种资源和服务,但亲情的渴求、情感的慰藉、心灵的寄托难以满足。[②] 近几年来,长期照护需求纳入了重要政策考量,但老年人长期照护相关立法基本处于缺失状态。[③]

另外,智能技术系统及其应用还可能引发一些其他的伦理道德问题。比如实时监控系统,对选择居家养老的老年人来说是否无意间侵犯了个人隐私?其子女信息、家庭状况、社会关系是否存在信息泄露和遭遇不法牟利的风险?亲属可视互动(线上见面)系统对子女的居住场所、工作场面的实景呈现是否不符合子女住所的隐私保护和工作单位的保密要求?又如,在智能养老技术服务系统常态化运行过程中出现的偏差和损失由谁承担责任、各方责任多大以及责任分担方式怎样?[④]

(七)高质量专业人才极度匮乏,人才培养亟待加强

人口老龄化现象快速增长,养老问题日益严重,必然需要大批高质量专业人才从事智

---

① 黄清峰. 新发展阶段我国智慧健康养老产业发展的时代要求与路径选择[J]. 延边党校学报,2021(4):71-76.

② 豆小红. 新时期我国智慧养老健康发展研究[J]. 湖南行政学院学报,2019(6):5-10.

③ 何燕华. 健康老年化战略下我国长期照护制度的反思与重构[J]. 湖湘论坛,2018(5):95-107.

④ 朱海龙. 智慧养老:中国老年照护模式的革新与思考[J]. 湖南师范大学社会科学学报,2016(3):68-72.

慧健康养老产业,研发广大老年人群体满意的智慧健康养老产品及提供智慧健康服务,但是目前的现实状况却是一些智慧健康养老机构专业人才尤其是高质量专业人才极度匮乏。以老年护理为例,当前全国取得养老护理专业资格的才仅有几万人,绝大多数智慧健康养老机构都极度缺乏从事智慧健康养老的医生、护士、营养师、康复师等专业人员。除了这些专业人才极度匮乏之外,当前还匮乏高质量的智慧健康养老产品研发的技术人才,可以从前面提到的智慧健康养老服务机构提供的智慧健康养老产品单一,不能够满足多样化、多层次、个性化的智慧健康养老需求得到有效的印证。

高质量专业人才极度匮乏是由多种因素导致的,但是大体上来说,一方面由于智慧健康养老属于新兴产业;另一方面高校及相关部门缺乏健康养老服务高质量专业人才培养。这些因素综合导致当前智慧健康养老产业高质量专业人才极度匮乏。由于经济从根本上说是人的经济,脱离了人,经济是不可能发展起来的,当然这里的“人”特指当前智慧健康养老产业发展的人才,为此当前高质量专业人才极度匮乏,自然也就成为制约智慧健康养老产业发展的现实困境。[①]

如今老年人对于精神和文化方面的需求越来越高,所需要的不再是单一的产品和服务,需要更多地满足心理和精神上的需求。这就要求必须加强对人才的培养,加大对人才培养的投入力度,多数高校并没有设立专门的护理以及与养老相关的专业课程,在这一方面还有很大的发展空间。[②]

第三节　智慧健康养老产业的发展路径

作为世界上人口数量最多的国家,我国正在经历着整个人类发展史上规模最大、形势最严峻的人口老龄化进程。在党的十九大报告中首次提出“智慧社会”的新概念,除了说明先进网络信息技术普及运用之外,同时也为智慧健康养老产业的发展提供了契机。加之,新时代以先进科学为支撑的互联网与经济有机融合的互联网经济,成为促进经济发展不可替代的最佳方式及不可逆转的必然趋势。为此,应针对我国智慧健康养老产业发展中存在的问题,通过以下发展路径和对策,不断推动我国智慧健康养老产业的发展。

一、加强宏观指导和引领,推动政策落实到位

（一）加强顶层设计,建立统筹协调机制

政府应着力从政府职能和民间智库两个方面建立统筹机制,推动智慧健康养老产业高质量发展。

从政府职能方面,在强化政府职能的基础上,落实各项智慧健康养老政策和规划。成立以工信部门为主导的智慧健康养老产业发展机构,统筹其他部门,成立智慧健康养老产业发展领导小组,评选示范企业,成立智慧健康养老产业联盟等,形成协调发展机制。

---

① 张博. 智慧健康养老产业发展困境与出路——基于有效供给视角[J]. 兰州学刊,2019(11):179-188.
② 孙子雯. 有效供给视角下智慧健康养老产业发展问题分析[J]. 边疆经济与文化,2020(4):33-35.

从民间智库方面,引导社会力量进入智慧健康养老产业,积极建立企业与企业之间的民间信息智库,在产品研发、服务推广、技术应用等方面进行企业之间的对接。同时,政府应积极推进智慧健康养老产品和服务在上下游养老产业链中的应用,实现产业的可持续发展。[①]

(二)完善智慧养老产业制度,促进老龄经济持续健康发展

当前,我国智慧养老的制度理念不清晰、制度体系不健全、制度执行不到位等,严重阻碍了智慧养老市场的形成和壮大。要建立和完善智慧养老产业发展的运行规范制度,包括准入制度、运行制度、合作制度、反馈制度、监管制度、评估制度等。当前加强智慧养老产业制度建设,大力推动智慧养老产业健康发展,一要全面贯彻《国务院办公厅关于促进"互联网＋医疗健康"发展的意见》,加快医联体内的互联网技术运用,开展预约诊疗、双向转诊、远程医疗等服务;二要建立政府和市场协同运作机制,政府的主要职责是保基本、管民生、兜底线,非基本的多元化高层次健康养老需求应充分发挥市场机制作用,调动社会力量提高健康产品和养老服务供给的积极性,并强化全程监管和质量把关职责,为群众提供更加优质、多元、安全、高效的健康养老产品;三要大力发展医药、医疗设备等先进制造业,通过兼并重组,做大做强一批具有较强国际竞争力的大型企业,打造核心竞争力强的医药产业体系;[②]四要以创新引领健康养老产业发展,推动健康养老领域的"大众创业、万众创新",培育和壮大健康养老新模式、新业态、新产业发展。[③]

(三)行业标准与信息化标准相融合,规范产业发展

统一的行业标准能够促进企业的发展,提高智慧健康养老的智能信息产品与智慧服务的质量。智慧健康养老产业的主要目标群体是老年人,产品与服务质量是促使老年人购买并使用的最主要因素。制定产品与服务的质量标准,增加老年群体消费,从而促进产业的发展。信息化标准是解决产业间"信息孤岛"问题的有效途径,能够促进产业之间信息数据的共建共享,解决多源异构数据的获取与融合问题,加强企业和各平台之间的联系。[④]信息数据的共享不仅能够提高信息平台收集的老年人健康数据的利用率,发展数字化智能养老,而且能提高服务资源共享性,整合多方面资源,优化养老资源配置,促进社会养老事业的和谐发展。[⑤]设立和完善严格的管理办法及法律法规,是强制保护用户隐私数据的一种方法。[⑥]对于信息化标准的建立,也需要多关注信息安全管理。

(四)突破现实困境,确保政策落实到位

政策落实到位,就是致力于解决地方落实智慧健康养老产业发展过程中遇到的现实困境。由于各地政府对于智慧健康养老产业的思想认识看法不一致,提供的政策支持、落实

① 韦艳,徐赟.智慧健康养老产业发展的困境与路径——以陕西省为例[J].西安财经大学学报,2020(6):37-45.
② 豆小红.新时期我国智慧养老健康发展研究[J].湖南行政学院学报,2019(6):5-10.
③ 张博,韩俊江.人口老龄化背景下发展智慧养老产业研究[J].云南民族大学学报:哲学社会科学版,2018(4):125-128.
④ 张先庚,等.数字化智能养老模式研究进展[J].中国老年学杂志,2017,37(3):241-242.
⑤ 徐盈艳,李坪.我国社区居家养老的现状、问题与对策探析[J].广州城市职业学院学报,2013(4):50-53.
⑥ 黄国彬,郑琳.大数据信息安全风险框架及应对策略研究[J].图书馆学研究,2015(13):24-29.

力度、配套机制等还是具有很大的自然差异,而当前要确保政策落实到位,就应该找出具体地方政策落实的症结之所在,是思想观念、态度方面的问题就应该从转变其思想观念及态度等方面入手;是政策支持方面的问题,相应就应该从政策支持方面入手;是配套机制方面存在的问题,同理就应该从配套机制方面进行相应的解决。总之,依据现实中政策落实不到位的具体原因进行精准调查并落实,就可以确保政策落实到位。[①]

二、加大智慧健康养老供给量,调整供需结构

(一)根据各个地区的实际情况,加大供给量

人们都知道生产多少商品取决于消费量,而供给数量则取决于需求的大小。随着我国人口老龄化日益严重、发展速度急剧提升,人们对于养老服务和养老产品的需求也越来越大,但是从目前看来,养老产品和养老服务的供给远远低于需求量。因此要根据各个地区的实际情况,如该地区的经济发展水平、老年人对于智慧健康养老服务的认可程度和了解水平等多个方面,对每个地区应该增加的供给量进行一个较为准确的评估。然后根据需要加大的供给数量来选择一个比较有效加大供给量的方法,也就是说,方法的选择需要以供给量增加的多少为依据和基础,方法也必须保证供给和需求的平衡,不能损害需求或供给任何一方的利益,满足以上条件的方法才可以被采用。根据选择增大供给量的方法特性,在智慧健康养老产业的发展中逐步运用。[②]

(二)摸清供需两方存在的问题,调整供需结构

在当前智慧健康养老产业的发展过程中,存在供给不足的情况,这种情况的产生是由于供给和需求两方存在不平衡和错位,也就是由供需结构不对称所形成的。因此,改变这一状况的有效方法就是调整供需结构。目前来说,供给一侧的问题主要体现在养老产业提供给老年人的服务和产品不能满足人们的日常需求,或者无法吸引老年人群体;需求一侧出现的主要问题是部分老年人由于受到我国传统思想观念的影响和收入方面的限制,不能认同智慧健康养老产业所提供的服务,或无法承担相关产品及服务。因此,想要改变我国智慧健康养老产业供需不平衡的问题,首先就要搞清到底是哪一侧出现的问题,要依靠什么方法来解决问题,只有这样,才能帮助我国智慧健康养老产业健康发展。[③]

三、满足多元养老信息需求,构建高效的信息整合技术平台

当前,构建完整高效、层次清晰的智慧养老信息整合技术平台非常有必要。按照养老信息的需求类型和来源渠道,可以区分为三类信息,对于每类信息,应采取不同的处理策略和支撑技术。现代智慧养老信息整合技术平台要能够兼容和应对以下信息。

第一类信息是直接信息(也可称为初级信息、基础信息、档案信息),它属于静态类的档案基本信息,大多关注个体层次、微观层面的老年人特征,旨在描述和收集老年个体的文化水平、身体情况、收入状况、保障类型、生活质量、家庭构成、亲属关系等描述性信息。当前我国有关养老的档案类信息分属于不同的政府职能部门、企事业组织、社会团体,呈现出条

① 张博.智慧健康养老产业发展困境与出路——基于有效供给视角[J].兰州学刊,2019(11):179-188.
②③ 孙子雯.有效供给视角下智慧健康养老产业发展问题分析[J].边疆经济与文化,2020(4):33-35.

块性、分割性、重叠性、离散性、互斥性等复杂特征,亟待构建一个规范标准的统一信息管理技术平台,对老年人群体的基础类、档案类信息资源进行系统梳理、合理筛选和有效整合。

第二类信息是中转类信息(也可称为加工信息、媒介信息、网络信息),主要包括互联网和物联网信息(借助物联传感技术),通过多种类的信息通信网络载体,记录和反馈老年个体的行为状态、活动过程和生活轨迹,借助互联网特别是移动互联网信息,能够清晰表征出老年人个体的兴趣爱好、行为特质、需求状态、消费习惯、人力资源、社会资本和组织资源,互联网养老信息的来源渠道主要有社交媒体、服务网站、QQ 群、微信群和应用类 App 等。随着物联网技术的广泛应用,借助物联传感技术获得信息日益便捷,成熟的物联网技术主要依赖实时控制智能设备,能够及时有效获取、监控和追踪老年个体的生命体征、活动状态和行动轨迹等实时信息,以满足多层次多样态的老年服务业需求,物联网信息的来源渠道主要有各种固定式、便携式、穿戴式、移动式、接触式和非接触式的传感设备。[1]

第三类信息是关联信息(也可称为配套信息、第三方信息),它是与养老事业、养老服务、产业业态相关的统计数据、外部环境和社会信息,关联信息的主要来源渠道是第三方服务系统(关联配套业务系统)、数据咨询服务公司和社会组织。它们为智慧养老平台链接和提供关于养老业务、老年服务的高相关性外部环境信息、数据分析和调查结果,如天气气候、民政救助、医疗保健、交通出行、餐饮分布等。关联信息的顺畅接入、兼容并存和转化输出是实现智慧养老跨领域、跨时空、跨行业数据信息共享融合的基础条件。[2]

四、促进商业模式的完善和成熟,推动产业健康发展

(一)改善商业模式,推进产业集群发展

由于目前我国智慧健康养老产业的发展还存在商业模式不完善的情况,因此需要改善商业模式,促进智慧养老产业商业模式的完善和成熟。同样,为了更好地解决商业模式不成熟的问题,就要搞清问题的根源所在。通过研究发现,我国智慧健康养老产业发展的问题分别来自自身和外部条件两个方面。

首先,从自身来说,我国智慧健康养老产业的投入资金相较于其他产业要多得多,而且它的资本回收周期和盈利周期都相对较长,由于我国的智慧健康养老产业尚处在起步阶段,所以市场机制还不够完善,赢利点也不清晰。

其次,从外部条件来分析,由于资金的投入路径很少,智慧健康养老产业的运营和发展主要依靠政府部门的投入,社会资本的投入非常有限。若想改变当前的投资环境和商业模式,就有必要从产业内部着手,依靠产业自身的发展特征和潜能,为智慧健康养老产业的发展提供更加优质和有效的条件。[3]

在改善商业模式的基础上,积极推进智慧健康养老产业集群发展。智慧健康养老产业可以带动上、下游产业的经济效益增长点,形成推动经济增长的产业集群。产业链的每个环节都可由试点示范的优质企业推动产业发展,形成成熟的运营模式。既可以通过政府评

① 豆小红. 新时期我国智慧养老健康发展研究[J]. 湖南行政学院学报,2019(6):5-10.
② 郭骁,屈芳. 智慧养老平台的辨析与构建[J]. 贵州社会科学,2017(12):125-132.
③ 孙子雯. 有效供给视角下智慧健康养老产业发展问题分析[J]. 边疆经济与文化,2020(4):33-35.

选出优质企业,使企业在区域内纵向一体化发展,也可以通过政府开展培育智慧健康养老企业的发展,借鉴先进省份实施数字经济的经验和成功做法,推动互联网、移动智能与民生服务的深度融合,培育和发展消费新热点。①

(二)引导企业精准定位,提高自身"造血"能力

企业应精准定位提升自身的创新创造能力,抢占市场先机。企业"造血"首先要了解市场,提高创新能力,研发出精准对接老年人群体需求的智慧健康养老产品,打造出属于自己的品牌,降低设备操作难度、提高智慧度、价格制定更加亲民等方面着手。根据老年人的生理和身体状况,产品不仅要从功能上创新,也要在形态等方面来适应老年人情况,把以往需要老年人来适应智慧健康养老产品,转变为智能产品来适应老年人的使用需求与习惯,变被动为主动。可依托当地人才资源和智能制造等优势,加快推进已有的智慧养老产品、康复辅具、服务型机器人由科研向规模生产的转化,创建优质品牌,提高企业可持续发展能力。②

(三)提升产品适老化水平,注重产品的服务配套

引导企业坚持适老化创新理念,以老年人群体的实际需求和体验反馈为出发点来创新技术、设计产品和优化服务,着力解决老年群体最直接、最现实的养老难题和产业发展的"堵点""痛点"。企业要深入开展市场调研,将老年人的生理、心理特征以及消费水平、使用习惯等因素融入产品的开发与设计,提高产品的适配度、稳定性和性价比,让老年人群体用得上、用得起、用得好,在老年人居家生活或照护服务中的更多场景中发挥作用。

养老的本质是服务,再先进的技术都不可能代替情感、代替近身服务。因此,智慧健康养老的本质和核心仍在服务本身,既要有技术的精度,更要有人文的温度③。要提供智慧健康养老产品全生命周期的服务保障,建立"智能产品—匹配服务—后台支撑"的闭环,最大化发挥智能技术赋能健康养老的功效。④ 同时,还要注重线上与线下的深度融合。线上服务不能止步于线上,要坚持"线上+线下"相结合,通过线上信息化服务平台整合线下各类涉老资源,构建全方位的线下服务体系,实现线上和线下的良性互动、有机结合。

(四)突出创新驱动,提升原始创新能力和智能化水平

加强智慧健康养老领域关键核心技术的研发突破。统筹优化高等院校、科研院所和企业的技术研发创新平台,整合汇聚优质要素资源,开展关键共性技术、重点产品的联合攻关和技术研究,争取在高精度传感器、可穿戴产品芯片、基础软件、智能交互等领域产出一批具有国际领先水平的原创性理论成果以及突破一批关键核心技术,推进新一代信息技术、新材料技术、医疗技术等在健康养老领域的融合应用。⑤

① 韦艳,李坤城,徐赟.整体性治理视角下的智慧健康养老产业发展碎片化与路径优化研究[J].新西部,2020(1):52-55.

② 韦艳,徐赟.智慧健康养老产业发展的困境与路径——以陕西省为例[J].西安财经大学学报,2020(6):37-45.

③ 吴玉韶.智慧养老既要"技术精度"更要"人文温度"[J].中国社会工作,2020(23):18.

④ 朱勤皓.关于推进"智慧养老"的几点思考[N].中国社会报,2020-06-08.

⑤ 黄清峰.新发展阶段我国智慧健康养老产业发展的时代要求与路径选择[J].延边党校学报,2021(4):71-76.

五、转变传统观念，推动健康养老服务升级

通过新媒体与传统媒体相结合的方式，加强对现代养老理念的宣传与推广，向老年人群体及时进行成果展示，使其真正接触、了解智慧健康养老模式并树立智慧健康养老理念。重点抓住基层宣传阵地，采用通俗易懂、潜移默化的形式定期开展健康教育与健康促进主题讲座，同时对老年人群体的健康生活方式及潜在危险因素进行评估，这不仅有利于了解老年人群体的健康需求及生活习惯，还可以引导其用积极的心态对待智慧健康养老。为促进智慧健康养老服务升级，政府相关部门可制定服务产品推广目录并介绍智慧产品使用技巧及功能，对于需求强度高、流动性小、价格高的智慧产品，可采用租赁使用的方式提供给老年人群体，推动智慧健康养老产业拓展新领域与服务转型升级。①

六、实施智慧健康养老产业人才培育工程，建立人才培养体系

（一）智慧健康养老专业人才市场需求

智慧健康养老专业人才市场需求从智慧健康养老专业发展趋势分析，其人才市场需求主要包括六个方向，分别为慢性病管理、居家健康养老、个性化健康管理、互联网健康咨询、生活照护、养老机构信息化服务。

1. 慢性病管理

由于老年人本身存在的慢性病类型较多，其健康管理维度中对于慢性病康复的人才需求量自然较大。其主要的人才需求方向为诊疗建议、病情监测、异常预警、个性化评估、康复档案管理、紧急救助等。

2. 居家健康养老

在智慧健康产业不断发展的过程中，逐步拓展居家健康养老服务已经成为主要发展趋势。而对于智慧健康养老专业人才的市场需求主要为健康干预、远程看护、居家环境监测、健康体检、亲情关怀以及健康评估信息的收集与反馈。

3. 个性化健康管理

智慧健康管理的市场需求量不断上升，对于其专业人才的针对性需求也在不断扩大。应运而生的是个性化健康管理的市场需求，诸如：个性化的健康服务计划、健康指标的追踪、病情诊断的服务内容，筛查老年服务对象的生活风险，健康信息的咨询服务补充，针对老年服务对象的个性化健康教育等。

4. 互联网健康咨询

在健康服务产业不断升级之后，对于老年服务对象的智能化管理也在不断加强。此时市场需求的人才类型发生了一定转化，互联网健康咨询的人才需求量与日俱增。诸如依托互联网平台提供的诊前指导、预约挂号、在线咨询、诊后跟踪服务，均需要培养专业性人才，是基于互联网技术与医疗服务技术的交叉性人才需求。

---

① 刘军军. 智慧健康养老产业发展的现实困境与路径优化[J]. 中国医疗管理科学，2021(9)：1-5.

5. 生活照护

智慧健康养老的概念绝非单纯意义的老年患者管理,而是基于生活质量的服务需求结构。从整体产业发展趋势分析,对于生活照护的专业人才需求量也在不断上升。基于互联网平台,为老年人提供诸多家政服务,也需要相应的人力资源支持。其中对于便民服务及照料老年人生活需求的互助性服务类型较多,是对于人才需求量的全新要求。

6. 养老机构信息化服务

目前,养老机构在我国遍地开花,但其服务质量参差不齐,根本因素在于信息化程度不足。就信息化服务的人才市场需求量而言,也在逐年扩大。其信息化服务类型包括夜间监测、跌倒监测、无线定位求助、智能分析老年人行为、视频智能联动、预防阿尔茨海默症患者走失等。那么对于信息化服务体系的架构,仍然需要大量的人才补充。[①]

(二)智慧健康养老人才培养的举措

目前,我国智慧健康养老产业在发展的过程中缺少大量的专业人员,导致智慧健康养老产业的服务质量跟不上,因此我们要着力解决人才缺乏的问题,扩展专业人才的数量。这里的专业人才,是指养老行业类专业的技术人员、护理人员、营养师、研发人员等人才。要培养高质量的专业人才,就要弄清楚我国智慧健康养老产业市场的人才情况,了解哪方面的人才更为缺乏,既要从数量入手,也要保证人才的质量和能力。通过调查研究深入了解当地的智慧养老产业人才发展情况,只有这样,才能为人才缺乏问题提供更好的解决方案。[②]

人才是创新的第一资源,智慧健康养老产业作为跨行业、交叉融合的产业集群,对复合型创新人才要求更高,需求更大。因此,应积极实施智慧健康养老产业人才培育工程,建立系统化的人才培养体系。具体要采取以下六个方面的措施。

一是要打造梯级人才培育格局,构建多层次人才队伍智慧健康养老产业应以信息技术人才为支撑,以养老服务型人才为主体,以市场推广型人才为补充,打造梯级人才格局,以改善社区养老服务中心和一般养老机构人才供需失衡和职业素养低的状况。

二是要建立选拔各级专业人才的标准。统一的选拔标准是把握专业人才的质量基础。人才培育可以先从示范试点企业开始,设置相应的人才管理部门,招募、培训、管理一体化,进行系统的人才培训,包括对老年人健康、医疗及心理服务、软件开发等,吸纳更多的人才进入智慧健康养老产业。[③]

三是要大力培养智慧健康养老研发领域的创新人才,鼓励有条件的高校以智能制造、医疗健康、软件设计等专业为基础,培养智慧健康养老复合型人才,制订并完善人才培养方案。

四是要构建良好的高层次人才工作生活环境。将智慧健康养老高层次人才和创新创业团队纳入国家各项人才培养计划之中,通过在科研经费、住房、子女教育、医疗保障等方面制定专项优惠政策,吸引国内外高端人才集聚。同时,积极组建智慧健康养老产业专家咨询委员会,加强与国内外智慧康养领域专家级人才的联系和沟通,为智慧健康养老产业的发展提供智力支持和咨询服务。[①]

五是要根据所需人才数量来设置人才培养的机构,着重培养专业人才的实践能力,以便更好地服务于老年人群体,可以通过学院与单位联合的方式对人才进行培养。

六是打造一支高水平的教学队伍,是培育出优秀人才的前提。一支高水平的教学队伍可以使学习对象对该门学科更有兴趣、更有收获,提高了其学习的主动性。[②]

七、学习、借鉴国外的经验和做法,推进智慧健康养老产业健康发展

随着全球老龄化程度的加深,国外发达国家纷纷通过信息技术等手段辅助健康养老。研究发现,发达国家的政府与企业都非常重视智慧养老的发展,关注养老产品及信息平台的研发与应用,从多层面满足老年人的养老康护需求。欧美等发达国家在智慧养老服务领域已经形成较为完善的体系,而我国智慧养老正处于起步阶段。"他山之石,可以攻玉",因此,剖析部分发达国家智慧健康养老发展模式,借鉴发达国家的经验和做法,改善我国智慧健康养老现状,对推动我国智慧养老健康发展至关重要。国外智慧健康养老主要有以下几种发展模式和做法。[③]

(一)英国:拓展养老医疗手段的智慧健康养老模式

"智慧养老"的概念最早由英国生命信托基金会提出,又称为"全智慧化老年系统",指依托先进的信息技术手段,将老年人的日常生活纳入远程监控中,使老年人在生活中可以不受时间、空间束缚,即使在家中,也可以过上高科技、高享受、高质量的生活。

英国作为最早提出"智慧养老"概念的国家,主要依托社区建立智慧养老服务中心,为老年人提供丰富、快捷的养老服务,为了更好地观测老年人健康情况,提供优质医疗服务,英国利用互联网信息技术发展完善包括数字医疗、远程医疗和移动医疗在内的养老医疗方式。

通过应用互联网、可穿戴监测设备等智能化手段,英国不断提高老年人医疗服务水平和效率,以提高老年人保持独立生活的能力。数字医疗、远程医疗和移动医疗是运用在智慧养老中的主要医疗手段。其中,通过数字医疗,可以利用计算机为老年人建立全面详细的健康电子档案,档案内容加密,可以允许医护人员、老年人及其家属申请在线访问;远程医疗,利用老年人穿戴智能化设备,连接医疗终端,评估老年人日常身体情况,从而监测老年人的健康状态,避免突发疾病无法呼应造成的二次伤害;移动医疗,则是通过使用手机、平板电脑等可移动通信设施,为老年人提供医疗健康信息和医疗咨询服务,以网络互动方式,建立医生与老年人之间的沟通桥梁,从而为老年人提供必要的医疗信息和医疗救助。[④]

利用现代信息技术,丰富和拓展面向老年人的医疗手段和方式,适应了老年人健康发

① 黄清峰. 新发展阶段我国智慧健康养老产业发展的时代要求与路径选择[J]. 延边党校学报,2021(4):71-76.
② 孙子雯. 有效供给视角下智慧健康养老产业发展问题分析[J]. 边疆经济与文化,2020(4):33-35.
③ 赵宁,张健. 国外智慧养老发展模式的经验与启示[J]. 社会科学动态,2020(8):67-71.
④ 徐凤亮,王梦媛. 国内外智慧养老比较与发展趋势的研究[J]. 劳动保障世界,2019(27):17-18.

展的需求,使英国智慧健康养老发展更加具体化和人性化。

此外,目前英国政府正在推动一项"虚拟伴侣"研究项目,"虚拟伴侣"是可以与老人进行互动交流的智能计算机,不仅可以检测老人的血压、心率等健康数据,并在出现意外时及时通知医疗机构,而且可以分析老年人的语言、面部表情和行为等,从而判断老年人的情绪,并做出相应的反应。

(二)美国:智慧健康养老产品市场化供应模式

美国是世界各国中率先开始智慧养老实践探索的国家,1984 年,美国联合科技公司在康涅狄格州哈特福特市建造了首栋智能型建筑,为老年人的居家服务提供便利。从 1999 年开始,美国各州陆续建立了老年人移动医联网(老年人医疗服务车队)。目前,该医联网已经覆盖美国 50 个州、1000 多个城市,包括 12500 多个分支机构。医疗服务车队运用包括 RBIF 技术和传感网等在内的大量物联网技术,提供送医送药、上门看病、医疗护理、日常身体检查、健康状况检测、家政服务等多种业务。另外,美国也积极地探索老年人健康技术,2006 年,由卡耐基梅隆大学牵头,联合匹兹堡大学等其他大学,建立了美国生活质量技术研究中心,主要开展针对老年人和残疾人的辅助技术研究,包括体域网、体感网技术、无意识测量技术、穿戴式技术、服务机器人技术等。[①]

截至 2020 年,美国 65 岁及以上人口达到 16.63%,为了提高养老服务质量、降低政府管理成本,美国的养老服务行业引入市场竞争机制,采取市场化的运作模式,而美国养老市场快速上升期为千禧年至今,已历时 20 余年。同样,美国的智慧健康养老发展也延续了市场化模式。

在美国一家日间护理中心的餐厅中,老人们可以方便地在触屏计算机前点餐。计算机程序还可以根据老年人的身体状况限制菜品选择,比如患有糖尿病的老人在选择菜品时,程序已经把老年人可选择的菜品限定在糖尿病人可食用的无糖、清淡、少油等范围内。屏幕上还清楚地显示出剩余空座和相应桌号,以及已经选择在此桌就餐的老人姓名。很多养老中心接送居家老年人往返中心参加活动时都在车上安装了追踪设备,让老年人在等车期间就可即时查询车况路况,从而可以等车靠近住所时再下楼上车。根据亿欧智库统计,2020 年美国市场共有 40 起科技适老相关行业的投融资行为,总金额达到 3.81 亿美元,平均融资额进一步提升,部分企业进入 C 轮及以后的融资轮次。[②]

凭借互联网普及率高、科技企业数量众多的优势,美国智慧健康养老发展迅速。美国鼓励企业开发智慧健康养老产品,三星、苹果、飞利浦等大型高科技企业积极进行智慧健康养老产品研发,以满足老年人的养老需求。微软公司与政府及社区服务机构合作,采用 PPP 模式,创建网络虚拟老年中心,利用互联网技术丰富老年人的日常生活,提高老年人生活质量。针对老年人的需求,各类电子设备和应用程序不断被生产和开发出来。例如,微软的智能体感交互设备及网络应用程序,可以通过计算机远程分析老年人的锻炼动作,帮助老年人做康复训练,医生也可以利用该系统对老年人进行远程医疗指导,提高医疗资源利用效率。针对部分老年人的日常生活辅助需求,一些企业供应商开发出为老年人提供远

---

① 谢虔.国外智慧养老的经验与启示[J].北京经济管理职业技术学院学报,2018(9):3-7.

② 东方欲晓.智慧养老,国外这样做[J].中国商界,2021(10):46-47.

程慢性病监控的系统,并对老年人的住所进行智能化改造[1]。针对老年人的社会发展需求,部分企业开设专门针对老年人的工作、教育的网站,为老年人提供工作信息、在线课程等。如 Work Reimagined.AAPP.org 可以为老年人提供工作信息,在 SeniorNct.org 等网站上可以查找在线课程及开放课件。

在美国,互联网的普及与科技企业的发展为智慧养老的推广提供了便利和条件。当智能家居、生活辅助设备及应用程序等智慧养老产品逐渐涌现时,美国养老产品和服务市场实现重塑和完善,智慧养老市场化进程不断加快,促使美国智慧养老产业快速成长。

(三)日本:制度建设与科技支撑并重的智慧健康养老模式

作为全球老龄化程度最高的国家,日本重视发挥智慧养老的作用以应对人口老龄化问题。除了注重高科技对养老的支持,相关政策体系的不断完善也为日本智慧养老发展提供强劲助力。

在高龄化和少子化的双重压力下,日本的养老科技发展较早,许多辅助养老的高科技产品与技术已经比较成熟,能够为日本发展智慧养老发挥重要的支撑作用。2014 年,松下集团联合住友信托银行等 19 家企业共同开发的藤泽 SST(可持续发展智慧城镇),通过电力、信息网络的融合为区域居民提供无负担的最适合控制的智能建筑,构建能源自循环型的可持续发展社区。2013 年,日本电气株式会社(NEC)研发了嵌入式 M2M 模组,将该装置集成在智能鞋上,让独居的老年人穿上这种鞋,照顾者就可以通过智能手机掌握其行踪。日本科技适老化产品中最具代表性的是护理机器人。日本非常重视为老服务机器人的研发,通过让机器人与老年人通话来支持老年人生活,使机器人在高龄社会中发挥更大的作用。日本 NEC 公司也致力于为老年人服务机器人的研发,并于 2010 年就开发了生活辅助型机器人,可理解老年人说话的内容;2014 年研发出能联网的小型机器人,可守护老年人并监控非法闯入问题。根据护理机器人的使用目的,日本技术支援协会拟将护理机器人分为 12 类,即移乘支持、移动支援、排泄支援、监护支援、入浴支援、机能训练支援、服药支援、认知症治疗支援、食事支援、口腔护理支援、护理业务支援和其他。根据经济产业省预测,到 2025 年,日本老年人用的机器人将创造 2.6 万亿日元的市场;到 2035 年,该市场将增加至 5 万亿日元。[2]

与发展养老科技相比,建立完善的养老及智慧养老制度体系,是日本发展智慧养老的又一亮点。早在 1963 年,《老人福利法》在日本颁布实施,社会化养老开始实行。针对老年人使用智能家居的需求,日本政府通过并实行《高龄者居住住宅设计指导方针》和《高龄者居住安定保护法》,对养老智能家居设计和建造的标准进行规范和统一,在智能家居的设计和建造中充分考虑老年人生活习惯和身体状况,注重细节化和人性化,保障老年人居住环境的健康安全。2013 年,日本总务省组织召开信息通信技术(information communications technology,ICT)辅助超高龄社会构想会议,2014 年日本总务省继续推动"ICT 超高龄社会建设推进事业",经济产业省、厚生劳动省共同制定实施"照护机器人开发导入体制"。2016 年,日本内阁会议在"第五期科学技术基本规划"中正式提出"Society 5.0",推动 ICT

① 任彦. 智慧养老悄然来临[N]. 人民日报,2017-05-26.
② 谢虔. 国外智慧养老的经验与启示[J]. 北京经济管理职业技术学院学报,2018(9):3-7.

辅助技术最大程度应用。①

亿欧智库的《科技适老化产品研究报告》显示,日本智慧健康养老普遍采用"政府＋企业＋信息化平台"的运作模式。日本政府出台相关政策鼓励企业研发科技适老化产品并为企业提供补贴,尤其对移动辅助、步行助力、自动排泄处理、健康监测、走失监视等产品的研发和推广进行重点扶持。信息化平台收集和分析养老设施、社区养老及居家养老的相关数据,并提出解决方案。

健全的制度设计和先进的技术是日本发展智慧养老的优势,在完善的制度和健全的法律体系下,日本的各项技术标准和规范更容易制定和实施,智慧养老能够更加健康地发展。

(四)德国:面向智慧健康养老的智能技术平台建设模式

德国是欧洲人口老龄化最严重的国家,也是世界上人口老龄化程度比较高的国家之一,1960 年德国就已进入老龄化社会,当时 65 岁及以上老年人占比 11.5%。据预测,到2030 年,德国 60 岁及以上的老年人口比重将达 36.2%,2050 年将超过 40.9%。2007 年,德国的弗里德里希哈芬市在全国率先启动了"智慧城市"建设,至今已经在医疗、教育等领域开启了 40 多个智慧城市建设项目,其中也包括智慧养老项目,如"远程诊疗"是主要针对慢性心脏病患者的远程监控项目,患者通过手机、互联网等通信技术可以定期将体重、血压等监控数据远程传送到医院的远程医疗中心,这样老年人可以免去经常去医院的麻烦;"肿瘤会诊"是一个主要针对癌症患者的治疗项目,参与会诊的医生可以通过视频会议共享患者的信息,并做出有利于患者治疗的方案;"独立生活"是主要针对特殊服务对象,如因身体健康问题或年龄问题而行动受限的居民的项目,在现代信息技术的帮助下,行动不便者可以更轻松地享有一些服务,如日常看护、就医、物质配送等。德国 Infineon 技术公司开发了可用于智慧养老领域的智能服装,可以将封装在特殊包装中的芯片和微小传感器固定在织物中,这种智能服装可以监控心跳、体温和脉搏,并将数据传输到网络,医生或管理中心就可以远程进行人体健康指标监控分析,继而解决老年人和残疾人的护理问题。② 德国一家护理设备公司正在打造环境辅助生活(AAL)系统。在覆盖有 AAL 系统的样板房中,墙脚嵌有长条状的夜视灯,以避免半夜突然亮灯让老年人晃眼;卧室墙顶装有"工"字形滑槽,吊有自动起降杆,能够让下半身瘫痪的老人通过双手独立将自己"吊"在起降杆上,从而到达房间的任意一处;洗手间内也设有老人可以支撑、拉扶或坐卧的辅助设施,随处可见求助、报警按钮。AAL 系统的目的,是完全实现老年人或生活不便者独立、安全生活的能力。房间内的大部分设施都可以通过遥控完成;床铺设计成一半为普通床铺,另一半为升降床铺,避免与老伴儿分床;如果长时间卧床未动,床垫下方的感应垫会报警联络紧急联系人;床脚边的感应毯,一旦踩上就会报警,可以防止阿尔茨海默症患者半夜下床出走……此外,自动喂餐机、血压计、血糖监测仪等一应俱全。③

除以上技术应用外,为了应对严重的老龄化问题,德国通过打造可扩展的智能技术平台,将各种智能服务一起连接到这个平台上,实现老年人居家、机构养老的智慧化服务。

---

① 施锦芳,吴学艳,隋霄. 日本 ICT 辅助健康养老产业发展研究[J]. 财经问题研究,2020(6):40-48.
② 谢虔. 国外智慧养老的经验与启示[J]. 北京经济管理职业技术学院学报,2018(9):3-7.
③ 东方欲晓. 智慧养老,国外这样做[J]. 中国商界,2021(10):46-47.

2007年，德国制订并开始实施环境辅助生活系统计划，即AAL，该系统就是专为老年人设计的智能家居系统，它包括智能技术平台和智能仪器在内，通过现代化的感应传输装置，将智能仪器共同连接在一个具有扩展性的智能技术平台上，能够对老年人的身体状态和生活环境做出即时反应。环境辅助生活系统适合养老院、社区和家庭等环境，打破了养老空间限制。利用环境辅助生活系统，老年人可以通过遥控操作房间内的大部分设施，如床自动升降、防跌传感器等，该系统还可以创建老年人日常健康日志，家属和护理人员可以通过网络软件查询老年人的身体情况。环境辅助生活系统旨在打造整体化的智能家居环境，旨在提高老年人生活舒适度，通过打造功能齐备的智能技术平台，使各种智能设备的使用效率大幅提高。

通过打造强大的智能技术平台，完善环境辅助生活系统，加强智能设备的使用率，德国智慧健康养老不仅降低了机构养老的成本，而且更加方便了机构养老和居家养老的老年人的生活。

此外，其他国外智慧健康养老实践也十分活跃。瑞典Tass公司开发了移动健康监测系统，传感器可以将采集的健康数据通过无线网络传递至手机进行监测，该系统通过无线接口连接手机与无线网络，将传感器采集到的心电图等多种生命体征数据传输到手机上并做出相应的数据分析。新加坡提倡进行多样化的智慧健康养老服务，为了保障服务的顺利进行，在社区高度自治的基础上制定了一系列法律法规。新加坡南洋理工大学推出一个名为"非打扰智能传感器"的项目，该项目将会在老年人家中的各角落安装传感器，通过将数据整合在一起，以便协助看护者随时对家中亲人的生活状况了如指掌。据了解，该项目由南洋理工大学在2015年开始投入研发。无须安装摄像头，也无须直接观看，只要将50多种传感器放置在家中的各角落，就可通过数据即时还原用户的各项指标。项目旨在更全面保障独居老年人的安全，着重解决老年人易摔倒这一问题，同时让忙于工作的子女或看护者安心。传感器收集的数据将发送至手机应用和网站，使用者可选择将数据生成文本、语音或3D动画，以供观看。在荷兰的一家养老院内，行动不便的老年人围成半圆形，在一个人形机器人的带领下锻炼身体。机器人站在桌子上，像健身教练一样，一边示范动作，一边讲解动作要领。老年人可以模仿机器人的动作，活动肩膀，伸展四肢。这种护理机器人身上装有摄像机、扩音器和麦克风，可以模拟人的一些动作和表情，能够通过眨眼睛、眼神接触、点头摇头等简单肢体语言与人进行互动。不仅可以上体操课，机器人还可以说话、唱歌、跳舞，为孤独的老年人带来快乐。[①]

国外养老服务龙头企业，以色列养老护理领域的领先企业Natali，为居家养老的老年人提供完善的远程监护、远程医疗、安全援助和居家帮助等服务，在以色列市场份额超过60%。韩国松岛的u-city智慧城市计划是由韩国政府、韩国钢铁集团POSCOE&C、LG及美国地产开发公司Gale合作推动建设的智慧绿色生活项目，在松岛生活的居民在家使用的设施可以语音操控，智慧型机器人可以帮忙打扫，智慧型冰箱可根据食物状况自行调节温度。[②]

①　东方欲晓. 智慧养老，国外这样做[J]. 中国商界，2021(10)：46-47.
②　谢度. 国外智慧养老的经验与启示[J]. 北京经济管理职业技术学院学报，2018(9)：3-7.

总之,英国、美国、日本、德国等国家较早地建立了比较完善的社会养老服务体系,对于发展智慧养老的探索也先于我国,积累了许多的发展经验,尤其是在顶层设计、市场发展、技术研发等方面值得我国借鉴。然而我国未富先老的人口老龄化形势和社会养老服务体系尚不成熟的现实,决定了我国智慧健康养老发展道路的独特性。我国的养老机构建设尚不完善,现有的养老床位并不能满足老年人机构养老的需求。养老服务产业刚刚起步,因此社区照护也不能成为发展智慧健康养老的强大基础。但也正因如此,我国的智慧健康养老有了发达国家所没有的后发优势,不会被原有的体系所桎梏,可以将资金投入到新的技术和设备的研发上。我们既要学习发达国家在智慧健康养老发展过程中的经验,也要考虑到我国在智慧健康养老发展过程中的独特性,走一条具有中国特色的智慧健康养老发展之路,[①]推进我国智慧健康养老产业实现良性发展。

八、加强党的领导,打造具有中国特色的智慧健康养老产业

无论是近代的革命史还是现代的建设史,都事实胜于雄辩地证明这样一条永恒的真理,即只有中国共产党才能救中国,才能发展中国。历史是现实的一面镜子,继往才能够开来。"中国共产党是中国特色社会主义事业的领导核心。"[②]当前新时代智慧健康养老产业,离不开中国共产党的领导。具体来说,只有加强党的领导,才能够正确引领中国特色智慧健康养老产业发展。而当前加强党的领导,正确引领中国特色智慧健康养老产业发展需要从以下几点着手。

(一)发展方向的领导

"立党为公,执政为民"是中国共产党的执政理念,这些都决定了中国特色智慧健康养老产业的发展必须沿着社会主义方向,必须将满足广大人民群众的智慧健康养老需求作为服务宗旨。明确发展方向的领导之后,就应该在各级各类智慧健康养老产业发展实践中加强方向宗旨的领导。

(二)发展方式的领导

中国特色社会主义之所以取得巨大成功,从根本上得力于改革开放、走中国特色的社会主义道路。为此对于中国特色智慧健康养老产业发展方式的领导,一方面应该积极倡导其借鉴吸收西方的发展经验;另一方面必须鼓励从根本上立足中国国情,扎根中国大地探寻中国特色的智慧健康养老产业发展方案,这才是发展中国特色智慧健康养老产业的根本出路。

(三)发展力量的领导

当前中国特色智慧健康养老产业的发展,离不开政府、企业、社会这三个方面组成的"三位一体"的努力,为此应该加强对政府、企业、社会在发展智慧健康养老产业的分别领导,同时还应该加强对其构成的"三位一体"的整体领导。只有加强对一切促进智慧健康养

① 刘伟祎. 国外智慧养老的发展现状及对我国的启示[J]. 中国集体经济,2019(7):166-168.
② 王鸽子,杜家丞. 改革开放以来中共"领导核心"观的发展及其重要内涵[J]. 北京党史,2018(6):39-47.

老产业发展因素的领导，才能够真正达到促进智慧健康养老产业发展目的。[①]

 **拓展阅读**

智慧健康养老产业发展行动计划
（2021—2025 年）

　　智慧健康养老产业是以智能产品和信息系统平台为载体，面向人民群众的健康及养老服务需求，深度融合应用物联网、大数据、云计算、人工智能等新一代信息技术的新兴产业形态。为进一步促进智慧健康养老产业发展，积极应对人口老龄化，打造信息技术产业发展新动能，满足人民群众日益迫切的健康及养老需求，增进人民福祉和促进经济社会可持续发展，制订本计划。[②]

　　一、总体要求

　　（一）指导思想

　　以习近平新时代中国特色社会主义思想为指导，全面贯彻党的十九大和十九届二中至五中全会精神，立足新发展阶段、贯彻新发展理念、构建新发展格局，深入实施健康中国战略和积极应对人口老龄化国家战略，坚持以人民为中心，坚持供给侧结构性改革和需求侧管理相结合，强化科技支撑，优化产业生态，协同推进技术融合、产业融合、数据融合、标准融合，推动产业数字化发展，打造智慧健康养老新产品、新业态、新模式，为满足人民群众日益增长的健康及养老需求提供有力支撑。

　　（二）基本原则

　　（1）需求拉动，供给升级。以满足人民群众对健康及养老的需求为出发点和落脚点，丰富智慧健康养老产品及服务供给，提升适老化水平，提高供给质量，促进供给侧与需求侧更高水平动态平衡。

　　（2）创新驱动，科技赋能。加强跨学科、跨领域合作，推动物联网、大数据、云计算、人工智能、区块链、超高清视频、虚拟现实等新一代信息技术在健康及养老领域的集成创新和融合应用，提升健康养老产品及服务的智慧化水平。

　　（3）政府引导，多方联动。充分发挥市场在资源配置中的决定性作用，强化政府在产业发展中的引导作用，加大政策支持，培育龙头企业，加强示范引领，推动政产学研用深度合作，打通制约产业发展的瓶颈环节，形成优势互补、协作共赢的产业生态。

　　（4）统筹推进，示范引领。加强顶层设计，强化部门合作和部省联动，统筹政策、技术、资本、人才、数据等要素，促进各类要素在产业链内充分流动、优化配置。结合各地经济社会发展水平、资源禀赋及特色优势，打造典型应用场景，引导各地实现差异化发展。

　　（三）发展愿景

　　到 2025 年，智慧健康养老产业科技支撑能力显著增强，产品及服务供给能力明显提升，试点示范建设成效日益凸显，产业生态不断优化完善，老年"数字鸿沟"逐步缩小，人民

　　① 张博. 新时代新经济：智慧健康养老产业及发展路径[J]. 兰州学刊，2020(6)：200-208.

　　② 工信部. 工业和信息化部、民政部、国家卫生健康委关于印发《智慧健康养老产业发展行动计划（2021—2025年）》的通知（工信部联电子〔2021〕154 号）[EB/OL].［2021-10-20］. http://www.gov.cn/zhengce/zhengceku/2021-10/23/content_5644434.htm.

群众在健康及养老方面的幸福感、获得感、安全感稳步提升。

（1）科技支撑能力显著增强。新一代信息技术与健康养老融合发展更加深入，芯片、传感器及操作系统等底层技术进一步夯实，行为监测、生理检测、室内外高精度定位、健康数据分析等一批关键技术的集成创新及融合应用能力大幅增强，全面满足智慧健康养老需求。

（2）产品及服务供给能力明显提升。健康管理、康复辅助、养老监护等智能产品种类不断丰富，产品质量与性能持续提升，应用场景进一步拓展，服务内容进一步丰富，服务模式进一步创新，跨界融合的发展局面基本形成。

（3）试点示范建设成效日益凸显。持续推进试点示范建设，拓展试点示范类型。在现有试点示范的基础上，面向不少于 10 个应用场景，再培育 100 个以上示范企业，50 个以上示范园区，150 个以上示范街道（乡镇）及 50 个以上示范基地，进一步强化示范引领效应。

（4）产业生态不断优化完善。加快构建政产学研用深度融合的产业生态，推动建设 5 个以上公共服务平台，建立智慧健康养老标准体系，研究制定 20 项以上行业急需标准，检验检测、展览展示、资本孵化等产业公共服务能力显著增强。

二、强化信息技术支撑，提升产品供给能力

（一）推动智慧健康养老新技术研发

发展适用于健康管理的智能化、微型化、高灵敏度生物传感技术，大容量、微型化电池技术和快速充电技术，高性能、低功耗微处理器和轻量级操作系统。开发适用于养老照护的多模态行为监测技术、跌倒防护技术、高精度定位技术。支持突破康复干预技术、神经调控技术、运动功能康复评估与反馈等核心技术。攻关适用于家庭服务机器人的环境感知、脑机接口、自主学习等关键技术。

（二）拓展智慧健康养老产品供给

推动多学科交叉融合发展与技术集成创新，丰富智慧健康养老产品种类，提升健康养老产品的智慧化水平。重点发展具有趋势分析、智能预警等功能的健康管理类产品。加强康复训练型、功能代偿型等康复辅助器具类产品的设计与研发。大力发展具有行为监护、安全看护等功能的养老监护类产品。支持发展具有健康状态辨识、中医诊断治疗功能的中医数字化智能产品。支持发展能够提高老年人生活质量的家庭服务机器人。

专栏一　智慧健康养老产品供给工程

（1）健康管理类智能产品。重点发展具备血压、血糖、血氧、体重、体脂、心电、骨密度等检测监测功能的可穿戴设备、健康监测设备、家庭医生随访工具包以及社区自助式健康检测设备。

（2）康复辅助器具类智能产品。重点发展外骨骼机器人、康复评估、肢体康复训练等康复训练类设备以及智能轮椅、仿生假肢、助听器、助行器等功能代偿类设备。

（3）养老监护类智能产品。重点发展防跌倒、防走失、紧急呼叫、室内外定位等智能设备。鼓励发展能为养老护理员减负赋能、提高工作效率及质量的搬运机器人、智能护理床、智能床垫、离床报警器、睡眠监测仪等智能看护产品。

（4）中医数字化智能产品。重点发展具有中医诊疗数据采集、健康状态辨识、健康干预等功能的智能中医设备。

（5）家庭服务机器人。重点发展具有情感陪护、娱乐休闲、家居作业等功能的智能服务型机器人。

三、推进平台提质升级,提升数据应用能力

(一)做强智慧健康养老软件系统平台

加快建设统一权威、互联互通的全民健康信息平台,实现健康数据的有效归集与管理。鼓励企业开发具有多方面、多种类健康管理分析功能及远程医疗服务功能的应用软件及信息系统,提升健康服务信息化水平。推进建设区域智慧健康养老服务综合信息系统平台,依托区域养老服务中心,推进养老补贴、养老服务、行业监管信息化,实现老年人信息的动态管理。鼓励企业面向居家、社区、机构等场景,开发养老服务管理系统、为老服务信息平台,强化物联网、人工智能等基础能力,联动云管边端,丰富服务种类,提升服务质量,实现服务的流程化标准化。

(二)完善数据要素体系

鼓励各地建设区域性健康养老大数据中心,建立健全居民电子健康档案、电子病历、老龄人口信息等基础数据库。搭建健康养老数据中台,统一提供治理分析、共享交换、安全开放等全链条数据服务,提升数据的使用效率,强化数据要素赋能作用。鼓励开展健康养老数据挖掘理论与方法研究,促进数据创新应用,实现健康状态实时分析、健康趋势分析、健康筛查等功能,提升老年人行为画像、行为监测、安全监控等技术能力。加强数据加密、数据脱敏、身份认证、访问控制等数据安全技术应用,保障居民的个人信息安全。

四、丰富智慧健康服务,提升健康管理能力

依托互联网平台、手机应用程序(App)等,建设预防、医疗、康复、护理、安宁疗护等相衔接的覆盖全生命周期的智慧健康服务体系,推动优质健康医疗资源下沉,提升人民群众的健康素养及健康管理能力。重点发展远程医疗、个性化健康管理、"互联网＋护理服务""互联网＋健康咨询""互联网＋健康科普"等智慧健康服务。

专栏二 智慧健康创新应用工程

(1)远程医疗:鼓励医疗机构应用 5G、超高清视频、医疗机器人等新一代信息技术及智能设备,开展远程会诊、远程康复指导等医疗服务,助力医养结合发展。

(2)个性化健康管理:鼓励医疗机构或企业应用健康管理类智能产品,开展信息采集、体征监测、趋势分析、风险筛查、健康计划、预防保健、慢病管理、紧急救助、康复指导等服务。

(3)互联网＋护理服务:鼓励医疗机构选派符合资质和能力条件的护士,以"线上申请、线下服务"的模式,为出院患者或罹患疾病且行动不便的特殊人群提供护理服务。

(4)互联网＋健康咨询:发展在线咨询、预约挂号、诊前指导、紧急救助、诊后跟踪、康复指导等服务。

(5)互联网＋健康科普:推动健康知识的在线普及,强化数据检索、科普宣传、健康教育等信息服务。

五、拓展智慧养老场景,提升养老服务能力

推进物联网、大数据、云计算、人工智能、区块链等新一代信息技术以及移动终端、可穿戴设备、服务机器人等智能设备在居家、社区、机构等养老场景集成应用,丰富养老服务种

类,优化养老服务质量,提升养老服务效率。重点面向家庭养老床位、智慧助老餐厅、智慧养老院,打造智慧化解决方案,创新互联网＋养老、"时间银行"互助养老、老年人能力评估等智慧养老服务。

专栏三　智慧养老服务推广工程

1.打造智慧养老场景

(1)家庭养老床位:依托烟雾传感器、门磁传感器、红外传感器、智能床垫等智慧健康养老产品,提供紧急呼叫、环境监测、行为感知等服务,满足居家老年人享受专业照护服务的需求。

(2)智慧助老餐厅:面向社区养老助餐场景,集成应用互联网、人工智能等技术,提供线上订餐、刷脸支付、精准补贴、膳食管理、食品安全监管等服务。

(3)智慧养老院:集成应用智慧健康养老产品及信息化管理系统,提供入住管理、餐饮管理、健康管理、生活照护等运营智慧化服务,提升养老机构运营效率。

2.创新智慧养老服务

(1)互联网＋养老服务:依托互联网平台、手机 App 等,向老年人提供助餐、助浴、助洁、助行、助医、助急等居家上门养老服务。

(2)"时间银行"互助养老服务:运用互联网、大数据、区块链等技术,赋能互助养老,创新低龄老年人服务高龄老年人、伙伴式陪伴等互助养老模式。

(3)老年人能力评估:运用摄像头、毫米波雷达、红外传感器等智能产品赋能老年人能力评估,提供智慧化老年人能力评估服务。

六、推动智能产品适老化设计,提升老年人智能技术运用能力

(一)增强智能产品适老化设计

支持企业在产品研发过程中充分考虑老年人的使用需求,推出具备大屏幕、大字体、大音量、大电池容量等适老化特征的手机、电视、音箱等智能产品。鼓励企业持续优化操作界面,简化操作流程,提升智能产品人机交互体验。支持企业研发被动式、集成化的健康管理类智能产品及养老监护类智能产品,实现老年人无感知应用。推动企业加强国际合作,积极借鉴国外适老化设计先进理念。鼓励企业推出适老化产品说明书,方便老年人学习使用。遴选优秀适老化产品及服务,编制智能产品适老化设计典型案例。

(二)开展互联网应用适老化及无障碍改造

围绕老年人获取信息的需求,重点推动新闻资讯、社交通讯、生活购物、金融服务、旅游出行、医疗健康、市政服务等与老年人日常生活密切相关的互联网网站、移动互联网应用适老化改造,切实改善老年人在使用互联网服务时的体验。鼓励企业提供相关应用的"关怀模式""长辈模式",将无障碍改造纳入日常更新维护,提高信息无障碍水平。

(三)提升老年人智能技术运用能力

深入实施"智慧助老"行动,依托社区、养老服务机构、老年大学等,研究编制老年人智能产品应用教程,开展视频教学、体验学习、尝试应用、经验交流、互助帮扶等智能技术应用培训活动,切实解决老年人运用智能技术困难,便利老年人使用智能产品及服务。提升老

年人信息应用、网络支付等方面的安全风险甄别能力,增强老年人反诈防骗意识。

七、优化产业发展环境,提升公共服务能力

(一)搭建科技创新平台

支持企业、高校、科研院所、养老机构联合组建智慧健康养老技术协同创新中心、联合实验室,以健康养老需求为牵引,围绕健康管理、康复辅助、养老监护等重点方向,开展产学研用协同创新,推动关键技术、核心器件、重点产品研发创新,解决行业共性技术供给不足的问题,提升智慧健康养老产业的协同创新能力和成果转化能力。

(二)构建标准及检测体系

加快构建覆盖基础通用、数据、产品、服务、管理、检测计量等方面的智慧健康养老标准体系。指导和支持标准组织、行业协会等研制行业急需标准,协同推进智能产品、信息系统平台、养老服务和健康服务标准的制定,推动信息系统平台互联互通,促进终端产品的集成应用,鼓励开展优秀标准应用示范。搭建智慧健康养老标准及检测公共服务平台。支持第三方机构面向智能产品,研究制定测试规范和评价方法,开展检验检测及适老化认证服务。

(三)加快行业推广应用

组织开展智慧健康养老产业发展大会、产业发展高峰论坛等活动,促进行业交流,扩大智慧健康养老产业影响力。编制《智慧健康养老产品及服务推广目录》,开展入围产品及服务线上展示,搭建线下示范场景,为需求方采购选型提供参考。积极推动相关产品进入政府购买养老服务指导性目录。支持有条件的地区举办智慧健康养老博览会、建设智慧健康养老体验馆,开展智慧健康养老产品及服务体验活动,增强消费者体验,培养消费者使用习惯,加速相关产品服务渗透。

(四)培育创业孵化主体

鼓励开展智慧健康养老创新创业大赛,支持中小企业创新产品形态,探索服务模式。推动设立智慧健康养老产业投资基金,充分发挥国有资本的引领和放大作用,引导社会资本参与产业发展,助推产业升级。支持建立智慧健康养老产业生态孵化器、加速器,集聚线上线下资源,为创业企业提供办公场地、项目推介、企业路演、创业辅导、展览展示、融资支持等多层次创业公共服务。

八、保障措施

(一)加强组织保障

完善部际协同工作机制,完善标准制定、试点示范应用、公共服务平台建设等政策环境,加强产业分析监测研究和督促指导,协调解决重大事项。强化部省联系,汇聚产业资源,上下联动形成合力。支持地方政府加强对智慧健康养老工作成效的考核管理,出台财政、税收等政策措施,推动产业发展。

(二)强化产融结合

充分发挥工业和信息化部国家产融合作平台作用,加强财税金融政策、融资需求、金融产品服务等信息交流共享,促进产融精准对接。开展"早期投资支持产业科技创新"专项工作,依托科创属性判定和科创板上市培育机制,引导社会资本投早、投小、投硬科技。鼓励支持符合条件的智慧健康养老创新企业在科创板、创业板上市融资。

（三）开展试点示范

围绕智慧健康养老重点应用场景，通过揭榜挂帅、赛马等机制，培育一批科技创新能力突出、商业模式成熟的示范企业，打造一批聚集效应凸显、经济带动作用显著的示范产业园区，创建一批社会参与广泛、应用效果明显的示范街道（乡镇）及产业基础雄厚、区域特色鲜明的示范基地，形成产业发展高地。进一步加强应用试点示范层级动态管理，强化示范引领。

（四）加快人才培养

充分发挥人才队伍建设对产业发展的支撑作用，鼓励支持科研人员进入智慧健康养老行业。支持和指导高等院校、职业院校设立相关专业，开设智慧健康养老相关课程，提升为老服务人员信息技术应用能力及水平，打造高素质的人才队伍。

 思考与讨论

1. 在新时代发展智慧健康养老产业有何价值？
2. 当前我国智慧健康养老产业发展存在哪些问题？
3. 如何增强智慧健康养老的有效供给？
4. 如何打造智慧健康养老信息平台？
5. 如何加强智慧健康养老标准体系构建？
6. 如何推进智慧健康养老产业的集群发展？
7. 智慧健康养老相关人才包括哪些？如何加强智慧健康养老人才培养？
8. 请谈谈你对《智慧健康养老产业发展行动计划（2021—2025 年）》的认识。

参考文献

[1] 高琳,张岩松.产业融合视阈下养老产业发展研究[J].社会福利(理论版),2022(2).

[2] 张岩松.养老服务业人才创新培养与优化配置研究[M].大连:东北财经大学出版社,2021.

[3] 张岩松,等.养老服务理论与实践[M].北京:化学工业出版社,2021.

[4] 张岩松,侯晓霞.养老服务创新发展研究[M].大连:东北财经大学出版社,2021.

[5] 王杰,董少龙.智慧养老技术及落地应用指南[M].北京:电子工业出版社,2021.

[6] 东方欲晓.智慧养老,国外这样做[J].中国商界,2021(10).

[7] 张陈晨,刘加萍,张自强,等.室内定位技术在智慧养老中的应用研究[J].计算机应用工程技术,2021(15).

[8] 张博.供给侧视角下社会资本参与智慧健康养老服务供给研究[J].兰州学刊,2021(3).

[9] 刘军军.智慧健康养老产业发展的现实困境与路径优化[J].中国医疗管理科学,2021(9).

[10] 陈大庆,魏晨婧,赵强.发展多元智慧养老的思考[J].中国社会工作,2021(2).

[11] 黄清峰.新发展阶段我国智慧健康养老产业发展的时代要求与路径选择[J].延边党校学报,2021(4).

[12] 蒋金泰,等.我国智慧健康养老发展模式研究——基于上海的典型案例[J].产业创新研究,2021(15).

[13] 张云平,黄河.智慧养老实践[M].北京:人民邮电出版社,2020.

[14] 史青灵.智慧健康养老服务对老年人健康的影响研究——基于成都市金牛区的调查[D].成都:西南交通大学,2020.

[15] 龚娜.基于老年人健康需求的智慧健康养老服务平台构建研究[D].上海:上海工程技术大学,2020.

[16] 徐志广.区块链技术在智慧健康养老的应用[J].科学技术创新,2020(12).

[17] 赵宁,张健.国外智慧养老发展模式的经验与启示[J].社会科学动态,2020(8).

[18] 钱艺倩.基于人工智能的养老机器人功能设计及发展研究[J].智能计算机与应用,2020(7).

[19] 韦艳,徐赟.智慧健康养老产业发展的困境与路径——以陕西省为例[J].西安财经大学学报,2020(6).

[20] 孙子雯.有效供给视角下智慧健康养老产业发展问题分析[J].边疆经济与文化,2020(4).

[21] 韦艳,李坤城,徐赟.整体性治理视角下的智慧健康养老产业发展碎片化与路径优化研究[J].新西部,2020(1).

[22] 睢党臣,刘星辰.人工智能居家养老模式构建[J].重庆社会科学,2020(7).

[23] 施锦芳,吴学艳,隋霄.日本ICT辅助健康养老产业发展研究[J].财经问题研究,2020(6).

[24] 俞彧良.全面贯彻落实全会关于养老服务的一系列决策部署[N].中国社会保障,2020-12-04(1).

[25] 李彧钦.老年服务与管理概论[M].北京:中国财富出版社,2020.

[26] 董红亚.技术和人文双维视角下智慧养老及其发展[J].社会政策研究,2019(4).

[27] 豆小红.新时期我国智慧养老健康发展研究[J].湖南行政学院学报,2019(6).

[28] 徐凤亮,王梦媛.国内外智慧养老比较与发展趋势的研究[J].劳动保障世界,2019(27).

[29] 孙月.重庆市九龙坡区居家养老老年人智慧健康养老服务购买意愿影响因素研究[D].重庆:重庆医科大学,2019.

[30] 孙建娥,张志雄."互联网＋"养老服务模式及其发展路径研究[J].湖南师范大学社会科学学报,2019(3).

[31] 邓术芬. 智慧养老院人员定位系统研制[D]. 成都：电子科技大学,2019.

[32] 眭党臣,曹献雨. 人工智能养老的内涵、现状与实现路径[J]. 新疆师范大学学报(哲学社会科学版), 2019(3).

[33] 王月娟,杨丽娜,李木子. 浅谈可穿戴设备引入养老领域的设计需求[J]. 中国卫生产业,2019(15).

[34] 刘芳,雷雨. 养老服务机构人员培训与指导[M]. 北京：中国劳动社会保障出版社,2019.

[35] 黄岩松,谭秋玉. 养老服务机构院长实务培训[M]. 北京：高等教育出版社,2019.

[36] 左美云. 智慧养老内涵与模式[M]. 北京：清华大学出版社,2018.

[37] 谢虔. 国外智慧养老的经验与启示[J]. 北京经济管理职业技术学院学报,2018(9).

[38] 张博,韩俊江. 人口老龄化背景下发展智慧养老产业研究[J]. 云南民族大学学报(哲学社会科学版), 2018(4).

[39] 武萍,张毅. 十九大报告对完善社会养老服务体系的启示[J]. 沈阳干部学刊,2018(4).

[40] 郭源生. 智慧医疗与健康养老[M]. 北京：中国科学技术出版社,2017.

[41] 张思锋,张泽滈. 中国养老服务机器人的市场需求与产业发展[J]. 西安交通大学学报(社会科学版), 2017(5).

[42] 汪生夫. 养老机构服务与管理实务[M]. 南京：东南大学出版社,2017.

[43] 任彦,等. 智慧养老悄然来临[N]. 人民日报,2017-05-26(22).

[44] 张岩松,等. 老龄产业发展对策研究[M]. 北京：清华大学出版社,2016.

[45] 张岩松,等. 社会养老服务体系建设研究[M]. 大连：东北财经大学出版社,2016.

[46] 陈志峰,刘俊秋,王臣昊. 智慧养老探索与实践[M]. 北京：人民邮电出版社,2016.

[47] 朱海龙. 智慧养老：中国老年照护模式的革新与思考[J]. 湖南师范大学社会科学学报,2016(3).

[48] 荆爱珍,侯雨,齐彩虹. 基于大数据技术的医养结合养老模式研究[J]. 湖北科技学院学报,2016(10).

[49] 李长远. "互联网＋"在社区居家养老服务中应用的问题及对策[J]. 北京邮电大学学报(社会科学版),2016(10).

[50] 李健,石晓燕. 养老机构经营与管理[M]. 南京：南京大学出版社,2016.

[51] 徐娟芳. 可穿戴设备在居家养老服务中的设计策略[J]. 包装工程,2016(6).

[52] 张岩松. 养老服务业发展与个案研究[M]. 北京：清华大学出版社,2015.

[53] 张玉琼. 构建失能老年人的智慧养老服务平台——以社会网络为视角[J]. 老龄科学研究,2015(6).

[54] 刘灵芝. 论老年人权益保障法实施机制的完善[J]. 法制与社会,2015(28).

[55] 王建民,谈玲芳. 老年服务沟通实务[M]. 北京：中国人民大学出版社,2015.

[56] 卢霞,周良才. 老年服务与管理概论[M]. 北京：北京大学出版社,2014.

[57] 魏华林,金坚强. 养老大趋势：中国养老业发展的未来[M]. 北京：中信出版社,2014.

[58] 苏振芳. 人口老龄化与养老模式[M]. 北京：社会科学文献出版社,2014.

[59] 贾晓梅,侯姝. 中国养老机构经营风险管理[M]. 上海：上海社会科学出版社,2014.

[60] 吕晓宁. 民办养老机构优化研究[D]. 北京：首都经济贸易大学,2014.

[61] 赵佳寅. 民办养老机构运营的困境与对策研究[D]. 长春：吉林农业大学,2014.

[62] 陈丽梅. 我国民营养老机构的健康发展研究[D]. 呼和浩特：内蒙古大学,2014.

[63] 赵景胡. "三化"背景下县域养老机构发展研究[D]. 桂林：广西师范大学,2014.

[64] 冯禹. 沈阳市民办养老机构运营困境与对策研究[D]. 沈阳：沈阳师范大学,2014.

[65] 禹科研. 人口老龄化背景下河南省养老机构发展对策研究[D]. 长春：吉林农业大学,2014.

[66] 强克迪. 我国民办养老机构的行政监管[D]. 长春：吉林大学,2014.

[67] 刘晓颖. 民营养老机构发展研究[D]. 成都：西南交通大学,2014.

[68] 王旭晨. 我国养老机构多元化问题研究[D]. 济南：山东财经大学,2014.

[69] 周龙. 民办养老机构扶持政策研究[D]. 福州：福建农林大学,2014.

[70] 闫婷. 济南市民办养老机构发展问题研究[D]. 济南：山东大学,2014.

[71] 徐衡. 长春市民办养老机构存在的问题及对策研究[D]. 长春：长春工业大学,2014.

[72] 成建兰. 公办民营护理型养老机构发展困境与展望[D]. 南京：南京理工大学,2014.

[73] 吴楠. 公建民营养老机构委托经营管理模式研究[D]. 沈阳：沈阳师范大学,2014.

[74] 张浩田. 民办养老机构的困境及其发展的支持因素探析[D]. 上海：华东理工大学,2014.

[75] 黎剑锋. 民办养老机构服务供给现状及对策研究——以厦门市思明区为例[D]. 厦门：厦门大学,2014.

[76] 向亮. 民办养老机构法律保障研究[D]. 南京：南京工业大学,2014.

[77] 李宝库. 爱心护理院护士手册[M]. 北京：北京大学医学出版社,2014.

[78] 张亭,薛伟莲. 基于云计算的居家养老模型研究[J]. 中国管理信息化,2013(7).

[79] 魏娜. 社区管理原理与案例[M]. 北京：中国人民大学出版社,2013.

[80] 杨立雄. 老年福利制度研究[M]. 北京：人民出版社,2013.

[81] 施祖美. 老龄事业与创新社会管理[M]. 北京：社会科学文献出版社,2013.

[82] 周广庆. 人口老龄化对社会发展和社会建设的影响[M]. 杭州：浙江大学出版社,2013.

[83] 贾素平. 养老机构管理管理与运营实务[M]. 天津：南开大学出版社,2013.

[84] 全国老龄工作委员会办公室. 全国老龄政策研究优秀成果选编(2012)[M]. 北京：华龄出版社,2012.

[85] 邬沧萍,杜鹏. 老龄社会与和谐社会[M]. 北京：中国人口出版社,2012.

[86] 凌云霞,等. 护理人力资源管理与责任制排班[M]. 北京：军事医学科学出版社,2012.

[87] 陶澈. 我国城市混合老年社区规划研究[D]. 广州：华南理工大学,2012.

[88] 董红亚. 中国社会养老服务体系建设研究[M]. 北京：南开大学出版社,2011.

[89] 邸文一. 我国城市机构养老问题研究[D]. 大连：大连海事大学,2011.

[90] 吕珊. 我国城市机构养老服务的社会化探索[D]. 武汉：武汉科技大学,2010.

[91] 左美云,刘勍勍,刘方. 老年人信息需求模型的构建与应用[J]. 管理评论,2009(10).

[92] 陈卓颐. 实用养老机构管理[M]. 天津：天津大学出版社,2009.

[93] 张艳丹. 我国城镇机构养老研究——基于宜都市的实证研究[D]. 武汉：华中科技大学,2007.

[94] 邱刚. 上海养老机构社会化运作的研究[D]. 上海：上海交通大学,2007.

[95] 桂世勋. 合理调整养老机构的功能结构[J]. 华东师范大学学报,2001(7).

[96] 王冶英,卢浪秋,任以顺. 社区治安与社会稳定[M]. 北京：中国劳动社会保障出版社,2001.

[97] 杨静,赵家辉. 人口老龄化与城市养老[J]. 城市规划,2000(2).

[98] 唐晓阳. 城市社区管理导论[M]. 广州：广东经济出版社,2000.

[99] 邬沧萍. 社会老年学[M]. 北京：中国人民大学出版社,1999.

[100] 张岩松. 探索智慧健康养老产业高质量发展路径[N]. 大连日报,2023-02-06(07).

参考文献